AF808738

Wolfgang Käßer

Wahrheitserforschung im Strafprozeß

Münchener Universitätsschriften · Juristische Fakultät

Abhandlungen zur
rechtswissenschaftlichen Grundlagenforschung

herausgegeben im Auftrag der Juristischen Fakultät

von

Sten Gagnér
Arthur Kaufmann
Dieter Nörr

Band 14

1974

J. Schweitzer Verlag · Berlin

Wolfgang Käßer

Wahrheitserforschung im Strafprozeß

Methoden der Sachverhaltsaufklärung

1974

J. Schweitzer Verlag · Berlin

Gedruckt mit Unterstützung aus den Mitteln der Münchner Universitätsschriften

ISBN 3 8059 03189

© 1974 J. Schweitzer Verlag
Alle Rechte, insbesondere das Recht der Vervielfältigung und Verbreitung sowie der Übersetzung, vorbehalten. Kein Teil des Werkes darf in irgendeiner Form (Druck, Photokopie, Mikrofilm oder ein anderes Verfahren) ohne schriftliche Genehmigung des Verlages reproduziert oder unter Verwendung elektronischer Systeme verarbeitet, vervielfältigt oder verbreitet werden.
Satz: Studio Feldafing – Druck: Hildebrand, Berlin – Buchbinderarbeiten: Wübben, Berlin – Printed in Germany

Meinen Eltern

Vorwort

Während die Dogmatik des Strafrechts in der deutschen Strafrechtswissenschaft einen überragenden Stand erreicht hat, wovon nicht zuletzt eine ganze Reihe hervorragender Lehrbücher und Kommentare Zeugnis ablegt, andererseits auch die Dogmatik der Deliktsfolgenbestimmung sich seit den Arbeiten von Spendel, Bruns und Zipf allgemeinen Interesses erfreut, herrschen auf der Landkarte des dritten Teilbereiches eines Strafrechtsfalles – der Erforschung des historischen Geschehens – noch weitgehend die weißen Flecken vor. Dies ist umso weniger verständlich, als die Ursachen der gravierendsten Fehlurteile der deutschen Nachkriegsgeschichte gerade auf diesem Gebiet zu suchen sind. Die Wissenschaft hat die Rechtsprechung seit dem 1948 erschienenen Buch von Gotthold Bohne „Zur Psychologie der richterlichen Überzeugungsbildung" nahezu allein gelassen. Nun sind psychologische Erkenntnisse sicherlich ein wichtiger Faktor bei der forensischen Sachverhaltserforschung. Sie können jedoch bei weitem nicht die Gesamtproblematik einer Lösung zuführen; wissenschafts- und erkenntnistheoretische Forschungsergebnisse sind kritisch auf ihre Verwendbarkeit zu überprüfen. Im Grenzgebiet dieser Wissenschaften bewegt sich die vorliegende Arbeit; sie hat die Vor- und Nachteile einer solchen Lage zu tragen.

Die Arbeit wurde von der Juristischen Fakultät der Universität München im Sommer 1972 als Dissertation angenommen. Sie wurde für den Druck geringfügig geändert.

Mein herzlicher Dank gilt Herrn Professor Arthur Kaufmann, der die Arbeit angeregt und in Wort und Schrift vielfältig unterstützt hat. Den Herren Professoren Sten Gagnér, Arthur Kaufmann und Dieter Nörr danke ich für die Aufnahme der Untersuchung in diese Schriftenreihe.

München, im Sommer 1974 Wolfgang Käßer

Inhaltsverzeichnis

Vorwort VII
Literaturverzeichnis XI
Abkürzungsverzeichnis XXII

Einleitung 1

1 Strafprozessuale Wahrheit und ihre Erkenntnismittel 3
1.1 Der Straftatbestand als Vergleichsmaßstab der „Wahrheit" . . 3
1.1.1 Der Straftatbestand als Wirklichkeitsbenennung 3
1.1.1.1 Die Funktionalität von Tatsachenfeststellung und Rechtssatzermittlung 4
1.1.1.2 Einwände gegen die Möglichkeit eines problematischen Urteils . 6
1.1.2 Wahrheit als „adaequatio rei et intellectus" 9
1.1.2.1 Die dreifache Relation im Erkenntnisvorgang 10
1.1.2.2 Die Relevanz der Erkenntnistheorien 12
1.1.2.3 Empirische Wirklichkeit als „Erfahrbarkeit der Wirklichkeit" . 15
1.1.3 Die Mittel der Erkenntnis 18
1.1.3.1 Die Evidenz 18
1.1.3.2 Die Wahrhaftigkeit 21
1.1.3.3 Die Intersubjektivität 25
1.1.3.3.1 Wirklichkeitserkenntnis als dialektischer Prozeß 26
1.1.3.3.2 Die innere Dialektik 28
1.1.4 Die Begrenztheit menschlichen Wissens 29
1.2 Strafprozessuale Wahrheitserforschung in Rechtsprechung und Rechtswissenschaft 31
1.2.1 Die Theorie der formalen Beweise 31
1.2.1.1 Die positive Beweistheorie 32
1.2.1.2 Die logische Struktur der Beweisregel 34
1.2.2 Das Prinzip der freien Überzeugung 37
1.2.2.1 Von der „conviction intime" zur „conviction raisonnée" . . 38
1.2.2.2 „Freie Beweiswürdigung" in der Praxis der Obergerichte . . . 41
1.2.2.3 „Mit an Sicherheit grenzende Wahrscheinlichkeit" 44
1.2.2.3.1 Die relative Wahrscheinlichkeit 45
1.2.2.3.2 Die logische Wahrscheinlichkeit 48
1.2.2.3.3 Die subjektive Wahrscheinlichkeit 49
1.2.2.3.4 Zusammenfassung 54
1.2.3 Die Lehre vom vernünftigen, die Lebensverhältnisse überschauenden Mann" 55

1.2.3.1 Der vernünftige Durchschnittsmensch 57
1.2.3.2 Der „konkret entscheidende Richter“ 59
1.2.3.3 Der Durchschnittsrichter 61
1.2.3.4 Der „einsichtige Richter“ 63

2 Richterliche Entscheidungsfindung unter psychologischer und wissenschaftstheoretischer Sicht 67
2.1 Die Methode der Erkenntnis einer in der Vergangenheit liegenden Wirklichkeit 67
2.1.1 Die Methode der Historik 68
2.1.2 Richterliches Beweisverfahren als Anwendungsfall der historischen Methode 73
2.1.3 Richterliche Sachverhaltserforschung als Problemlösungsprozeß 77
2.1.3.1 Das subjektive Modell der Umwelt 77
2.1.3.2 Der Entscheidungsprozeß 79
2.1.3.3 Die hierarchische Struktur der Entscheidungsprozesse . . . 82
2.2 Indizien und Erfahrung als Faktoren bei der Sachverhaltsbildung 87
2.2.1 Die Gewinnung der Randbedingungen 88
2.2.1.1 Die mangelhafte Informationsbasis 88
2.2.1.2 Die beschränkte Informationsverarbeitungskapazität 89
2.2.1.2.1 Die Kapazität des Kurzzeitgedächtnisses 89
2.2.1.2.2 Die Unüberschaubarkeit der möglichen Geschehensabläufe . . 90
2.2.1.2.3 Anspruchsniveau und „Strategie des Durchwurstelns“ . . . 91
2.2.2 Das Problem der Erfahrungssätze 93
2.2.2.1 Arten der Erfahrungssätze 95
2.2.2.1.1 Der experimentell bestätigte Erfahrungssatz 97
2.2.2.1.2 Der Erfahrungssatz des Lebens 98
2.2.2.2 Genese und Überprüfung der Lebenserfahrung 99
2.2.2.2.1 Erfahrungsgewinnung als Lernprozeß 100
2.2.2.2.2 Die Überprüfung der Lebenserfahrung 104
2.2.2.3 Die Methode des Experiments 107
2.2.2.3.1 Stringenz und Grenzen der experimentellen Methode 107
2.2.2.3.2 Experiment, Wahrscheinlichkeit und intersubjektive Anerkennung 109
2.2.2.3.3 Kritik der Rechtsprechung 111
2.2.2.4 Die „Objektivierung“ der Sachverhaltsfeststellung 115

Literaturverzeichnis

Abegg, Julius Heinrich — *Lehrbuch* des gemeinen Criminal-Processes mit besonderer Berücksichtigung des preußischen Rechts. Königsberg 1833.

Achterberg, Norbert — Die *Evidenz* als Rechtsbegriff. In: DÖV 1963, S. 331 ff.

Alexis, M./Wilson, C.Z. — Organizational *Decision* Making. Englewood Cliffs 1967.

Alsberg, Max — *Urteilsanmerkung (1)* zu RG JW 1929, S. 862 ff. Nr. 21 a und b. In: JW 1929, S. 862 ff.

– — *Urteilsanmerkung (2)* zu RG JW 1930, S. 761 f. Nr. 11. In: RG JW 1930, S. 761 f.

Arbab-Zadeh, Amir — Zur neuen *Blutalkoholgrenze*. Die „unbedingte" Fahruntüchtigkeit im motorisierten Straßenverkehr. In: NJW 1967, S. 273 ff.

Aristoteles — *Metaphysik*. Die Lehrschriften, herausgeg., übertragen und in ihrer Entstehung erläutert von Gohlke. Paderborn 1951.

– — Über die Seele (Ed. W. Theiler). Berlin 1959. *De anima*.

Arndt, Adolf — *Urteilsanmerkung* zu OLG Düsseldorf v. 3.5.1961. In: NJW 1961, S. 1734.

Aron, Raymond — *Introduction* à la Philosophie de l'Histoire. 1938. Teilweiser Auszug bei Gaëtan Picon: Panorama des Idées contemporaines. Paris 1957. Deutsche Bearbeitung von Helmut Scheffel: Panorama des zeitgenössischen Denkens. Berlin 1961, S. 281 ff.

Badura, Peter — *Erkenntniskritik* und Positivismus in der Auslegung des Meineidstatbestandes. In: GA 1957, 397 ff.

Bähr, Otto — Der deutsche *Civilprozeß* in praktischer Bethätigung. In: Iher. Jahrb. Bd. 23 (N.F. Bd. 11). Jena 1885.

Bauer, Anton — Über gesetzliche *Beweistheorie* mit besonderer Berücksichtigung der vorherrschenden Richtung des deutschen Strafverfahrens. In: ZStr.Verf., N.F. Bd. 2 (1844), S. 105 ff.

Baumann, Jürgen — *Strafrecht*. Allgemeiner Teil. 5. Aufl. Bielefeld 1968.

Begründung — des Entwurfs einer Deutschen Civilprozeßordnung und des Einführungsgesetzes. Berlin 1872. *Amtliche Begründung*.

Beitzke, Günther — Forensische Bewertung der *Vaterschaftsbeweise*. In: A. Ponsold: Lehrbuch der Gerichtlichen Medizin. Für Mediziner und Juristen. 3. Aufl. Stuttgart 1967, S. 568 ff.

Bendix, Ludwig — Die freie *Beweiswürdigung* des Strafrichters. In: GA 63 (1917), S. 31 ff.

Bernheim, Karl — *Lehrbuch* der Historischen Methode und der Geschichtsphilosophie. 6. Aufl. New York 1960.

Binding, Karl — Die Normen und ihre Übertretung. Eine Untersuchung über die rechtmäßige Handlung und die Arten des Delikts. 4. Bd.: Die Fahrlässigkeit. Leipzig 1919. *Normen IV*.

Birch, Herbert G./ Rabinowitz, Herbert S. — Die negative Wirkung vorhergehender *Erfahrung* auf das produktive Denken. In: C.F. Graumann (Hrsg.): Denken. Köln Berlin 1965.

Blomeyer, Arwed — *Zivilprozeßrecht.* Erkenntnisverfahren. Berlin Göttingen Heidelberg 1963.

– Empfiehlt es sich, das Recht der Beweislast und der Beweiswürdigung durch gesetzliche Vorschriften fortzubilden und in welchem Sinne. In: Beweislast und Beweiswürdigung im Zivil- und Verwaltungsprozeß. Verhandlungen des 46. Deutschen Juristentages. Bd. 1 Teil 2A. München und Berlin 1966. *Gutachten.*

Bocheński, Josef M. — Die zeitgenössischen *Denkmethoden.* 2. Aufl. München 1959.

Bockelmann, Paul — *Strafrichter* und psychologischer Sachverständiger. In: GA 1955, S. 321 ff.

Böhme, Albrecht — Zum Begriff der *Überzeugung* beim Urteil. In: DRiZ 1960, S. 20.

Bohne, Gotthold — Zur Psychologie der richterlichen *Überzeugungsbildung.* Köln 1948.

– „Mit einer an Sicherheit grenzenden *Wahrscheinlichkeit".* In: NJW 1953, S. 1377 ff.

Bolding, Per Olof — *Sachaufklärung* und Überzeugungsbildung im schwedischen Zivilprozeß. In: „Freiheit und Bindung des Zivilrichters in der Sachaufklärung". Arbeiten zur Rechtsvergleichung, 30 (1966), S. 57 ff.

Bollnow, Otto-Friedrich — *Zur Frage nach der Objektivität* der Geisteswissenschaften. In: Zeitschrift für die gesamte Staatswissenschaft, Bd. 97 (1937), S. 335 ff.

– Die Objektivität der Geisteswissenschaften und die Frage nach dem Wesen der *Wahrheit.* In: Zeitschrift für philosophische Forschung, Bd. XVI (1962), S. 3 ff.

– Philosophie der *Erkenntnis.* Das Vorverständnis und die Erfahrung des Neuen. Stuttgart Berlin Köln Mainz 1970.

von Brandt, Ahasver — *Werkzeug des Historikers.* Eine Einführung in die historischen Hilfswissenschaften. 5. Aufl. Stuttgart Berlin Köln Mainz 1969.

Brecht, Arnold — *Politische Theorie.* Die Grundlagen politischen Denkens im 20. Jahrhundert. Tübingen 1961.

Brecht, Bertolt — *Leben des Galilei.* Schauspiel. Frankfurt 1962.

von Brentano, Franz — *Wahrheit und Evidenz.* Erkenntnistheoretische Abhandlungen und Briefe, ausgewählt und eingeleitet von Oskar Kraus. Leipzig 1930.

Brim, Orville Gilbert (u.a.) — Personality and *Decision Processes.* Stanford, Calif. 1962.

Brückner, Günther — Zur *Kriminologie des Mordes.* Hamburg 1961.

Brüning, Berthold — Die Revisibilität der *Erfahrungssätze* im Rahmen der Tatsachenfeststellung. Diss. Mainz 1953.

Brunner, August — *Erkenntnistheorie.* Köln 1948.

Buck, Günther — *Lernen* und Erfahrung. Zum Begriff der didaktischen Induktion. 2. Aufl. Stuttgart Berlin Köln Mainz 1969.

Burckhard, Hugo — Die Civilistischen *Präsumtionen*. Weimar 1866.

Carnap, Rudolf — Der logische Aufbau der Welt. 3. Aufl. Hamburg 1966. *Logischer Aufbau.*

– *Scheinprobleme* in der Philosophie. Das Fremdpsychische und der Realismusstreit. Nachwort von Günther Patzig. Frankfurt 1966.

– *Einführung* in die Philosophie der Naturwissenschaft. Hrsg. von Martin Gardner. Aus dem Amerikanischen von Walter Hoering. München 1969.

Carr, Edward Hallet — What is History? London 1961. Zit. nach der Übersetzung von Summerer und Kurz: Was ist *Geschichte?* Stuttgart Berlin Köln Mainz 1963.

Chapin, Francis Stuart — Experimental design in sociological research. New York London 1947.

Collingwood, Robin George — The Idea of History. Oxford 1946. Zit. nach der Übersetzung von Herding: Philosophie der *Geschichte.* Stuttgart 1955.

Cramer, Johann — Die fünf französischen *Gesetzbücher.* Mit gegenüberstehendem französischem Texte. 9. Aufl. Crefeld 1842.

Ditzen, Wilhelm — *Dreierlei Beweis* im Strafverfahren. Leipzig 1926.

Döhring, Erich — Die Erforschung des *Sachverhalts* im Prozeß. Beweiserhebung und Beweiswürdigung. Berlin 1964.

Graf zu Dohna, Alexander — Das *Strafprozeßrecht.* 3. Aufl. Berlin 1929.

Droysen, Johann Gustav — *Historik.* Vorlesungen über Enzyklopädie und Methodologie der Geschichte, hrsg. von Rudolf Hübner. 6. Aufl. Darmstadt 1971.

Dubischar, Roland — *Grundbegriffe* des Rechts. Eine Einführung in die Rechtstheorie. Stuttgart Berlin Köln Mainz 1968.

Duncker, Karl — Zur Theorie des produktiven Denkens. 2. Aufl. Berlin 1963. *Produktives Denken.*

Ehrenzweig, Albert — Die *„freie Überzeugung"* des Richters. In: JW 1929, S. 85 ff.

Eisler, Rudolf — *Wörterbuch* der philosophischen Begriffe. 3. Aufl. Berlin 1910.

Ekelöf, Per Olof — *Beweiswürdigung,* Beweislast und Beweis des ersten Anscheins. In: ZZP 75 (1962), S. 289 ff.

Ellscheid, Günter — Zur Forschungsidee der *Rechtstheorie.* In: Arthur Kaufmann (Hrsg.): Rechtstheorie, Karlsruhe 1971, S. 5 ff.

Engisch, Karl — Die Idee der *Konkretisierung* in Recht und Rechtswissenschaft unserer Zeit. Heidelberg 1953.

– Logische *Studien* zur Gesetzanwendung. 2. Aufl. Heidelberg 1960.

– *Wahrheit* und Richtigkeit im juristischen Denken. München 1963.

– *Einführung* in das juristische Denken. 4. Aufl. Stuttgart Berlin Köln Mainz 1968.

Esser, Josef — *Vorverständnis* und Methodenwahl in der Rechtsfindung. Rationalitätsgarantien der richterlichen Entscheidungspraxis. Frankfurt 1970.

Essler, Wilhelm K. *Induktive Logik.* Grundlagen und Voraussetzungen. Freiburg München 1970.

– *Wissenschaftstheorie I.* Definition und Reduktion. Freiburg München 1970.

Feuerbach, Ludwig *Gesammelte Werke.* Hrsg. v. Werner Schuffenhauer. Bd. 2: Geschichte der neueren Philosophie von Bacon von Verulam bis Benedikt Spinoza. (Bearb.: W. Harich). Berlin 1969.

Filangieri, Caietan *System* der Gesetzgebung. 3. Band. Frankfurt und Leipzig 1794.

Foppa, Klaus *Lernen,* Gedächtnis, Verhalten. Ergebnisse und Probleme der Lernpsychologie. Köln Berlin 1969.

Freud, Sigmund Gesammelte *Werke.* Chronologisch geordnet. Herausgegeben v. Anna Freud. Bd. 10: Werke aus den Jahren 1913–1917. 3. Aufl. 1963.

Gadamer, Hans-Georg *Wahrheit und Methode.* 2. Aufl. Tübingen 1965.

Gans, Eduard *Die Richter als Geschworene.* In: Beiträge zur Revision der preußischen Gesetzgebung. Bd. I, Heft 1, Berlin 1830, S. 68 ff.

Gathof, G.E. Die Berechnung der *Vaterschaftswahrscheinlichkeit.* In: Das forensische Blutgruppengutachten nach dem heutigen Wissensstand. München 1969, S. 57 ff.

Geyser, Joseph Auf dem Kampffelde der *Logik.* Freiburg 1926.

Glaser, Julius *Beiträge* zur Lehre vom Beweis im Strafprozeß. Leipzig 1883.

Goldschmidt, James Der *Prozeß* als Rechtslage. Eine Kritik des prozessualen Denkens. Neudruck der Ausgabe Berlin 1925. Aalen 1962.

Grahn, Werner *Probleme der Wahrheit im strafgerichtlichen Erkenntnisprozeß.* Diss. Potsdam 1966 (Maschinenschr. vervielf.).

Habermas, Jürgen *Erkenntnis und Interesse.* Frankfurt 1968.

Haerter, Hans Das Wesen der *Überzeugung* des Strafrichters. Diss. Gießen 1936.

Haffke, Bernhard Das *Rückwirkungsverbot* des Art. 103 II GG bei Änderung der Rechtsprechung zum materiellen Recht, zugleich ein Beitrag zum Problem des Strafbarkeitsbewußtseins. Diss. Göttingen 1970.

– Zur *Problematik* der 1,3-Promille-Grenze – BGHSt 21, 157. In: JuS 1972, S. 448 ff.

Hainmüller, Dietmar Der *Anscheinsbeweis* und die Fahrlässigkeit im heutigen deutschen Schadensersatzprozeß. Tübingen 1966.

Hallowell, Alfred Irving *Psychological Leads* for Ethnological Field Workers. In: D.G. Haring: Personal Character and Cultural Milieu. Syracuse 1949.

Hartmann, Nicolai *Einführung* in die Philosophie. 5. Aufl. Hannover o.J.

– *Ethik.* 2. Aufl. Berlin und Leipzig 1935.

Hartung, Fritz Zur Frage der *Revisibilität* der Beweiswürdigung. In: SJZ 1948, Sp. 579 ff.

Hassemer, Winfried *Tatbestand* und Typus. Untersuchungen zur strafrechtlichen Hermeneutik. Köln Berlin Bonn München 1968.

Hegel, Georg Wilhelm Friedrich Die Vernunft in der *Geschichte.* Herausgegeben v. J. Hofmeister. 5. Aufl. Hamburg 1955.

Hegel, Georg Wilhelm Friedrich — *Encyclopädie* der philosophischen Wissenschaften im Grundrisse. Herausgegeben v. J. Hofmeister. Leipzig 1949.

Heinsheimer, Karl — Die Freiheit der richterlichen *Überzeugung* und die Aufgaben der Revisionsinstanz. In: Festschrift für Franz Klein. Wien 1914.

Heiss, Robert — Wesen und Formen der *Dialektik*. Köln und Berlin 1959.

Hellwig, Albert — Zur Psychologie der richterlichen *Urteilsfindung*. In: GS 82 (1914), S. 403 ff.

Henke, Horst-Eberhard — Die *Tatfrage*. Der unbestimmte Begriff im Zivilrecht und seine Revisibilität. Berlin 1966.

von Hippel, Robert — Deutsches Strafrecht. 2 Bd. Berlin 1930. *Strafrecht II.*

Hofstätter, Peter R. — *Psychologie*. Frankfurt 1965.

Horn, Dieter — *Blutalkohol* und Fahruntüchtigkeit. Frankfurt 1971.

Hruschka, Erna — Versuch einer theoretischen Grundlegung des Beratungsprozesses. Meisenheim a.G. 1969. *Beratungsprozeß.*

Hruschka, Joachim — Die Konstitution des Rechtsfalles. Berlin 1965. *Rechtsfall.*

Husserl, Edmund — *Logische Untersuchungen*. Bd. I, 2. Aufl. Halle/Saale 1913.

Isenkrahe, Caspar — Zum Problem der *Evidenz*. Was bedeutet, was leistet sie? Kempten München 1917.

Jarcke, Carl Ernst — *Bemerkungen* über die Lehre vom unvollständigen Beweise, vornehmlich in bezug auf die außerordentlichen Strafen. Mit besonderer Rücksicht auf die Criminalordnung. In: NACrR Bd. 8 (1825), S. 97 ff.

Jaspers, Karl — Allgemeine *Psychopathologie*. 8. Aufl. Berlin Heidelberg New York 1965.

Jellinek, Georg — Allgemeine *Staatslehre*. 3. Aufl. 6. Nachdruck. Bad Homburg v.d.H. 1959.

Kant, Immanuel — *Kritik der reinen Vernunft*. Herausgegeben v. W. Weischedel. Darmstadt 1956.

Kaufmann, Arthur — Das *Schuldprinzip*. Eine strafrechtlich-rechtsphilosophische Untersuchung. Heidelberg 1961.

– *Analogie* und „Natur der Sache". Zugleich ein Beitrag zur Lehre vom Typus. Karlsruhe 1965.

– Die *Geschichtlichkeit* des Rechts im Lichte der Hermeneutik. In: Arthur Kaufmann: Rechtstheorie. Karlsruhe 1971, S. 81 ff.

– *Rechtsphilosophie* im Wandel. Stationen eines Weges. Frankfurt 1972.

Kaufmann, Hilde — *Strafanspruch*. Strafklagrecht. Göttingen 1968.

– *Kriminologie I*. Entstehungszusammenhänge des Verbrechens. Stuttgart Berlin Köln Mainz 1971.

Kaupen, Wolfgang — Die *Hüter* von Recht und Ordnung. Die soziale Herkunft, Erziehung und Ausbildung der deutschen Juristen – Eine soziologische Analyse. Neuwied und Berlin 1969.

Kelsen, Hans — *Reine Rechtslehre*. 2. Aufl. Wien 1960.

Kern, Eduard/Roxin, Claus — *Strafverfahrensrecht*. Ein Studienbuch. 11. Aufl. München 1972.

Kirsch, Werner — *Entscheidungsprozesse.* Bd. I: Verhaltenswissenschaftliche Ansätze der Entscheidungstheorie. Wiesbaden 1970.
Bd. II: Informationsverarbeitungstheorie des Entscheidungsverhaltens. Wiesbaden 1971.

Kleinknecht, Theodor — Strafprozeßordnung. 29. Aufl. München 1970.
StPO.

Klug, Ulrich — *Juristische Logik.* 3. Aufl. Berlin Heidelberg New York 1966.

Köstlin, Christian Reinhold — Der *Wendepunkt* des deutschen Strafverfahrens im 19. Jahrhundert. Tübingen 1849.

Krause, Friedrich-Wilhelm — Zum *Urkundenbeweis* im Strafprozeß. Hamburg 1966.

Kriele, Martin — Kriterien der *Gerechtigkeit.* Zum Problem des rechtsphilosophischen und politischen Relativismus. Berlin 1963.

von Kries, August — Der *Beweis* im Strafprozeß des Mittelalters. Weimar 1878.

Kropp, Gerhard — *Erkenntnistheorie* Bd. I: Allgemeine Grundlegung. Berlin 1950.

Kuchinke, Kurt — *Grenzen* der Nachprüfbarkeit tatrichterlicher Würdigung und Feststellungen in der Revisionsinstanz. Ein Beitrag zum Problem von Rechts- und Tatfrage. Bielefeld 1964.

Külpe, Oswald — Die *Realisierung.* Ein Beitrag zur Grundlegung der Realwissenschaften Bd. 1. Leipzig 1912.

Küper, Wienfried — Die *Richteridee* der Strafprozeßordnung und ihre geschichtlichen Grundlagen. Berlin 1967.

Lampe, Ernst-Joachim — *Rechtsanthropologie.* Eine Strukturanalyse des Menschen im Recht. Bd. 1: Individualstrukturen in der Rechtsordnung. Berlin 1970.

Laplace, Pierre Simon — *Essai* philosophique sur les possibilités. Bd. 1. In: Les maîtres de la pensée scientifique. Paris 1921.

Larenz, Karl — *Methodenlehre* der Rechtswissenschaft. 2. Aufl. Berlin Heidelberg New York 1969.

Lebrecht, Ludwig — Vom technischen *Expertenbeweis* in der Rechtsprechung und der an Sicherheit grenzenden Wahrscheinlichkeit. In: VDI-Information Nr. 22. Düsseldorf 1969.

Lehmen, Alfons S.J. — *Lehrbuch* der Philosophie auf aristotelisch-scholastischer Grundlage. 3 Bde. 3. Aufl. Freiburg 1909. Neu herausgegeben v. P. Beck: Freiburg 1911.

Leibniz, Gottfried — *5. Schreiben an Clarke.* Ed. Gerhardt 1890. Band VII, S. 389.

Leipold, Dieter — *Beweislastregeln* und gesetzliche Vermutungen insbesondere bei Verweisungen zwischen verschiedenen Rechtsgebieten. Berlin 1966.

Lenckner, Theodor — *Wertausfüllungsbedürftige Begriffe* im Strafrecht und der Satz „nullum crimen sine lege". In: JuS 1968, S. 249 ff.

Leonhard, Franz — Die *Beweislast.* 2. Aufl. Berlin 1926.

Lersch, Philipp — *Aufbau der Person.* 10. Aufl. München 1966.

Lewin, Kurt — *Feldtheorie* in den Sozialwissenschaften. Berlin Stuttgart 1963.

Lindblom, Charles Edward — The Science of *„Muddling Through".* In: H.J. Leavitt/L.R. Pondy (Hrsg.): Readings in Managerial Psychology. Chicago London 1964, S. 61 ff.

Lipps, Hans — *Die menschliche Natur.* Frankfurt 1941.

Litt, Theodor — *Denken und Sein.* Stuttgart 1948.

Lorenz, Dieter — Der Maßstab des einsichtigen Menschen. Bad Homburg v.d.H. Berlin Zürich 1967. *Einsichtiger Mensch.*

Luhmann, Niklas — *Zweckbegriff* und Systemrationalität. Tübingen 1968.

Lundt, P.V./Jahn, E. — *Gutachten* des Bundesgesundheitsamtes zur Frage: Alkohol bei Verkehrsstraftaten. Bad Godesberg 1966.

– *Ergänzende Stellungnahme* zu den bisher vorgelegten Gutachten des Bundesgesundheitsamtes zur Frage: Alkohol bei Verkehrsstraftaten. Bad Godesberg 1967.

Marmann, Hans — *Aufklärungspflicht* durch Sachverständigengutachten und freie Beweiswürdigung. In: GA 1953, S. 136 ff.

Mattil, Friedrich — *„Offenbar unmöglich".* Eine Kritik des herrschenden Blutgruppenbeweises. 2. Ausg. Zweibrücken 1957.

– *Überzeugung.* In: GA 1954, S. 334 ff.

Mayer, Hellmuth — Der Sachverständige im Strafprozeß. In: Festschrift für Edmund Mezger. München und Berlin 1954, S. 455 ff. *Sachverständiger.*

Meyer, Jürgen — *Dialektik* im Strafprozeß. Eine Untersuchung der Spannungen im Strafprozeß unter besonderer Berücksichtigung der dialektischen Gewinnung der Strafurteile im Kräftefeld der Schlußanträge. Tübingen 1965.

Mezger, Edmund — Der psychiatrische Sachverständige im Prozeß. Tübingen 1918. *Sachverständiger.*

Miller, George A. — The Magical Number Seven, Plus or Minus Two: Some Limits on Our *Capacity* for Processing Information. In: Alexis M. and Wilson C.Z. (Hrsg.): Organizational Decision Making. Englewood Cliffs 1967.

von Mises, Richard — *Wahrscheinlichkeit,* Statistik und Wahrheit. Einführung in die neue Wahrscheinlichkeitslehre und ihre Anwendung. 2. Aufl. Wien 1936.

Mitscherlich, Alexander und Margarete — Die *Unfähigkeit* zu trauern. Grundlagen kollektiven Verhaltens. München 1969.

Mittermaier, Carl Joseph Anton — Die *Lehre vom Beweise* im deutschen Strafprozesse, nach der Fortbildung durch Gerichtsgebrauch und deutsche Gesetzbücher, in Vergleichung mit den Ansichten des englischen und französischen Strafverfahrens. Darmstadt 1834.

– Der deutsche Strafprozeß, verglichen mit dem auf Öffentlichkeit, *Mündlichkeit* und Anklageprincip gebauten Verfahren. In: ACrR 1842, S. 61–117.

Möhl, Arnold — *Über das Urtheilen* rechtsgelehrter Richter ohne gesetzliche Beweistheorie. In: ZStrVerf Bd. 2 (1842), S. 277 ff.

Moser, Konrad — *In dubio pro reo.* Die geschichtliche Entwicklung dieses Satzes und seine Bedeutung im heutigen deutschen Strafrecht. Diss. München 1933.

Müller, Kurt — *Erfahrung* und einsichtiges Verhalten. In: R. Bergius (Hrsg.): Handbuch der Psychologie, I. Der Aufbau des Erkennens,

2. Halbband: Lernen und Denken. Göttingen 1964.

Müller, Hermann/ Sax, Walter — Kommentar zur Strafprozeßordnung. Bd. 1, 6. Aufl. Darmstadt 1966. *KMR.*

Müller, Rudolf — Die Ausweitung der *Wirtschaftskriminalität.* In: ZRP 1970, S. 110 ff.

Müller-Freienfels, Richard — Grundzüge einer Lebenspsychologie. Bd. 2: Das Denken und die Phantasie. 2. Aufl. Leipzig 1925. *Grundzüge II.*

Naucke, Wolfgang — Rückwirkende Senkung der *Promille-Grenze* und Rückwirkungsverbot. (Art. 103 Abs. 2 GG). In: NJW 1968, S. 2321 ff.

Nawiasky, Hans — Allgemeine *Rechtslehre* als System rechtlicher Grundbegriffe. 2. Aufl. Einsiedeln Zürich Köln 1948.

Niethammer, Emil — Die richterliche *Überzeugung* als Unterlage des Strafurteils. In: DRiZ 1934, S. 6 ff.

– — Der Kampf um die *Wahrheit* im Strafverfahren. In: Festschrift für Wilhelm Sauer. Berlin 1949, S. 26 ff.

Noelle, Elisabeth — *Umfragen* in der Massengesellschaft. Einführung in die Methoden der Demoskopie. Reinbek bei Hamburg 1963.

Oerter, Rolf — Moderne *Entwicklungspsychologie.* Donauwörth 1967.

Opp, Karl Dieter — Methodologie der *Sozialwissenschaften.* Einführung in Probleme ihrer Theorienbildung. Hamburg 1970.

– — Zur Anwendbarkeit der *Soziologie* im Strafprozeß. In: KJ 1970, S. 383 ff.

Otto, Harro — *Pflichtenkollision* und Rechtswidrigkeitsurteil. Hamburg 1965.

Pagendarm, Kurt — Verstöße gegen die Denkgesetze, die *Erfahrungssätze* und das Ermessen als Revisionsgründe. Diss. Marburg 1928.

Palandt, Otto — Bürgerliches Gesetzbuch. Familienrecht bearb. v. Wolfgang Lauterbach. 31. Aufl. München 1972. *BGB.*

Peters, Karl — *Strafprozeß.* Ein Lehrbuch. 2. Aufl. Karlsruhe 1966.

– — Freie *Beweiswürdigung* und Justizirrtum. In: Festschrift tillägnad Karl Olivecrona. Stockholm 1966, S. 532 ff.

– — *Fehlerquellen* im Strafprozeß. Eine Untersuchung der Wiederaufnahmeverfahren in der Bundesrepublik Deutschland. 1. Band: Einführung und Dokumentation. Karlsruhe 1970.

Pettenkofer, H. — Die *Blutgruppen* als Beweismittel im Vaterschaftsprozeß. Sammlung von Gutachten. Berlin Göttingen Heidelberg 1963.

Pietrusky, F. — Das *Blutgruppengutachten.* 2. Aufl. München und Berlin 1956.

Planck, Julius Wilhelm — *Bemerkungen* über den Entwurf einer Prozeßordnung in bürgerlichen Rechtsstreitigkeiten für das Königreich Bayern. In: Krit. Vierteljahresschr. Bd. 4 (1862), S. 232 ff.

Popper, Karl R. — *Logik* der Forschung. 3. Aufl. Tübingen 1969.

– — Das Elend des *Historizismus.* 2. Aufl. Tübingen 1969.

Prölss, Jürgen — *Beweiserleichterungen* im Schadensersatzprozeß. Karlsruhe 1966.

Prokop, Otto — *Blutgruppen.* In: A. Ponsold: Lehrbuch der Gerichtlichen Medizin. Für Mediziner und Juristen. 3. Aufl. Stuttgart 1967, S. 529 ff.

Radbruch, Gustav	*Urteilsanmerkung.* In: JW 1931, S. 2576.
–	Zur Einführung in die *Carolina.* In: Die Peinliche Gerichtsordnung Kaiser Karls V. von 1532 (Carolina). Stuttgart 1967.
Reichenbach, Hans	*Wahrscheinlichkeitslehre.* Eine Untersuchung über die logischen und mathematischen Grundlagen der Wahrscheinlichkeitsrechnung. Leiden 1935.
Rickert, Heinrich	Der Gegenstand der *Erkenntnis.* Einführung in die Transzendentalphilosophie. 6. Aufl. Tübingen 1928.
–	Die *Grenzen* der naturwissenschaftlichen Begriffsbildung. 5. Aufl. Tübingen 1929.
Riehl, Alois	Der philosophische *Kritizismus.* Geschichte und System. Bd. III. Leipzig 1926.
Rohracher, Hubert	*Einführung* in die Psychologie. 8. Aufl. Wien Innsbruck 1963.
–	Die *Arbeitsweise* des Gehirns und die psychischen Vorgänge. 4. Aufl. München 1967.
Rosenberg, Leo	Die *Beweislast.* Auf der Grundlage des Bürgerlichen Gesetzbuchs und der Zivilprozeßordnung. 5. von K.H. Schwab durchgesehene Aufl. München und Berlin 1965.
Roxin, Claus	Strafprozeßrecht. Bei Schönfelder: *Prüfe Dein Wissen.* Rechtsfälle in Frage und Antwort. 4. Aufl. München 1970.
Rupp, Erwin	Der *Beweis* im Strafverfahren. Freiburg und Tübingen 1884.
Russell, Bertrand	Das menschliche *Wissen.* Übersetzt von W. Bloch. Darmstadt 1952.
Sarstedt, Werner	*Beweisregeln* im Strafprozeß. In: Berliner Festschrift für Ernst E. Hirsch. Berlin 1968, S. 171 ff.
Sauer, Wilhelm	*Grundlagen* des Prozeßrechts. 2. Aufl. Stuttgart 1929.
–	Juristische *Methodenlehre.* Stuttgart 1940.
–	Allgemeine *Prozeßrechtslehre.* Zugleich eine systematische Schulung des zivilistischen und der kriminalistischen Praxis. Berlin Detmold Köln München 1951.
von Savigny, Friedrich Carl	„Über Schwurgerichte und *Beweistheorie* im Strafprozesse". In: GA Bd. 6 (1858), S. 469 ff.
Sax, Walter	Grundsätze der *Strafrechtspflege.* In: Bettermann-Nipperdey-Scheuner: Die Grundrechte. Bd. III, 2. Halbbd. Berlin 1959, S. 909 ff.
von Scanzoni, G.	Darf der *Strafrichter* trotz Zweifel schuldig sprechen? (Der „Fall Maurizius" und das Reichsgericht.) In: JW 1928, S. 2181 ff.
Schaffstein, Friedrich	*Jugendstrafrecht.* Eine systematische Darstellung. 2. Aufl. Stuttgart Berlin Köln Mainz 1966.
Scheuerle, Wilhelm A.	*Rechtsanwendung.* Nürnberg und Düsseldorf 1952.
Schmidhäuser, Eberhard	*Strafrecht.* Allgemeiner Teil. Lehrbuch. Tübingen 1970.
Schmidt, Eberhard	*Lehrkommentar* zur Strafprozeßordnung und zum Gerichtsverfassungsgesetz. Teil I, II und III. Göttingen 1952, 1957, 1960. Teil I, 2. Aufl. Göttingen 1964.

Schmidt, Eberhard — Gehört der Sachverständige auf die Richterbank? Ein Beitrag zur Problematik des Sachverständigenbeweises. In: JZ 1961, S. 585 ff. *Sachverständiger.*

Schneider, Hans Joachim — *Beweisverwertungsverbot* der Zeugnisverweigerung eines Angehörigen gegen den Angeklagten – BGHSt 22, 113. In: JuS 1970, S. 271 ff.

Schneider, Peter — *In dubio pro liberate.* In: Hundert Jahre deutsches Rechtsleben. Festschrift zum hundertjährigen Bestehen des deutschen Juristentages. Bd. II. Karlsruhe 1960, S. 263 ff.

Schneidewin, Karl — Die *Rechtsprechung* in Strafsachen. In: Fünfzig Jahre Reichsgericht am 1. Oktober 1929, von Adolf Lohe. Berlin und Leipzig 1929, S. 270 ff.

Schreiber, Rupert — Theorie des Beweiswertes für Beweismittel im Zivilprozeß. Berlin Heidelberg New York 1968. *Beweiswert.*

Schröder, Horst — *Unwahrer* und unwahrhaftiger *Eid.* Eine rechtsdogmatisch-rechtspolitische Untersuchung. Berlin 1939.

Schroth, Ulrich — Zum Problem der *Wertneutralität* richterlicher Tatbestandsfestlegung im Strafrecht – Zugleich ein Beitrag zur allgemeinen juristischen Hermeneutik. In: Arthur Kaufmann (Hrsg.): Rechtstheorie. Karlsruhe 1971, S. 103 ff.

Schulz, Georg — *Strafprozeßordnung* mit Erläuterungen für Polizei und Kriminalbeamte. 2. Aufl. Hamburg 1963.

Schweling, Otto — Die Revisibilität der *Erfahrung.* In: ZStW 1971, S. 435 ff.

Seebode, Manfred — Das Verbrechen der *Rechtsbeugung* (§ 336 StGB). Diss. Würzburg 1968.

Seiffert, Helmut — Einführung in die *Wissenschaftstheorie 1.* München 1969.

Siebel, Wigand — Die *Logik des Experiments* in den Sozialwissenschaften. Berlin 1965.

Simon, Herbert A. — *Administrative Behavior.* A study of decision-making processes in administrative organization. New York 1964.

– — Theories of *Decision* Making in Economics and Behavioral Science. In: W.T. Greenwood: Management and Organizational Behavior Theories: An Interdisciplinary Approach. Cincinnati Ohio 1965, S. 300 ff.

Sodhi, Krispal Singh — *Urteilsbildung* im sozialen Kraftfeld. Experimentelle Untersuchungen zur Grundlegung der Sozialpsychologie. Berlin 1953.

Speiser, P. — Die Brauchbarkeit von 19 Erbmerkmalsystemen im *Paternitätsprozeß.* In: Immuninformation 1971, S. 9 ff.

Stegmüller, Wolfgang — *Hauptströmungen* der Gegenwartsphilosophie. Eine kritische Einführung. 3. Aufl. Stuttgart 1965.

– — *Kausalität.* In: Aufsätze zur Wissenschaftstheorie. Darmstadt 1970, S. 1 ff.

Stein, Friedrich — Das private Wissen des Richters. Untersuchungen zum Beweisrecht beider Prozesse. Leipzig 1893. *Privates Wissen.*

Stein, Friedrich/ Jonas, Martin/ Schönke, Adolf/ Pohle, Rudolf	Kommentar zur Zivilprozeßordnung. 19. Aufl. 1. Bd. Tübingen 1964. *ZPO.*
Stern, William	*Psychologie* der früheren Kindheit. 9. Aufl. Heidelberg 1967.
Stree, Walter	*In dubio pro reo.* Tübingen 1962.
Süllwold, Fritz	Bedingungen und Gesetzmäßigkeiten des Problemlösungsverhaltens. In: C.F. Graumann (Hrsg.): Denken. Köln Berlin 1965. *Problemlösungsverhaltens.*
Tammelo, Ilmar	Untersuchungen zum Wesen der *Rechtsnorm.* Heidelberg 1947.
Thomas, Heinz/ Putzo, Hans	*Zivilprozeßordnung* mit Gerichtsverfassungsgesetz und den Einführungsgesetzen. 5. Aufl. München 1971.
Tiedemann, Klaus	Zur *Reform* der Vermögens- und Wirtschaftstatbestände. In: ZRP 1970, S. 256 ff.
Trankell, Arne	Der Realitätsgehalt von *Zeugenaussagen.* Methodik der Aussagepsychologie. Göttingen 1971.
Viehweg, Theodor	*Topik* und Jurisprudenz. 2. Aufl. München 1963.
Weimar, Robert	*Psychologische Strukturen* richterlicher Entscheidung. Basel und Stuttgart 1969.
Weitnauer, Hermann	*Diskussionsbeitrag.* In: Beweislast und Beweiswürdigung im Zivil- und Verwaltungsprozeß. Verhandlungen des 46. deutschen Juristentages. Bd. 2, Teil E. München und Berlin 1967, E 70 ff.
Wellmer, Albrecht	*Methodologie* als Erkenntnistheorie. Zur Wissenschaftslehre Karl R. Poppers. Frankfurt 1967.
Welzel, Hans	Das deutsche *Strafrecht.* 11. Aufl. Berlin 1969.
Wessels, Johannes	Die *Aufklärungsrüge* im Strafprozeß. In: JuS 1969, S. 1 ff.
Weyrauch, Walter O.	Zum Gesellschaftsbild des *Juristen.* Eine vergleichende Studie über die subjektiven Faktoren im Recht. Neuwied und Berlin 1970.
Wimmer, August	*Ueberzeugung,* Wahrscheinlichkeit und Zweifel. In: DRZ 1950, S. 390 ff.
Witte, Eberhard	*Phasen-Theorem* und Organisation komplexer Entscheidungsverläufe. In: ZfbF 1968, S. 625 ff.
Wrück, Hans	Zum heutigen Stand der Frage nach dem Wesen der *Überzeugung* des Strafrichters. Diss. Leipzig 1937.
Wundt, Wilhelm	*Logik.* Eine Untersuchung der Prinzipien, der Erkenntnis und der Methoden wissenschaftlicher Forschung. 3. Aufl. Stuttgart 1906.
Wyschinski, Andrej Januarjewitsch	Theorie der gerichtlichen *Beweise* im sowjetischen Recht. 3. Aufl. Berlin 1955.
Zachariä, Heinrich Albert	Die *Gebrechen und* die *Reform* des deutschen Strafverfahrens, dargestellt auf der Basis einer consequenten Entwicklung des inquisitorischen und des accusatorischen Prinzips. Göttingen 1846.

Abkürzungsverzeichnis

ACrR	Archiv des Criminalrechts
Anm.	Anmerkung
Bay.Z.	Zeitschrift für Rechtspflege in Bayern
Bem.	Bemerkung
BGH	Bundesgerichtshof
BGHSt	Entscheidungen des Bundesgerichtshofs in Strafsachen
BGHZ	Entscheidungen des Bundesgerichtshofs in Zivilsachen
DJT	Deutscher Juristentag
DÖV	Die Öffentliche Verwaltung
DRiZ	Deutsche Richterzeitung
DRZ	Deutsche Rechtszeitschrift
FGO	Finanzgerichtsordnung
F.N.	Fußnote
GA	Goltdammers Archiv für Strafrecht
GS	Der Gerichtssaal
HGB	Handelsgesetzbuch
Iher. Jahrb.	Iherings Jahrbücher für Dogmatik
JuS	Juristische Schulung
JW	Juristische Wochenschrift
JZ	Juristenzeitung
KJ	Kritische Justiz
Krit. Vierteljahresschr.	Kritische Vierteljahresschrift für Gesetzgebung und Rechtswissenschaft
LM	Lindenmaier-Möhring
m.w.N.	mit weiteren Nachweisen
NACrR	Neues Archiv des Criminalrechts
N.F.	Neue Folge
NJW	Neue Juristische Wochenschrift
OLG	Oberlandesgericht
RG	Reichsgericht
RGSt	Entscheidungen des Reichsgerichts in Strafsachen
RGZ	Entscheidungen des Reichsgerichts in Zivilsachen
SGG	Sozialgerichtsgesetz
SJZ	Süddeutsche Juristenzeitung
Sp.	Spalte
StGB	Strafgesetzbuch
StPO	Strafprozeßordnung
VwGO	Verwaltungsgerichtsordnung

ZfbF	Zeitschrift für betriebswirtschaftliche Forschung
ZPO	Zivilprozeßordnung
ZRP	Zeitschrift für Rechtspolitik
ZStrVerf	Zeitschrift für deutsches Strafverfahren
ZStW	Zeitschrift für die gesamte Strafrechtswissenschaft
ZZP	Zeitschrift für Zivilprozeßrecht

EINLEITUNG

„Judizieren ist Kennen von Tatsachen". Dieses Wort Otto Bährs[1] hat unveränderte Gültigkeit; eine richtige Feststellung des Sachverhalts ist Voraussetzung für ein sachangemessenes, gerechtes Urteil. Wird die geschehene Wirklichkeit verfehlt, so mag der Subsumtionsakt noch so vollendet gelingen – das Urteil bleibt unausweichlich Fehlurteil. So hat auch Arnold Brecht in seinen fünf Postulaten zur Gerechtigkeit die Wahrheit an die erste Stelle gerückt: Sachverhalte, an die eine Entscheidung geknüpft ist, müssen tatsächlich gegeben sein[2].

Die strafrichterliche Tatsachenfeststellung ist prinzipiell unbegrenzt[3]. Der Grundsatz der freien Beweiswürdigung (§ 261 StPO) überträgt die Entscheidung über das Festgestelltsein einer vergangenen Wirklichkeit allein dem Richter. Stellte sich dieses Prinzip unter dem Einfluß des Code d'instruction criminelle ursprünglich dar als ein irrationales, gefühlsmäßiges Überzeugtsein, so bemühte sich insbesondere Mezger[4] um eine wissenschaftlich-rationale Sicht der Tatsachenfeststellung. Einen vorläufigen Höhepunkt in der Entwicklung, die „freie Beweiswürdigung" mittels objektiver Kriterien einzuschränken, hat Sarstedt[5] in einer jüngst veröffentlichten Abhandlung erreicht. Er glaubt, in der neueren Rechtsprechung der Obergerichte eine Renaissance der formellen Beweistheorie entdecken zu können: „Während noch in allen Darstellungen unseres Strafprozeßrechts die freie Beweiswürdigung als einer der großen Grundsätze unseres Verfahrens gefeiert wird, haben sich in aller Stille und Unauffälligkeit eine ganze Reihe von Beweisregeln herausgebildet"[6]. In der Tat bleibt von *freier* Würdigung der Beweise nichts mehr übrig, sobald der Instanzrichter angewiesen wird, bei Vorliegen bestimmter Umstände ohne Rücksicht auf seine Überzeugung zu verurteilen bzw. freizusprechen.

Sarstedt konstatiert allein die Tatsache; eine Begründung oder gar Rechtfertigung sucht man – nicht nur bei ihm – vergeblich. Dies ist umso weniger verständlich, als in steigendem Maße warnende Stimmen die forensische Praxis anprangern, die den Sachverständigen quasi „auf die Richterbank" setzt[7]. Aus Tageszeitungen

---

1 Bähr: Civilprozeß, S. 394.

2 Arnold Brecht: Politische Theorie, S. 477; ähnlich Meyer: Dialektik, S. 81: „Das Ziel des kognitiven Vorgangs im Strafverfahren ist primär die Erkenntnis von Wahrheit und Gerechtigkeit". Vgl. auch Kriele: Gerechtigkeit, S. 89 und Eb. Schmidt: Lehrkommentar I, Nr. 13.

3 Normative Einschränkungen werden auf S. 88 f. kurz angesprochen.

4 Mezger: Sachverständiger, passim.

5 Sarstedt: Beweisregeln, S. 171 ff.

6 Sarstedt: a.a.O., S. 172.

7 Vgl. statt vieler Eb. Schmidt: Sachverständiger, S. 585 ff.

und Magazinen sattsam bekannte Fälle wie Jakubowski, Dr. Janeke, Zehrer, Maria Rohrbach und Hetzel, bei denen zumindest der dringende Verdacht eines auf unzureichenden Sachverständigengutachten beruhenden Fehlurteils besteht, waren dem Vertrauen in die Gutachten im Strafprozeß nicht gerade förderlich. Umso erstaunlicher, daß Revisionsgerichte den Naturwissenschaften in gewissen medizinischen – insbesondere humangenetischen und anthropologischen – und technischen Fragen absolute Macht über die richterliche Beweiswürdigung einräumen.

Eine Untersuchung solcher Problematik hat vom geltenden Recht auszugehen. Sie hat zu prüfen, welches Ziel die Prozeßordnung hinsichtlich der Tatsachenfeststellung anstrebt. Sodann werden die verschiedenen methodischen Wege zur Erreichung dieses Ziels zu untersuchen sein. Dabei muß über die rein juristisch-dogmatische Dimension hinausgegriffen werden auf Erkenntnisse der Wissenschaftstheorie und insbesondere der Psychologie. Nur die Einbeziehung der in diesen Wissenschaften erarbeiteten Erkenntnisse kann die Praxis der Sachverhaltsfeststellung ihrerseits befruchten. Man sollte sich beim hoch entwickelten Stande dieser Wissenschaften nicht mehr mit der Leerformel begnügen, daß Überzeugung in der „Nichtbezweifelung von Bezweifelbarem“[8] bestehe, während das, „was praktisch ‚geradezu unmöglich‘ bezweifelt werden kann“[9], außerhalb der freien Beweiswürdigung steht. Denn es ist ja gerade die Frage, welche Erkenntnisse der Richter noch anzweifeln darf und welche er ungeprüft zu übernehmen hat. Es darf nicht allein – wie dies bisher geschehen ist – untersucht werden, welchen Grad von Überzeugtheit das Gesetz vom Richter für einen Schuldspruch verlangt, da eine numerische Festsetzung nicht möglich, eine verbale Umschreibung angesichts der Begriffsunschärfe den Richter doch wieder auf sich selbst verweist. Viel grundsätzlicher ist zu fragen, wie denn Überzeugung eigentlich entsteht.

Deshalb sind der vorliegenden Untersuchung normative Aspekte durchaus nicht fremd; das Hauptgewicht liegt aber – insbesondere im zweiten Teil – auf einer deskriptiven Betrachtung des richterlichen Entscheidungsprozesses bei der Sachverhaltserforschung.

---

8 Wimmer: Ueberzeugung, S. 391.

9 Wimmer: a.a.O.

1 STRAFPROZESSUALE WAHRHEIT UND IHRE ERKENNTNISMITTEL

1.1 Der Straftatbestand als Vergleichsmaßstab der „Wahrheit"

1.1.1 Der Straftatbestand als Wirklichkeitsbenennung

§ 244 Abs. 2 StPO verpflichtet den Strafrichter auf die „Wahrheit". Sie hat der Richter zu erforschen; zu ihrer Ergründung gibt das Gesetz dem Richter Hilfsmittel[1] zur Hand. Recht unklar bleibt jedoch der Begriff der Wahrheit: Seinswahrheit, Erkenntniswahrheit, absolute Wahrheit, relative Wahrheit – die Arten von Wahrheiten sind unübersehbar. Ein vergebliches und auch überflüssiges Unterfangen wäre es jedenfalls, den Begriff der Wahrheit definieren zu wollen[2]; seit Jahrtausenden bemüht sich die Philosophie um deren Wesen. Unser Ziel ist begrenzt: Wir versuchen, „Wahrheit im Sinne der StPO" zu verstehen. Dabei wird gelegentlich auf allgemeinere Darstellungen der Erkenntnistheorie zurückgegriffen.

Eine tragfähige Basis unserer Untersuchung bietet zunächst die Erkenntnis der dienenden Funktion der Prozeßgesetze zur Verwirklichung materiellen Rechts[3]. Wenn die StPO somit die durch die materielle Strafrechtsnorm bestimmte Strafbarkeit verwirklichen will, dann muß auch der Begriff der „Wahrheit" verstanden werden auf der Grundlage des materiellen Straftatbestandes.

Strafrechtliche Tatbestände bestehen aus einer Folge von Wörtern. Diese Wörter bezeichnen Wirklichkeit[4]. So finden wir etwa Wirklichkeitsnennungen in Wörtern wie „Waffe" oder „Leibesfrucht", „töten" oder „wegnehmen". Sie besitzen für den Rechtsfinder einen spezifischen Informationsgehalt, sie orientieren bei der Suche nach dem geschehenen Sachverhalt. Mit dieser Aussage tritt ein Problemkreis in den Mittelpunkt, dem wir uns zunächst zuwenden müssen: Wenn wir meinen, daß der Richter sich bei der Auswahl der Fakten von der straftatbestandlichen Benennung dieser Fakten leiten läßt, bleibt die Frage offen, wie der Rechtsfinder den von der Wirklichkeit nahegelegten Straftatbestand „in Erwägung zieht".

---

1 Beweismittel; gemeinhin wird unterschieden zwischen Freibeweis und Strengbeweis. Die Unterscheidung geht zurück auf Ditzen: Dreierlei Beweis, passim.

2 Eine kurze Übersicht bietet Kropp: Erkenntnistheorie, S. 34 ff.

3 Hierzu Nawiasky: Rechtslehre, S. 100: „... der Ausdruck formelles Recht (ist) gleichbedeutend mit den sekundären Normen, das materielle Recht deckt sich mit den primären Normen".
Zum Problem der Scheidung von formellem und materiellem Recht auch Hilde Kaufmann: Strafanspruch, S. 133 ff.

4 Dubischar: Grundbegriffe, S. 13: „Jede Norm beschreibt ein typisches Sozialgeschehen, einen Wirklichkeitsausschnitt".

1.1.1.1 Die Funktionalität von Tatsachenfeststellung und Rechtssatzermittlung

Das Problem ist schon lange in das juristische Problembewußtsein gerückt. Einen ersten Beitrag zur Lösung hat Engisch[5] geleistet, wenn er das Verfahren so charakterisiert: „Für den Obersatz" – also für das Auffinden der relevanten Strafrechtsnorm – „ist wesentlich, was auf den konkreten Fall Bezug hat, am konkreten Fall ist wesentlich, was auf den Obersatz Bezug hat". Und noch spezifischer bringt Larenz[6] die Signifikanz des Vorverständnisses für den genannten Prozeß zum Ausdruck: „In diesem ‚Hin- und Herwandern des Blicks'[7] werden der zunächst nur gleichsam in einem Rohzustande gegebene Sachverhalt und diejenigen Rechtssätze, deren Tatbestände bei einer noch flüchtigen Hinsicht als möglicherweise anwendbar erscheinen, einander so weit angenähert, bis die rechtliche Beurteilung des (endgültigen) Sachverhalts vorgenommen werden kann"[8].

Sehen wir von dem Aspekt des Auffindens der möglichen Norm aufgrund des Rohsachverhalts hier ab, so zeigt sich jedenfalls, daß die Konstruktion (Konstitution) des endgültigen Sachverhalts allein basierend auf der (vorverstandenen) Rechtsnorm erfolgen kann. Aus der unendlichen Fülle der Wirklichkeiten treten nur diese als relevant in Erscheinung, die Bezug zum „in den Blick gekommenen" Straftatbestand besitzen.

Ist das richtig, so können wir das Verfahren richterlicher Sachverhaltsfindung auch als hypothetisches charakterisieren. Der Richter stellt aus dem leitenden Tatbestand eine Hypothese auf den relevanten Sachverhalt. Diese Hypothese würde für den objektiven Tatbestand[9] des Diebstahls zunächst folgendermaßen lauten:

---

5 Engisch: Studien, S. 14 f.

6 Larenz: Methodenlehre, S. 237; vgl. neuerdings auch Esser: Vorverständnis, passim.

7 Der Begriff wurde geprägt von Engisch: Studien, S. 15; vgl. auch Scheuerle: Rechtsanwendung, S. 23: „Es findet eine wechselseitige Durchdringung zwischen den Akten der Tatsachenfeststellung und denen der rechtlichen Qualifizierung statt". Ebenso Arthur Kaufmann: Analogie, S. 32: Rechtsfindung ist „ein Hand in Hand gehendes Hinübertasten vom Bereich des Seins in den Bereich des Sollens und vom Bereich des Sollens in den Bereich des Seins, ein Wiedererkennen der Norm im Sachverhalt und des Sachverhalts in der Norm".

8 Einen Überblick über das Verfahren der „Entfaltung von Tatbestand und Sachverhalt aneinander" gibt Hassemer: Tatbestand, S. 105 ff. Zum Ganzen auch Joachim Hruschka: Rechtsfall, passim.

9 Wir beschränken uns aus Gründen der Übersichtlichkeit auf den objektiven Tatbestand. Für die subjektive Seite gilt nichts grundsätzlich anderes, denn auch Absicht, Vorsatz, Fahrlässigkeit sind Wirklichkeiten und zwar solche psychischer Art. Zu dem herrschenden normativ-psychologischen Schuldbegriff (hierzu Baumann: Lehrbuch, S. 355 ff.) befinden wir uns bei dieser Qualifizierung keinesfalls im Widerspruch. Das normative Element wird bei dem für uns wesentlichen Teilaspekt der Wirklichkeitserkenntnis nicht relevant und existiert bei den objektiven Tatbe-

A ist Dieb, wenn in seiner Person die durch die Merkmale „fremd", „beweglich", „Sache", „wegnehmen" bezeichneten Wirklichkeiten vorliegen.[10]

Diese Aufspaltung des Gesamttatbestands in die Summe der einzelnen Tatbestandsmerkmale zeigt – wenn wir den hypothetischen Weisungscharakter der Strafrechtsnorm zugrundelegen –, daß auch der Sachverhalt in „Sachverhaltsmerkmale"[11] aufzugliedern ist.

Die Hypothese aus dem Tatbestandsmerkmal auf das ihm entsprechende Sachverhalts- oder Wirklichkeitsmerkmal ist sodann einem bestimmten Verifizierungsverfahren[12] zu unterwerfen. Die Offenlegung dieses Verfahrens ist Gegenstand vorliegender Arbeit.

Nach der Durchführung des Verifizierungsverfahrens können sich hinsichtlich des Wahrheitswertes der aus einem Tatbestandsmerkmal (a, b, c . . .) gestellten Hypothese drei Fälle ergeben:

(1): Die Hypothese aus „a" (z.B. „wegnehmen") hat den Wahrheitswert „negativ"; anders ausgedrückt, die durch „a" bezeichnete Wirklichkeit liegt nicht vor.

(2): Die Hypothese aus „a" hat den Wahrheitswert „positiv"; d.h., die durch „a" bezeichnete Wirklichkeit liegt vor.

(3): Die Hypothese aus „a" hat erkennbar weder den Wahrheitswert „positiv" noch den Wahrheitswert „negativ". Ontologisch kann zwar nur entweder der Wahrheitswert „positiv" oder der Wahrheitswert „negativ" vorliegen; jedoch ist die menschliche Erkenntnisfähigkeit im Falle (3) außerstande zu entscheiden, welcher Wahrheitswert auf die Hypothese aus „a" zutrifft.

---

standsmerkmalen in gleicher Weise. Hierzu besonders Lenckner: Wertausfüllungsbedürftige Begriffe, und Schmidhäuser: Strafrecht, S. 158 f.

10 Hierbei werden besondere Funktionalitäten innerhalb des Gesamttatbestands (Hassemer: Tatbestand, S. 14: „. . . der Tatbestand (ist) nur über seine Teile, diese Teile aber (sind) wiederum nur über den Tatbestand zu erfassen . . .") außer Acht gelassen, da auch sie allein den hier ausgesparten normativen Aspekt berühren. Hinsichtlich der Wirklichkeitserkenntnis genügt es, den Tatbestand als die schlichte Summe der Tatbestandsmerkmale zu begreifen.

11 Hassemer: Tatbestand, S. 103.

12 Daß es sich um ein Verifizierungsverfahren handelt, ergibt sich zwingend aus der hypothetischen Natur des Verfahrens. Zwar legt die Unschuldsvermutung des Art. 6 Abs. 2 MRK eher ein Falsifizierungsverfahren nahe. Der Richter ermittelt jedoch auf der Grundlage der in den Blick gekommenen Tatbestandsmerkmale allein solche Wirklichkeiten, die diese Merkmale ausfüllen, und nicht solche, die „neben" den Tatbestandsmerkmalen liegen.

1.1.1.2 Einwände gegen die Möglichkeit eines problematischen Urteils

Die Möglichkeit (3) ist allerdings nur dann denkmöglich, wenn der Straftatbestand tatsächliche, also geschehene Wirklichkeit[13] benennt. Denn nur wenn ein zu erkennendes Objekt „ist“, kann eine Unsicherheit hinsichtlich des Wahrheitswertes der Erkenntnis dieses Objektes entstehen. Den erkenntnistheoretischen Aufweis einer solchen Wirklichkeit wollen wir aber vorläufig zurückstellen. An dieser Stelle interessiert allein die Frage, ob der Straftatbestand – zu Recht oder zu Unrecht – geschehene Wirklichkeit benennt oder ob ein anderes – prozessuales – Verständnis dem Straftatbestand gerecht wird.

Nicht an geschehene Wirklichkeit knüpft nach solcher – prozessualer – Normtheorie die Rechtsfolge an; vielmehr sollen allein prozessuale Beweisbarkeit, Erwiesenheit der Wirklichkeit rechtsfolgeauslösend sein. So geht Leonhard[14], ohne eine andere Möglichkeit auch nur zu erwähnen, von folgendem Satz aus:

„Wenn der Tatbestand a+b erwiesen ist, hat der Richter die Rechtswirkung festzustellen“.

Das aber könnte bedeuten, daß es auf geschehene Wirklichkeit überhaupt nicht mehr ankommt. Leonhard gibt den Rechtssätzen einen völlig anderen Inhalt[15]: Die durch sie bezeichnete Wirklichkeit ist nicht das Ereignis der Vergangenheit, die Tat als historischer Vorgangskomplex[16], sondern rechtsfolgerelevante Wirklichkeit ist die Festgestelltheit von Tatsachen im Prozeß, ist – mit anderen Worten – die Überzeugtheit des konkret entscheidenden Spruchkörpers.

Zu einem der Lehre Leonhards ähnlichen Verständnis gelangt Kelsen mit seiner Theorie vom konstitutiven Rechtserzeugungsakt. Erst durch die Feststellung der „Tatsache des Delikts“[17] – also der Feststellung der Tatbestandsmerkmale durch das von der Rechtsordnung bestimmte Organ in einem durch die Rechtsordnung festgelegten Verfahren – „gelangt der Tatbestand in den Bereich des Rechts“. Nicht lautet der Rechtssatz: „Wenn ein bestimmter Mensch einen Mord begangen hat, soll eine bestimmte Strafe über ihn verhängt werden“, sondern: „Wenn das zuständige Gericht in einem durch die Rechtsordnung bestimmten Verfahren rechtskräftig festgestellt hat, daß ein bestimmter Mensch einen Mord begangen hat, soll das Gericht über diesen Menschen eine bestimmte Strafe verhängen“[18].

13 Zwar gilt die Norm grundsätzlich für künftige (also mögliche) Wirklichkeit. Ist jedoch das Stadium eines konkreten Strafprozesses erreicht, geht es allein um geschehene Wirklichkeit.

14 Leonhard: Beweislast, S. 143.

15 Richtig erkannt von Leipold: Beweislastregeln, S. 23.

16 BGHSt 10, 396.

17 Kelsen: Reine Rechtslehre, S. 244. Dieser Feststellung legt Kelsen konstitutive Bedeutung im Rahmen des Rechtsfindungsprozesses bei.

18 Kelsen: Reine Rechtslehre, S. 246.

Die Konsequenz der prozessualen Rechtserzeugungstheorie sieht Kelsen selbst: Allein die Meinung des entscheidenden Gerichtes über die Festgestelltheit einer Wirklichkeit ist entscheidend. Ob *wirklich* der Angeklagte den Mord begangen hat, bedeutet nichts: „Wenn die generelle Rechtsnorm angewendet werden soll, kann nur *eine* Meinung gelten (nämlich die des entscheidenden Gerichtes); die Meinung aller anderen ist rechtlich irrelevant“.[19]

Wenn aber nicht eine geschehene Wirklichkeit, sondern die „prozessuale Wirklichkeit der Erwiesenheit“ durch das Gericht rechtsfolgeauslösend ist, so heißt das nicht, daß Erkenntnis der geschehenen Wirklichkeit nicht mehr gefordert wird[20]. Es ist keineswegs so, daß Kelsen und Leonhard mit ihrer Theorie der prozessualen Rechterzeugung das Ziel aufgeben, geschehene Wirklichkeit zu erkennen. Wenn es nach dieser Lehre für die Auslösung der Rechtsfolge auf die Tatsache der „Festgestelltheit im Prozeß“ ankommt, so ist damit nicht gesagt, daß die Frage nach der geschehenen Wirklichkeit überflüssig wird. Rechtsfolgeauslösend ist zwar der Beweis der Wirklichkeit im Prozeß[21]; über dieses Zwischenglied aber wird doch die geschehene Wirklichkeit relevant, denn bewiesen werden kann allein die geschehene Tat. In Wahrheit eskamotieren Kelsen und Leonhard die geschehene Wirklichkeit nicht aus dem Rechtsfindungsprozeß. Ihnen ist es nur darum zu tun, daß zur Tatsache der Begehung der Tat die Tatsache ihres Nachweises nach den strengen Regeln der Prozeßordnung hinzukommen muß, damit der Richter die Rechtsfolge feststellen kann.[22]

Allein diese Auslegung wird auch der Rechtsordnung gerecht: Es gibt viele Fälle, in denen das Gesetz eine bestimmte Wirklichkeit von mehreren Behörden rechtlich beurteilen läßt. Wenn aber die Sachverhaltsbeschreibung materiell identisch ist, wird auf eine und dieselbe geschehene Wirklichkeit Bezug genommen. Es kann bei dieser Sachlage nicht angenommen werden, daß damit eine Relativität des Seins ausgesprochen werden soll, daß die Wirklichkeit als solche der Subjektivität der mit der Wirklichkeitserkenntnis beauftragten Person

---

19 Kelsen: Reine Rechtslehre, S. 245.

20 Anders wohl Leipold: Beweislastregeln, S. 23 ff.

21 Insoweit richtig Leipold: Beweislastregeln, S. 23.

22 Nur auf dieser Basis können auch die Beweislastnormen verstanden werden. Die Beweislast, so wie sie hier im Sinne einer objektiven verstanden wird, beantwortet allein die Frage, wer bei Unklarheit über eine rechtserhebliche – geschehene – Wirklichkeit den Nachteil zu tragen hat. Der Begriff ist daher unabhängig davon, ob das Verfahren – wie der Zivilprozeß – unter der Verhandlungsmaxime oder – wie der Straf- oder Verwaltungsprozeß – unter dem Instruktionsprinzip steht. Dies sollte nach eingehenden Untersuchungen insbes. von Rosenberg: Beweislast, S. 28 ff. klar sein. Die Geltung des Instruktionsprinzips beseitigt allein die subjektive Beweislast (Darlegungs- und Beweisführungslast), da bei dieser Verfahrensausgestaltung das Gericht ohne Bindung an Parteianträge die relevanten Tatsachen von Amts wegen erforscht. Vgl. für den Strafprozeß insbes. § 244 Abs. 2 StPO.

anheimgestellt werden soll. Es muß – jedenfalls im normativen Bereich – davon ausgegangen werden, daß die Rechtssätze die Rechtsfolge an die geschehene Wirklichkeit anknüpfen. Sicher: Objektivität wird dem begrenzten Erkenntnishorizont des Menschen weitgehend verschlossen bleiben; als Ziel aber lohnt es, sie zu erstreben. Wenn wir auch eine Relativität der Erkenntnis anerkennen müssen[23], so folgt daraus keinesfalls eine Relativität des Seins. Gerade weil wir um die Perspektivität der Erkenntnis nicht herumkommen, müssen wir die Relativität des Seins ablehnen, denn „das Bewußtsein der Relativität der Erkenntnis hätten wir gar nicht, wenn auch die Dinge in ihrem Sein relativ wären".[24] Wäre die Wirklichkeit in das Ermessen des Erkennenden gestellt, würden sämtliche Bemühungen um Objektivierung der Erkenntnis überflüssig, ja Erkenntnis im eigentlichen Sinne wäre nicht möglich, da ein Erkenntnisobjekt nicht existiert.

Allein ein materielles Verständnis des Tatbestandes, der das Verhalten des Angeklagten nennt, entspricht dem Sinn der Rechtsnorm. An dieses Verhalten selbst wird die Rechtsfolge angeknüpft. Diesem Verständnis entspricht auch der Wortlaut des Tatbestands. Nicht bestraft § 212 StGB den, dem eine Tötung nachgewiesen ist, sondern den, der tötet. Schon mit dieser geschehenen Wirklichkeit entsteht der staatliche Strafanspruch[25]. Wie sonst könnte man das Institut der Verfolgungsverjährung oder die Einstellungsermächtigungen der StPO an die Staatsanwaltschaft rechtfertigen? „Die Tatsachenlage stellt den objektiven Bezugspunkt dar, durch den die Möglichkeit und die gedankliche Deckung des außerprozessualen wie des prozessualen Strebens nach Rechtserkenntnis gewährleistet wird"[26]. Damit ist aber nur ausgesprochen, daß im normativen Bereich die Rechtssätze tatsächliche, geschehene Wirklichkeit benennen. Ob sie das zu Recht tun, ob wir also von einer außerhalb des menschlichen Bewußtseins wesenden Wirklichkeit ausgehen können, die durch das Bewußtsein erfaßt, ergriffen werden kann, kann erst eine erkenntnistheoretische Diskussion erweisen.

---

23 Hierüber später noch eingehend.

24 Arthur Kaufmann: Schuldprinzip, S. 75.

25 Wir verwenden diesen schillernden Begriff, obwohl er meist synonym mit Bindings subjektivem Recht auf Strafe verwendet wird. Was gemeint ist, ist klar: die Befugnis der Strafverfolgungsorgane, in den grundrechtlich geschützten Rechtskreis des Bürgers einzugreifen. Eine eingehende Übersicht über geschichtliche Entwicklung und Wesen des Begriffs findet sich bei Hilde Kaufmann: Strafanspruch, S. 70 ff., insbes. S. 97–101.

26 Leipold: Beweislastregeln, S. 30.

1.1.2 Wahrheit als „adaequatio rei et intellectus"

Die herkömmliche Definition der Wahrheit, so wollen wir vorläufig festhalten, geht davon aus, daß „Wahrheit" besteht in der Übereinstimmung der Wirklichkeit mit dem Bewußtsein des Erkenntnissubjekts von dieser Wirklichkeit. Genauer trifft die klassische Formulierung von Aristoteles[27] das Wesen der Wahrheit: „Falsch ist es, vom Seienden zu sagen, es sei nicht und vom Nichtseienden, es sei. Wahr ist es, vom Seienden zu sagen, es sei und vom Nichtseienden, es sei nicht. Also wird jeder, der sagt, etwas sei, oder sagt, etwas sei nicht, entweder falsch oder wahr reden".

Mit dieser aristotelischen Definition sind wir dem Wesen der Wahrheit schon ein gutes Stück nähergekommen. Nicht die Dinge selbst, die Wirklichkeiten sind wahr oder unwahr: Wirklichkeit ist oder ist nicht. Wahrheit bezeichnet vielmehr eine Eigenschaft von – allgemein gesprochen – menschlichen Aussagen über Wirklichkeit. Sie ist mögliche Relation zwischen dem Sein und dessen „Abbildern" in Form von menschlichem Denken, menschlicher Vorstellung[28]. Oder in den Worten Tammelos[29]: „Ein Erkenntnisgegenstand ist wahr, wenn er mit dem ihm entsprechenden Erfahrungsgegenstand übereinstimmt. Ein Erkenntnisgegenstand ist falsch, wenn er mit dem ihm entsprechenden Erfahrungsgegenstand nicht übereinstimmt".

Ein Problem bedarf noch der Klarstellung. Geradezu selbstverständlich haben wir Aussage und Erkenntnis bislang gleichgesetzt. Wahrheit der Aussage und Wahrheit der Erkenntnis sollte also ein Begriff sein.[30] Um Klarheit zu gewinnen, müssen wir jedoch unterscheiden: Dem Erkennen an sich kann Wahrheit oder Falschheit nicht zukommen; entweder der Gegenstand ist erkannt oder die Erkenntnis geht fehl – der Gegenstand ist nicht getroffen: „Falsches Erkennen" gibt es nicht. Allein die Aussage über das Erkennen ist wahr oder falsch; noch deutlicher: Nur die in der Aussage steckende Behauptung, den Gegenstand erkannt zu haben, hat die Qualität „wahr" oder „falsch". „Wahrheit meint

27 Aristoteles: Metaphysik M 7.

28 Hier scheint ein Widerspruch vorzuliegen: einerseits wurde der Wirklichkeit die Eigenschaft „wahr" abgesprochen, andererseits soll der Vorstellung, die ihrerseits ja Wirklichkeit ist, „Wahrheit" zukommen. Um diese Antinomie zu lösen, müssen wir den aristotelischen Wahrheitsbegriff etwas umformen: Die Eigenschaft, wahr zu sein, kommt nicht der Aussage als einer Wirklichkeit zu, sondern dem aus der Aussage zu erschließenden Bewußtseinsinhalt des Erkenntnissubjekts. Tammelo: Rechtsnorm, S. 14 ff., unterscheidet anschaulich den transzendenten Erfahrungsgegenstand von dem bewußtseinsimmanenten, aber transzendenzbezogenen Erkenntnisgegenstand.

29 Tammelo: Rechtsnorm, S. 25.

30 Dies war die Meinung der herkömmlichen Logik. Vgl. statt vieler Lehmen: Lehrbuch I, S. 134: „Unser Erkennen ist wahr, wenn es mit dem Gegenstande, auf den es sich bezieht, übereinstimmt, unwahr oder falsch, wenn es mit seinem Gegenstand nicht übereinstimmt".

immer wahre Urteile ... d.h. solche, welche zu ihrem Inhalt wirklich Seiendes haben".[31] Wenn die Eigenschaft „Wahrheit" also allein einem Urteil über die Wirklichkeit zukommt, so bedeutet das für die richterliche Tatsachenfeststellung, daß das Urteil „A hat eine fremde bewegliche Sache weggenommen" dann und nur dann wahr ist, wenn A tatsächlich eine fremde bewegliche Sache weggenommen hat. Diese „Übereinstimmung" zwischen Urteil und Wirklichkeit bedarf näherer Untersuchung.

1.1.2.1 Die dreifache Relation im Erkenntnisvorgang

Übereinstimmung bedeutet nicht Identität, Gleichheit, Kongruenz. Transzendentes und Immanentes sind nicht vergleichbar, genausowenig wie die tatsächliche Handlung und ein hierüber gedrehter Film beschaffenheitsgleich sind. Daher ist adaequatio durch Gleichheit unrichtig definiert: Wir wählen Entsprechung, Analogizität. Wahrheit der Tatsachenfeststellung ist danach gegeben, wenn die Bewußtseinsvorstellung über die Wirklichkeit (essentia rei in mente) analog ist der tatsächlichen Wirklichkeit (essentia rei in natura).

Die Vorstellung über die Wirklichkeit wird jedoch in doppelter Weise relevant. Einmal impliziert die sprachliche Fassung der Tatbestandsmerkmale im Bewußtsein des Richters eine Vorstellung der genannten Wirklichkeit. Diese bewußtseinsimmanente Wirklichkeit gilt es für den Richter in der empirischen Welt zu suchen. Andererseits ist Erkenntnis der tatsächlichen Welt wiederum nur im Bewußtsein des erkennenden Subjekts möglich. Die „Wirklichkeit in natura" bedarf also, soll Erkenntnis möglich sein, der Umsetzung in das menschliche Bewußtsein: Wirklichkeit ist für den Menschen nicht transzendent „gehabt", sondern kann nur psychisch „begriffen" sein.[32] Daher sind bei der richterlichen Sachverhaltserkenntnis[33] drei Relationen zu unterscheiden:

(1) Die Relation zwischen der vom Tatbestand gemeinten und insofern vom Erkenntnissubjekt vorgestellten Wirklichkeit. Dieses hermeneutische Problem soll aus unserer Untersuchung ausgeklammert sein.[34]

---

31 Eisler: Wörterbuch, S. 308.

32 Eine ähnliche Unterscheidung – wenn auch mit anderer Terminologie – trifft Külpe: Realisierung I, S. 1 ff., wenn er unter „Wirklichkeit" Bewußtseinswirklichkeit versteht und die bewußtseinsunabhängige Gegenständlichkeit als „Realität" bezeichnet.

33 Es ist selbstverständlich, daß damit keine „Erkenntnis sui generis" für das forensische Erkenntnissubjekt postuliert werden soll. Allgemein geschieht menschliche Erkenntnis in den sogleich im Text dargestellten Relationen. Der einzige Unterschied besteht in der sprachlichen Dimension: der Richter geht von der sprachlichen Fassung des juristischen Tatbestands aus, während allgemein menschliche Erkenntnis der durch die Ordnungskategorie der „Umgangssprache" gegliederten Wirklichkeit folgt. Denn Wirklichkeit ist „nicht factum brutum, sondern Ausgegrenztes und Geordnetes" (Hassemer: Tatbestand, S. 56 FN. 30), und zwar geordnet durch das „Konstitutionssystem" der Begriffe. Vgl. hierzu näher Carnap: Logischer Aufbau, S. 5 ff.

(2) Die Relation zwischen Wirklichkeit der übersubjektiven Welt und der Vorstellung des Erkenntnissubjekts hierüber. Diese Relation beinhaltet die Schwierigkeiten der Sachverhaltsfeststellung, des Überzeugtseins. Die Erforschung dieser Relation ist Anliegen unserer Untersuchung.

(3) Die Relation zwischen der auf Grundlage der tatbestandsbenannten Wirklichkeit *vorgestellten* und der auf Grundlage der realen Wirklichkeit *vorgestellten* Wirklichkeit. Diese beiden, in der Innenwelt des Erkenntnissubjekts wesenden Wirklichkeiten müssen identisch sein, soll Erkenntnis von benannten Gegenständen nicht völlig ausscheiden. Identität ist hier auch problemlos: Beide essentiae rei wesen auf derselben Ebene – im Bewußtsein immaterialiter.[35]

Durch unseren Begriff der Analogizität soll das bei der Relation (2) beschriebene Umsetzungsphänomen von übersubjektiver Wirklichkeit und der bewußtseinsimmanenten Vorstellung hiervon bezeichnet werden. Da aber auch „Entsprechung“ auf einem Fixpunkt beruhen muß, von dem ausgegangen wird, wird jetzt die Frage aktuell, ob ein solcher Fixpunkt einer tatsächlichen Wirklichkeit überhaupt erkenntnistheoretisch angenommen werden darf.

Es wurde bereits darauf hingewiesen, daß die Leugnung solcher Wirklichkeit auf normativer Basis verfehlt ist. Eine funktionale Betrachtung des § 244 Abs. 2 StPO muß von der Existenz der Wirklichkeit ausgehen. Ob diese funktionale Betrachtung jedoch auch ontologisch haltbar ist, soll vorliegend untersucht werden. So würde uns der subjektive Idealist im Sinne Berkeleys etwa entgegenhalten, daß die Annahme einer von der bewußtseinsimmanenten Wirklichkeit zu unterscheidenden „transzendenten“ Wirklichkeit nicht begründbar sei. Der subjektive Idealismus läßt beide Positionen zusammenfallen. Aus der Erkenntnis, daß das Wissen nie weiterreichen könne als das Bewußtsein[36], wird auf die wirklichkeitsschaffende Kraft des Geistes geschlossen: Nichts bleibt von den Wirklichkeiten der Welt übrig, alles ist Vorstellung des Subjekts.[37]

In anderer Richtung würde der unkritische Realist unseren Begriff der Analogizität angreifen. Für ihn existiert eine außerhalb des erkennenden Bewußtseins wesende Wirklichkeit, die so, wie sie ist, ergriffen werden kann.

---

34 Es wird ausführlich behandelt bei Hassemer: Tatbestand, passim.

35 Arthur Kaufmann: Schuldprinzip, S. 68 f.

36 Rickert: Erkenntnis, S. 6.

37 Unter den Schriftstellern, die sich mit dem Problem forensischer Sachverhaltsforschung befaßt haben, vertritt Niethammer: Wahrheit, die Position des subjektiven Idealismus. Er leugnet die Existenz objektiver Realität und damit ein zu erkennendes Erkenntnisobjekt. Nicht Wirklichkeitserkenntnis werde vom Richter verlangt, „sondern ein eindrucksvolles, glaubensstarkes Bild der Wirklichkeit. Eine Wirklichkeit an sich gibt es für den Menschen nicht“.

Wahr ist für diese Position eine Aussage allein dann, wenn sie mit der Wirklichkeit in ihrer ganzen Vielfalt übereinstimmt.[38]

1.1.2.2 Die Relevanz der Erkenntnistheorien

Wenn im Vorgriff auf spätere Begründung hier behauptet wird, daß die philosophischen Richtungen des Idealismus, des Realismus für unsere Frage unerheblich sind, wenn also das „metaphysische Wirklichkeitsproblem"[39] ganz aus der Untersuchung ausgeklammert wird, so müssen wir dennoch die Frage nach der Wirklichkeit unter einem beschränkteren Aspekt angehen. Unser Ausgangspunkt, daß die Tatbestandsmerkmale Wirklichkeit benennen, fordert an dieser Stelle eine Definition der „Wirklichkeit".

Dabei können wir uns mit einer funktionalen Definition begnügen, die alles das als „wirklich" ansieht, was durch die einzelnen Tatbestände bezeichnet ist. Wirklich in diesem Sinne sind also nicht nur physische Dinge[40], die dadurch gekennzeichnet sind, daß sie zu einer bestimmten Zeit ein bestimmtes ausgedehntes Raumstück einnehmen[41], sondern auch psychische Gegenstände wie Absicht, Vorsatz, Fahrlässigkeit. Dem umfassenden Wirklichkeitsbegriff in diesem Sinne unterfallen auch Handlungen[42], wie reine Relationen[43] und die sog. geistigen Gegenstände[44].

Es erübrigt sich, die Fülle der Tatbestandsmerkmale in dieses – sicherlich unvollständige – System einzuordnen. Allein entscheidend ist, daß wir mit „Wirklichkeit" nicht nur Materie meinen, sondern im Anschluß an die neuere Ontologie von einer vierfachen Gliederung des Wirklichen ausgehen[45]: Materie,

---

38 So vor allem die antike und mittelalterliche Philosophie. Aristoteles sah kein Problem im Unterschied zwischen Erkenntnis des Seins und Empfindung des Bewußtseins: „Das Sinnorgan (hat) das Vermögen, die wahrnehmbaren Formen ohne Materie aufzunehmen, wie das Wachs das Zeichen des Ringes ohne das Eisen und das Gold aufnimmt und das goldene oder eherne Zeichen empfängt, aber nicht, insofern es Gold oder Erz ist". Vgl. Aristoteles: De anima II 12 (424a 17 ff.). Vgl. auch Kropp: Erkenntnistheorie, S. 88.

39 Carnap: Logischer Aufbau, S. 245.

40 Als Beispiel seien hier genannt die „Sache" in §§ 242, 303 StGB, das „Gebäude" oder die „Wohnung" in §§ 243, 123 StGB, die „Waffe" in § 223a StGB. Ebenfalls in diese Kategorie gehört der „Mensch" der Tötungs- und Körperverletzungsdelikte oder die „Leibesfrucht" bei § 218 StGB.

41 Carnap: Logischer Aufbau, S. 23.

42 Etwa „töten", „beschädigen", „wegnehmen". Handlungen können im Anschluß an Carnap: Logischer Aufbau, S. 31 als „psychische Manifestationen" bezeichnet werden.

43 Etwa die Kausalität.

44 „Fremd" in §§ 242, 303 StGB; „Zuständigkeit" in §§ 153, 154 StGB.

45 Vgl. etwa N. Hartmann: Einführung, S. 120 ff.; Litt: Denken und Sein, S. 130 ff., 214 ff.

Leben, Seele, Geist – sämtliche Stufen unterfallen dem Bereich des Wirklichen. Wirklichkeiten, im obigen Sinne von „Sachverhaltsmerkmalen“, sind also Gegenstände, die benannt werden können, über die eine Aussage gemacht werden kann. Für diese – empirischen – Gegenstände sind, so wurde eingangs behauptet, erkenntnistheoretische Lehrmeinungen irrelevant. Carnap[46] hat dies an einem eindrucksvollen Beispiel gezeigt:

> „Wenn zwei Geographen, ein Realist und ein Idealist, ausgeschickt werden, um die Frage zu entscheiden, ob ein an einer bestimmten Stelle in Afrika vermuteter Berg nur legendär sei oder wirklich existiere, so kommen beide zu dem gleichen (positiven oder negativen) Ergebnis. Denn für den Begriff der Wirklichkeit in diesem Sinne – wir wollen ihn als „empirische Wirklichkeit“ bezeichnen – liegen in der Physik und Geographie bestimmte Kriterien vor, die unabhängig von dem philosophischen Standpunkt des Forschers eindeutig zu einem bestimmten Ergebnis führen. Und nicht nur über die Existenz des Berges werden die beiden Geographen bei genügender Untersuchung zu übereinstimmendem Ergebnis kommen, sondern auch bei jeder Frage nach der Beschaffenheit des Berges, nach Lage, Gestalt, Höhe usw. In allen empirischen Dingen herrscht Einigkeit.“

Daraus ist der Schluß zu ziehen, daß die „philosophische Divergenz zwischen beiden Theorien“ erst auf der metaphysischen und nicht auf der empirischen Ebene zum Tragen kommt[47]. Innerhalb einer empirischen Erkenntnistheorie, nach der alle Erkenntnis zurückgeht auf menschliche Erlebnisse, „die in Beziehung gesetzt, verknüpft und verarbeitet werden“[48], stimmen die erkenntnistheoretischen Richtungen überein.

Gegen die These von der Irrelevanz der klassischen Erkenntnistheorien, insbesondere gegen Carnaps Geographenbeispiel, ist vorgebracht worden[49], daß die empirische Erkenntnistheorie vor den eigentlichen Schwierigkeiten menschlicher Erkenntnis kapituliere. Sie versage gerade im ursprünglichen Bereich der Erkenntnistheorie: Aussagen über „Möglichkeiten und Grenzen“ menschlichen Erkennens seien ihr unmöglich.

Das mag für den Bereich der Philosophie richtig sein, im Bereich des praktischen Lebens, zu dem die forensische Sachverhaltserforschung gehört, sind herkömmliche Erkenntnistheorien verfehlt. Der Realismusstreit leistet – selbst wenn er

---

46 Carnap: Scheinprobleme § 10.

47 Ob man allerdings die Metaphysik – weil irrational – der Unwissenschaftlichkeit zeihen darf, wie das Carnap: Logischer Aufbau, S. 247 und S. 258 ff. unternimmt, muß bezweifelt werden. In diesem Zusammenhang ist auf die eindringlichen Untersuchungen von Arthur Kaufmann: Schuldprinzip, S. 60 ff., 73 ff. hinzuweisen.

48 Carnap: Logischer Aufbau, S. 249.

49 Insbesondere von Lampe: Rechtsanthropologie I, S. 140 f.

beantwortbar wäre[50] – nicht den geringsten Beitrag zu der innerhalb der forensischen Praxis weit brennenderen Frage, wie richterliche Sachverhaltsfeststellung vor Irrtümern bewahrt werden kann, wie das Phänomen erklärt werden kann, daß Richter bei ihrer Pflicht zur Sachverhaltsfeststellung gewissen Zeugen Glauben schenken und andere als schlicht unglaubwürdig darstellen[51].

Oben wurde als „wirklich" alles das bezeichnet, was benannt werden kann. Damit haben wir ausgedrückt, daß die Fülle des Wirklichen immer schon vorgeformt ist durch die Ordnungskategorien der Sprache und des Denkens. Demnach sind Sprache und Denken apriorische Anschauungsformen, die Wirklichkeit erst erfaßbar machen.[52] In diesem Sinne sagt auch Carnap[53], daß „zu jedem Begriff ein und nur ein Gegenstand, ‚sein Gegenstand' gehöre". Nun zeigt aber die moderne Naturwissenschaft, daß die von einem Begriff „gehaltene" Wirklichkeit ständigen Wandlungen unterliegt. Es sei nur daran erinnert, daß das Reichsgericht noch im vorigen Jahrhundert glaubte, elektrische Energie nicht dem Sachbegriff des § 242 StGB subsumieren zu können.[54] Neuere naturwissenschaftliche Forschungen haben gezeigt, daß der Elektrizität durchaus materialer Charakter zukommt, daß also der naturwissenschaftliche Begriff der „Sache" heute auch die Wirklichkeit der Elektrizität deckt.

Es scheint also, daß wir eine „Zeitlichkeit der Wirklichkeit" akzeptieren müssen. Diese Folgerung hat in der Tat auch Engisch[55] gezogen, wenn er sagt: „Wirklichkeit ist ... nur, was uns irgendwie durch äußere oder innere Wahrnehmung und für vergangene Erlebnisse auch durch Erinnerung als tatsächlich vorhanden oder geschehen unmittelbar oder mittelbar verbürgt ist."

---

50 Die unbefriedigenden Ergebnisse, zu denen die erkenntnistheoretischen Lehrmeinungen bisher gelangt sind, werden auch von Lampe: Rechtsanthropologie I, S. 140 beklagt.

51 Hierzu ein interessantes Beispiel aus einem Frankfurter Demonstrationsprozeß. In der Frankfurter Rundschau Nr. 48 vom 26. Februar 1969 würdigte ein Prozeßbeobachter das Verhalten des Gerichts: „Die Aussagen von Polizei-Zeugen hielten die Gerichte in einigen Demonstrationsprozessen offenbar für sakrosankt. Was die Entlastungszeugen aussagten, wurde dagegen äußerst mißtrauisch gewogen und meist für zu leicht befunden. Richter Pietsch z.B. meinte pauschal, den Entlastungszeugen könne man schon deshalb nicht glauben, weil sie selber Demonstranten gewesen seien ..." (Gefunden bei Schroth: Wertneutralität, S. 105). Zur Vorurteilsstruktur bei der Findung des Sachverhalts später noch eingehend.

52 Ähnlich Hassemer: Tatbestand, S. 75.

53 Carnap: Logischer Aufbau, S. 5.

54 RGSt 29, 111 und RGSt 32, 165.

55 Engisch: Studien, S. 53.

56 Ein wesentlicher Unterschied zu Engisch besteht aber insofern, als hier – wie noch gezeigt werden wird – nicht auf das subjektive tatsächliche Wissen des Erkenntnis suchenden Individuums, sondern objektivierend auf die Möglichkeit des Wissens abgestellt wird.

Auch wir wollen uns dieser Meinung anschließen[56] in dem vollen Bewußtsein, daß damit eine Vermengung von ontischer Wirklichkeit und ihres Erkennens stattfindet. Das ist aber eine Folge des empirischen Wirklichkeitsbegriffs, so wie er oben konstituiert wurde. Es kommt uns nicht darauf an, ob außer der für diese Arbeit maßgeblichen „empirischen Wirklichkeit“ noch eine solche transzendenter Art besteht.[57]

1.1.2.3 Empirische Wirklichkeit als „Erfahrbarkeit der Wirklichkeit“

Empirische Wirklichkeit ist somit Wirklichkeit allein in ihrer gegenwärtigen menschlichen Erfahrbarkeit.[58] Diese aber ist nicht starr: Der Mensch strebt – und wie die Erkenntnisse der Kinderpsychologie oder der Fortschritt der Naturwissenschaften zeigen – mit Erfolg, die Erfahrungsgrenze auszudehnen und in noch unerforschte Gebiete vorzudringen, also „mehr“ als bisher zur „Wirklichkeit“ zu machen.

Wenn uns aber im Zeitpunkt „t“ die Erfahrungsgrenze x_t gesetzt ist, so fordert die von § 244 Abs. 2 StPO gemeinte Wahrheit nicht eine Sachverhaltsfeststellung, die vielleicht erst mit der Erfahrung x_{t+1} möglich sein wird. Aus dem Begriff des Sollens folgt, daß er nur menschenmögliches Verhalten umfassen kann. Wird ein Ansinnen (Du Richter sollst die geschehene Wirklichkeit erforschen!) auf im Zeitpunkt „t“ Menschenunmögliches gerichtet, so ist es bloße Willkürregel[59].

57 So unterscheidet Riehl: Kritizismus^{III}, S. 129 ff. eine empirische von einer transzendenten Wirklichkeit. Unter empirischer Wirklichkeit versteht er dabei das Ding in seiner Erkennbarkeit, unter transzendenter das Ding in seinem Objektsein, Dasein. Für die Wirklichkeit im Rahmen der richterlichen Tatsachenfeststellung ist aber unerheblich, ob eine – wie immer geartete – transzendente Wirklichkeit besteht.

58 Ohne den hier für maßgeblich erachteten empirischen Wirklichkeitsbegriff würde das Problem der „Zeitlichkeit“ von der „Wirklichkeitsebene“ auf die subjektive Komponente der Erkenntnis verlagert. Die Wirklichkeit wäre bei dieser Betrachtungsweise als transzendent – unzeitlich anzusehen, die aber nur bis zur Grenze der Objektion erkannt werden kann. So N. Hartmann: Metaphysik, S. 239 f.: „Nicht im Wesen des Seins, sondern im Wesen der Erkenntnis, als einer an die inneren Bedingtheiten realer Subjekte unlösbar gebundenen Funktion, wurzelt sowohl die relative Erkenntnisgrenze (Objektionsgrenze) als auch die absolute Erkennbarkeitsgrenze (Rationalitätsgrenze). Das Subjekt kann die Objektion nicht beliebig erweitern. Der Widerstand liegt in der Struktur unseres Erkennens selbst und seiner Gesetze“. Ähnlich auch Arthur Kaufmann: Schuldprinzip, S. 68: „Von Erkenntniswahrheit sind wir auch dann zu sprechen befugt, wenn sie die Seinswahrheit (die Wirklichkeit in ihrem Ansichsein und Sosein) nicht vollständig erreicht, sofern nur die Seiten und Merkmale des Gegenstandes, die im Urteil gedacht werden, sich wirklich am Gegenstand finden“. Im Gegensatz hierzu wird das Moment der temporären Relativität aus sogleich im Text zu diskutierenden Gründen von der Ebene des Erkennens verlegt in die Ebene der Wirklichkeit.

59 Otto: Pflichtenkollision, S. 5.

Auch der Richter darf sich bei der Sachverhaltserforschung mit Menschenmöglichem begnügen: Impossibilium nulla est obligatio.

Diese Relativität der empirischen Wirklichkeit bedingt aber auch, daß zeitbedingte Sachverhaltsfeststellungen durch eine Erweiterung des Erfahrbarkeitshorizontes später falsifiziert werden können. In diesem Zusammenhang sei auf die Vorschrift des § 359 Nr. 5 StPO verwiesen.

Entscheidend für den hier konstituierten empirischen Wirklichkeitsbegriff spricht, daß die Erkenntnis der empirischen Wirklichkeit für den Menschen *prinzipiell* möglich ist. Bislang wurden die Begriffe des Erkennens und der Erkennbarkeit unterschiedlos gebraucht. Der empirische Wirklichkeitsbegriff fordert aber ihre Unterscheidung: Wenn wir von „Erkennen" sprechen, meinen wir damit individuelles, höchst persönliches subjektives Wirklichkeitserfassen. Als ein solches kann Wahrheit i.S.d. § 244 Abs. 2 StPO nicht gemeint sein. Solche Auffassung würde schon durch die überindividuelle Ausgestaltung des Strafprozesses widerlegt. Wenn der Angeklagte[60], der Verteidiger[61], der Staatsanwalt[62], Zeugen und vor allem Sachverständige Einfluß auf das Wirklichkeitserfassen des Richters[63] nehmen, kann die Wirklichkeit nicht allein durch den individuellen Erfahrungsstand des Richters konstituiert sein. Empirische Wirklichkeit meint daher überindividuelle Wirklichkeit im Sinne einer im Augenblick des Erkennens prinzipiell *erfahrbaren* Wirklichkeit. Nicht entscheidend ist also die konkret gehabte Erfahrung des entscheidenden Richters, sondern empirische Wirklichkeit meint die Möglichkeit der Erfahrung im Augenblick der Sachverhaltsfindung. Empirisch wahr ist ein Urteil demnach dann, wenn es eine Wirklichkeit trifft (wenn es einer Wirklichkeit analog ist), wie sie zur Zeit des Urteils unter Ausschöpfung sämtlicher Erkenntnismittel aller verfügbaren Wissenschaften erfahrbar ist. Zum Abschluß ein Beispiel: Das Urteil gegen Galileo Galilei im Jahre 1633, durch das dieser gezwungen wurde, dem Kopernikanischen Weltsystem abzuschwören, war falsch, da es nicht auf der empirischen Wirklichkeit des 22. Juni 1633 beruhte. Gerade die wissenschaftlichen Erkenntnisse des Kopernikus und des Galilei konstituierten die erfahrbare Wirklichkeit. Allein die Erfahrbarkeit ist aber entscheidend. Allein, daß die Richter der Inquisition die Möglichkeit gehabt hätten, ihre individuelle Erfahrung auf die des Kopernikus oder Galilei auszudehnen, macht ihr Urteil: „Die Erde ist der Mittelpunkt der Welt" unwahr[64].

---

60 Z.B. §§ 240 Abs. 2; 243 Abs. 4; 244 Abs. 3–5; 245; 257 Abs. 2, 3 StPO.

61 Z.B. §§ 240 Abs. 2; 244 Abs. 3–5; 245; 257a; 258 Abs. 3 StPO.

62 Z.B. §§ 240 Abs. 2; 244 Abs. 3–5; 245; 257a; 258 Abs. 1, 2 StPO.

63 Diese Einflußnahme auf das richterliche Wirklichkeitserfassen bringt § 261 StPO dadurch zum Ausdruck, daß diese Vorschrift die richterliche Überzeugungsbildung insoweit jedenfalls bindet, als sie sich auf den „Inbegriff" der mündlichen Verhandlung stützen muß.

Wenn damit der Bezugspunkt des Erkennens in der empirischen Wirklichkeit gefunden wurde, so betrifft dies doch nur eine Seite des Problems. Wir haben bereits gezeigt, daß die Eigenschaft „wahr zu sein" allein einem Urteil über die Wirklichkeit zukommen kann. Nachdem nun klargestellt ist, was im Rahmen der forensischen Tatsachenfeststellung unter Wirklichkeit verstanden werden soll, bleibt die Frage zu klären, wie ein Urteil – und zwar ein die Wirklichkeit „treffendes" Urteil – gefunden werden kann. Denn was nützt die prinzipielle Möglichkeit eines „wahren" Urteils, wenn verschiedene Erkenntnissubjekte über eine identische Wirklichkeit verschieden urteilen?

In allen Bereichen der Wissenschaft – auch in der Naturwissenschaft – ist Erkenntnis eine solche des Subjekts und damit nicht frei von subjektiven Bedingtheiten. So wird ein Kind den Ton einer Autohupe zwar vernehmen, die physikalischen und physiologischen Ursachen dieses „Vernehmens" aber nicht erkennen (verstehen). Nicht anders ist es im Bereich der forensischen Tatsachenerforschung.

Jeder Richter besitzt eine von seinem Kollegen abweichende Erfahrung. Und eben dieses Filter der Erfahrung, dieses „innere Bild der Umwelt"[65] bewirken, daß jeder Mensch die Wirklichkeit anders „sieht". Das bedeutet aber nicht – wie bereits aufgezeigt wurde –, daß die Wirklichkeit relativ wäre. Sie ist – innerhalb ihrer zeitlichen Erfahrbarkeitsschranke – das unverrückbare Bezugsobjekt, auf das sich die Erkenntnis beziehen muß. Arthur Kaufmann[66] hat diesem Gedanken von der Relativität der Erkenntnis bei Fixiertheit der Wirklichkeit – wiewohl von einem anderen Wirklichkeitsbegriff ausgehend – folgende Form gegeben: „Etwas von der Absolutheit des Gegenstandes muß in jede Erkenntnis eingehen". Dieser Einfluß der Wirklichkeit auf das Erkennen mag hinsichtlich der verschiedenen Wissenschaften differieren – zur Gänze ausgeschlossen ist er nicht. Wäre dieser Einfluß, wie der Relativismus behauptet hat, nicht vorhanden, so bliebe unerklärlich, wie Orientierung in der Welt, wie Kommunikation über die Welt, wie Fortschritt überhaupt möglich sein sollten. Daß es dies alles gibt, beweist sich von Stunde zu Stunde. Trotz aller subjektiven Bedingtheiten des Erkennens ist stets zu betonen, daß der Mensch nicht „unorientiert sich durchwurstelt"[67], sondern daß er an der Rationalitätsnorm sich auszurichten gedenkt. Die Erkenntnistheorie hat gewisse Prinzipien aufgestellt, die „verobjektiviertes" Erkennen garantieren können. Einige davon sollen im folgenden auf ihre Brauchbarkeit für die forensische Tatsachenermittlung untersucht werden.

---

64 Bertold Brecht: „Leben des Galilei", 13, läßt Andrea Sarti, den Schüler Galileis, sagen: „Sie (gemeint sind die Inquisitoren) köpfen die Wahrheit!"

65 Hiervon wird noch zu handeln sein.

66 Arthur Kaufmann: Schuldprinzip, S. 75 m.w. Nachweisen.

67 Nach dem in der amerikanischen Entscheidungstheorie gebrauchten Begriff des „muddling through".

1.1.3 Die Mittel der Erkenntnis

Wir bezeichnen als „Mittel der Erkenntnis“ die Prinzipien, die es dem Individuum erlauben, zutreffende Aussagen über die empirische Wirklichkeit zu machen. Dabei wird zunächst bewußt auf das schillernde Wort „Wahrheitskriterien“ verzichtet, da eine hinreichende Bestimmtheit dieses Wortes nicht ersichtlich ist[68]. Nimmt man Kriterium wörtlich als „Maßstab zum Prüfen und Beurteilen“, so sagt es nichts anderes aus als der hier gewählte Begriff „Erkenntnismittel“.

Wie bereits dargelegt[69], soll unter „Erkennen“ nur eine wahre Aussage über die Wirklichkeit verstanden werden. Erkenntnismittel „führen“ also das Individuum zur Wirklichkeit. Nichts anderes leisten aber die Wahrheitskriterien im oben gemeinten Sinne. Sie beurteilen, ob ein Vorversuch der Wirklichkeitserfassung auch erfolgreich war, mit anderen Worten, sie sind Prüfungsmaßstäbe für den Erkennensversuch und führen[70] als solche mittelbar – indem sie Irrtümer aufdecken – ebenfalls zur Wahrheit.

1.1.3.1 Die Evidenz

Neben dem Prinzip der Intersubjektivität ist die Evidenz zu allen Zeiten im Bereich der Wissenschaften als wichtigstes Erkenntnismittel gebraucht worden[71]. Dabei erschwert eine terminologische Schwierigkeit die Diskussion: scharf muß unterschieden werden zwischen „objektiver“ und „subjektiver“ Evidenz[72].

Die objektive Auffassung der Evidenz sieht diese als Eigenschaft eines Urteils über ein Objekt. Das Urteil als solches soll Evidenz, Überzeugungskraft[73] besitzen; die Evidenz sei das Wirkelement, das Subjekt sei lediglich passivisch beteiligt. Demgegenüber ist bei der subjektiven Evidenz der Intellekt des Erkenntnis-Suchenden die eigentlich relevante Größe. In diesem Sinne wird von Evidenz auch gesprochen als einem Überzeugungsgefühl[74]

Gegen die objektive Evidenz als letztes Erkenntnismittel gibt es zwei Einwände, die nicht auszuräumen sind und die ihre Untauglichkeit erweisen. Zum einen ist

---

68 Übereinstimmend Isenkrahe: Evidenz, S. 94 ff.

69 Vgl. S. 9 f.

70 So jedenfalls in ihrer Intention; die Tauglichkeit soll im folgenden einer Kritik unterzogen werden.

71 Reiche Literaturnachweise finden sich bei Bohne: Überzeugungsbildung, S. 44 ff.

72 Zum Ganzen Eisler: Wörterbuch I 3, S. 350.

73 Auch Bollnow: Erkenntnis, S. 15 betont, daß das Wort Evidenz dem Urteil zukommt.

74 So etwa Schleiermacher, der von einem „Evidenz- oder Überzeugungsgefühl“ spricht. Ähnlich sieht Rickert: Erkenntnis, S. 112 im „Gefühl der Evidenz die zeitlose Gültigkeit des Urteils“ verbürgt.

mit ihrer Bezeichnung als Erkenntnismittel oder als Wahrheitskriterium schon ausgewiesen, daß es ohne erkennendes Subjekt nicht geht. Die reine Objektivität ist verlassen, wenn man ein prüfendes, beurteilendes, kurz: erkennendes Subjekt benötigt. „Wo letzteres fehlt, kann das bloße ‚Kriterium' ebensowenig leisten wie der bloße Hammer ohne den Schmied, der Hobel ohne den Tischler, der Pinsel ohne den Maler usw. Darum spielt auch beim ‚Kriterium der Wahrheit' das Subjekt eine Rolle, die durchaus nicht außer acht gelassen werden darf".[75] Die „unwiderstehliche Überzeugungskraft", die einem Urteil anhaftet, ist eben dann Leerformel, wenn ihr keine Subjektbereitschaft entspricht, die die Überzeugungskraft akzeptiert.

Der andere Einwand wiegt schwerer. Franz Brentano, der in neuerer Zeit aufbauend auf kartesischem Gedankengut die objektive Evidenz als letztes Wahrheitskriterium herausgestellt hat, meint ihre Tauglichkeit so begründen zu können: Weil jeder Beweis auf der Wahrheit seiner Prämissen beruht, „so muß es denn, wenn überhaupt eine einleuchtende Wahrheit, auch eine ohne Beweis und unmittelbar einleuchtende geben". Und: „Die wahre Garantie für die Wahrheit eines Urteils liegt in der Evidenz, die es entweder unmittelbar besitzt oder mittels des Beweises durch die Verbindung mit anderen Urteilen, welche unmittelbar evident sind, erlangt".[76]

Gerade dies zeigt aber, daß unbewiesen bleibt, ob die objektive Evidenz, die unwiderstehliche Überzeugungskraft die ihr zugedachte Auszeichnung als letztes Erkenntnismittel auch zu Recht besitzt. Ja, dies bleibt nicht nur unbewiesen, es ist nicht zu beweisen.[77] Denn wenn die objektive Evidenz solche Sätze auszeichnet, die nicht weiter zurückführbar und nicht weiter begründbar sind, dann kann es keine Kriterien der Evidenz mehr geben. Die objektive Evidenz verbürgt dann keineswegs „Objektivität" des Wirklichkeitsurteils, sie ist axiologische Setzung und eines Beweises nicht fähig. Das bedeutet aber dann: Die objektive Evidenz kann die Sicherheit der Erkenntnis nicht verbürgen.

Die Untauglichkeit der objektiven Evidenz als Erkenntnismittel legt es nahe, die subjektive Evidenz, das Überzeugungsgefühl zu prüfen. Die Tatsache, daß objektive Evidenz kein hinreichendes Kriterium für die Wahrheit einer Aussage liefert, schließt nicht aus, daß das Evidenzerlebnis, als der emotionalen Gefühlsebene angehörend, die Bereitschaft des Individuums fördert, ein Urteil als wahr zu akzeptieren. Wenn aber Evidenz nur begleitendes Gefühl, nur Wahrheitserlebnis ist, scheidet sie als vorgängiges und unantastbares Erkenntnismittel aus.

---

75 Isenkrahe: Evidenz, S. 43. Vgl. dazu Achterberg: Evidenz, S. 333: „Sei auch ein Tatbestand objektiv evident, also nach seiner Natur und der des menschlichen Geistes geeignet, klar als augenscheinlich erkannt zu werden, so (kann) es doch sein, daß nicht alle Menschen von seiner Evidenz überzeugt sind".

76 Brentano: Wahrheit und Evidenz, S. 137, 140.

77 So auch Isenkrahe: Evidenz, S. 47 ff.

Zwar kann die subjektive Evidenz eine solche Intensität entwickeln, daß sie uns psychisch nötigt, an ein Urteil zu glauben; eine Garantie, daß die Nötigung auch zu Recht besteht, daß das (unausweichlich überzeugend erscheinende) Urteil die Wirklichkeit auch trifft, kann das Evidenzgefühl nie leisten.[78]

Entscheidend ist, daß das Evidenzerleben kein logisches Phänomen ist. Als Gefühl reicht es für die logische Begründung der Wahrheit eines Urteils niemals aus.

Die Evidenz eines Urteils ist abhängig vom urteilenden Subjekt in all seinen sozialen, politischen, weltanschaulichen Bedingtheiten. Wesentlicher Faktor für das Evidenzerleben ist die gesamte Lebenshaltung des Subjekts, die ihrerseits weitgehend bestimmt ist durch Erfahrungen des bisherigen Lebens.[79] Evidenzerleben, also Bewußtsein der Wirklichkeitserkenntnis, beweist nicht, daß das geforderte analogische Verhältnis von empirischer Welt und der Vorstellung des Erkenntnissubjekts hierüber auch vorliegt. Wenn aber ein Urteil für den einen, je nach seinen bisherigen Erfahrungen evident, für den anderen aber nicht einsichtig ist, wenn also Evidenz an der Erfahrung „klebt", ist sie als sicheres Erkenntnismittel verloren. Was wir „sehen" (im Sinne von erkennen) , ist abhängig von der Wirklichkeit, aber auch von der Erfahrung jedes einzelnen: „Der Mensch kann die äußere Welt niemals unbefangen wahrnehmen; seine Reaktionen auf die Mitmenschen sind niemals ganz frei von den Einflüssen, die diese überlieferten Sinngehalte auf Denken und Haltung des Menschen ausüben . . ."[80]

Damit allerdings scheint die Konsequenz unabweisbar: Alles zerfließt in der Subjektivität des jeweiligen Standpunkts, der jeweiligen Lage des Erkenntnissubjekts. Wahrheiten gäbe es soviele, als es Menschen gibt: „. . . in letzter Zuspitzung muß man mit der Möglichkeit einer Wahrheit rechnen, die nur auf einen einzelnen Menschen beschränkt ist . . .", sagte Bollnow im Jahre 1937.[81]

Dieser Skeptizismus läßt sich nur dann überwinden, wenn das Evidenzgefühl nicht mehr im Sinne von irrationalem Ahnen verstanden wird, wenn vielmehr einerseits das Gefühl auf argumentativem Wege durch das Erkenntnis suchende Individuum selbst der Rationalitätsnorm angenähert wird und wenn andererseits ebenfalls im Wechsel von Argument und Gegenargument die über das Gefühl

78 Geyser: Logik, S. 226: „Das Evidenzerlebnis bewirkt eine gewisse Relativität, Perspektivität, Subjektivität des Evidenzkriteriums der Wahrheit".

79 Müller-Freienfels: Grundzüge II, S. 340 ff.

80 Hallowell: Psychological Leads, S. 309 f. Die Erfahrungsabhängigkeit der Evidenz betont auch Jaspers: Psychopathologie, S. 252: „. . . Evidenz wird aus *Anlaß* der Erfahrung gegenüber menschlichen Persönlichkeiten gewonnen, aber nicht durch Erfahrung, die sich wiederholt, induktiv bewiesen . . . Alles Verstehen einzelner wirklicher Vorgänge bleibt daher mehr oder weniger ein Deuten, das nur in seltenen Fällen relativ hohe Grade der Vollständigkeit überzeugenden objektiven Materials erreichen kann".

81 Bollnow: Zur Frage nach der Objektivität, S. 343.

gewonnene Entscheidung für andere plausibel gemacht wird. Für die Überwindung der reinen, irrationalen (möglicherweise sogar willkürlichen) Subjektivität fordern wir also ein doppeltes: Einmal eine bestimmte Haltung des Erkenntnis suchenden Subjekts, für die Wahrhaftigkeit die treffendste Bezeichnung zu sein scheint, zum anderen die Bereitschaft des Individuums, sein Evidenzgefühl nicht autoritär als richtig zu postulieren, sondern es einer Beurteilung und Kritik durch andere zuzuführen.

1.1.3.2 Die Wahrhaftigkeit

Die Subjektivität der Erkenntnis bedingt, daß Wünsche, Erwartungen, Befürchtungen, Voreingenommenheiten in die zu erkennende Wirklichkeit hineinprojiziert werden. Dann kann die Erkenntnis aber niemals ihrem Gegenstand analog sein, dann geht sie „willkürlich" über den Gegenstand hinweg. Der Versuchung, sich souverän über den Gegenstand hinwegzusetzen, wird das Erkenntnissubjekt umso eher erliegen, je schmerzhafter oder schwieriger die Erkenntnis der Wirklichkeit ist. Die Unerwünschtheit einer Erkenntnis sucht der Mensch zu verdrängen, indem er sich weigert, sie zu akzeptieren[82]. Und man begnügt sich mit inadaequater Erkenntnis, wenn der Weg zur Adaequatheit zu steinig erscheint.

Betrachten wir einen berühmten Fall der Strafrechtsgeschichte[83], bei dem einerseits Vorurteile der Ermittlungsorgane, andererseits die mangelnde Suche nach der Wirklichkeit die Erkenntnis der Wahrheit (wohl[84]) hinderten:

> Im Verfahren gegen O wegen Mordes, begangen an seiner Ehefrau, bezichtigte dieser seine Geliebte N der Mittäterschaft. Bei ihrer Vernehmung gab sie freimütig ihr sexuell ausschweifendes Leben zu, bestritt jedoch entschieden, an dem Mord beteiligt gewesen zu sein.
>
> Die Vorurteile der Ermittlungsorgane gegen N kommen in folgendem Aktenstück der Kriminalpolizei zum Ausdruck:
>
> „Die N machte bei ihrer Vernehmung keinen guten Eindruck. Sie gibt selbst zu, bereits mit 15 Jahren den ersten Geschlechtsverkehr gehabt zu haben, daß sie in geschlechtlicher Hinsicht heißblütig sei und daß sie sich schon vielfach mit Männern abgegeben habe ... Obwohl sie die Angaben des O als von A–Z

82 Daß diese Verdrängung nicht notwendig bewußt, in der Schicht des „personellen Oberbaus" geschieht, hat Lersch: Aufbau der Person, S. 105 ff. nachgewiesen. Verdrängung ist also nicht „Willkür" in eigentlichem Sinne. Auch im Bereich des endothymen Grundes, den Lersch als „eine tiefste und innerste Sphäre des Erlebens" bezeichnet, geschieht Verdrängung.

83 Entnommen aus Peters: Fehlerquellen, S. 73.

84 Den im Wiederaufnahmeverfahren erzielten Freispruch mangels Beweisen hält Brückner: Kriminologie des Mordes, S. 156 ff. für fehlerhaft. Er hält die Angeklagte zumindest der Beihilfe zum Mord für überführt.

erlogen darstellt, ... ist ihr eine Beteiligung an der Mordtat ohne weiteres zuzutrauen. Sie sieht selbst ein, daß sie in bezug auf ihr Geschlechtsleben schwer gefehlt habe ...".

Vor dem Untersuchungsrichter, der mit N energisch verfuhr, legte sie ein Geständnis ab. Er war aufgrund der Polizeiakten schon vor der Vernehmung von der Schuld der N überzeugt. Trotz Widerruf des Geständnisses wurde N verurteilt. In dem 8 Jahre später durchgeführten Wiederaufnahmeverfahren wurde N, die in der Zwischenzeit ständig ihre Unschuld beteuert hatte, mangels Beweises freigesprochen. Entscheidend für die Verurteilung der N war ihr Geständnis, die Bezichtigung durch den Mitangeklagten O und der schlechte Ruf der Angeklagten, der bewirkte, daß ihr die Tat zugetraut wurde.

Das Gericht hatte keinen Zweifel an der Richtigkeit des Geständnisses. Trotz des Widerrufs machte es sich das Gericht leicht und schloß aus dem Geständnis der N auf ihre Schuld. Der Widerruf wurde nicht beachtet, obwohl gerade durch ihn die Schwierigkeit der Wahrheitserkenntnis für das Gericht hätte manifest werden müssen. Der Widerruf gab dem Gericht die Chance, tiefer in die Wirklichkeit einzudringen; statt dessen begnügte es sich mit dem scheinbar lückenlosen „Aufgehen" der Indizien!

„Überall, wo eine Theorie gut aufgeht, wo alles sich reibungslos unter sie zu fügen scheint, da müssen wir befürchten, daß wir es nur mit unseren luftigen Phantasiegebilden zu tun haben".[85]

Das soll nun allerdings nicht heißen, daß der Richter dort, wo er keinen Widerstand der Wirklichkeit (des Gegenstandes) in seinen Erkenntnisbemühungen verspürt, stets Verdacht hegen und auf eine Sachverhaltsfeststellung verzichten sollte. Die Gefahr liegt viel eher darin, daß vorhandene und auch gesehene Widerstände vorschnell übergangen werden, weil sie in das überkommene Schema nicht passen. Sicher, völlige Vorurteilsfreiheit wird nie zu gewinnen sein. Umso eindringlicher ist aber die Forderung zu erheben, daß diese Vorurteilsstruktur jeden Erkennens dem Richter bewußt wird. Diese Anstrengung haben die Richter im Falle N gescheut. Sie unterzogen sich nicht der Mühe, ihre Sachverhalts-„feststellung" soweit als möglich von den persönlichen Bedingtheiten und Vorurteilen zu reinigen. „Wer einen unsittlichen Lebenswandel führt, dem ist auch ein Mord zuzutrauen", diese subjektiv-willkürliche Auffassung, durch keinerlei empirische Daten belegt, bedingte als wesentlicher

85 Bollnow: Wahrheit, S. 15; in seinem früheren Aufsatz: Zur Frage nach der Objektivität, S. 345 führt Bollnow diesen Gedanken weiter: „Kurzschlüssigkeit ist Fehlen eines Widerstandes in den Dingen selbst. Und darum bestimmen wir das Kennzeichnende unserer geisteswissenschaftlichen Wahrheit ... am zweckmäßigsten von einem solchen Widerstand her ... In ihm erfahren wir den Wirklichkeitsgehalt unserer Erkenntnis."

Faktor den Schuldspruch des Gerichts. Soziale und individuale Vorurteile führten reflexionslos zur Verurteilung eines Menschen.

Alle Erkenntnis, so sagten wir oben, ist subjektive Erkenntnis des Menschen und daher ihrer Natur nach subjektiv. Als Forderung ist dem Erkenntnissubjekt jedoch die Adaequatheit seiner Erkenntnis aufgegeben. Diese Forderung wird nur der erfüllen, der sich um die Wahrheit bemüht, ja, der sich der Wahrheit verpflichtet fühlt. Das „sich-der-Wahrheit-verpflichtet-Fühlen“, diese habituelle Willensrichtung im Sinne dauernder Charakterbeschaffenheit, sei als Wahrhaftigkeit bezeichnet. Fähig, solchen dauernden, unbedingten Einsatz zu leisten, ist nur ein Mensch, der sich selbst erkannt hat, seine Grenzen, seine Schwächen, aber auch seine Fähigkeiten.

Lipps[86] hat diesen Gedanken hervorgehoben: Wahrhaftigkeit (Lipps spricht von der „Wahrheit“ des Menschen) ist nicht von Anfang an als „Natürliches“ dem Menschen gegeben, sondern muß durch ewige Anstrengung stets aufs neue gewonnen werden. Wahrhaftigkeit meint also eine menschliche Tugend, deren Besitz Voraussetzung für Wirklichkeitserkenntnis ist.

Sicher, Wahrheit und Wahrhaftigkeit sind nicht dasselbe. Auch der Wahrhaftige kann Unwahres sagen, „nämlich bona fide, indem er selbst im Irrtum ist“.[87] Dennoch bleibt die substantielle Wahrhaftigkeit eines Menschen notwendige – wenn auch nicht hinreichende – Bedingung der Erkenntniswahrheit. Nur ein Erkenntnissubjekt dieser Charakterbeschaffenheit ist fähig, auch bei Erkenntnis des Einzelakts charakterlich-ethisches Verhalten vorzulegen. Die enge Verbindung von Wahrhaftigkeit und darauf fußender Wahrheit besteht.[88] Nur der Wahrhaftige kann „objektive“ Wahrheit meinen und erstreben.

Wahrhaftigkeit, so könnte man nach den bisherigen Darlegungen versucht sein zu glauben, meint nichts anderes als das Interesse an der Sachverhaltsfeststellung. Wir meinen mehr, wir meinen eine Lebenshaltung des Menschen. Interesse an sich ist formal, wertneutral. Wie jedoch in der Einleitung bereits gezeigt, ist die Wahrheit der Sachverhaltsfeststellung niemals wertneutral. Wahrheit gewinnt ihren spezifischen Wert aus der übergeordneten Gerechtigkeitsforderung: Gerechtigkeit des richterlichen Erkenntnisses kann nur über das Zwischenglied der Wahrheit erreicht werden.

Wahrhaftigkeit, so wie wir sie verstehen, könnte mit „Liebe zur Wahrheit“ definiert werden.[89] Interesse wäre zu schwach, da es auch fehlgeleitetes

86 Lipps: Die menschliche Natur, S. 155.

87 Hartmann: Ethik, S. 418.

88 Hartmann: Ethik, S. 420.

89 Lersch: Aufbau der Person, S. 198, spricht von Liebe nur in bezug auf „Bestimmtes, Einzelnes“ und „Konkretes“, während er dem Suchen nach Allgemeinem, Abstraktem (wie Wahrheit oder Gerechtigkeit) nur die Worte „normative Strebungen“ oder „verpflichtende Teilhabe“ zumißt. Wir glauben an „Liebe zur Wahrheit“ festhalten zu

Interesse gibt, Interesse an diesem oder jenem Ergebnis. Ein eindringliches Beispiel solchen gerade nicht der Wahrheit „verpflichteten" Interesses führt uns Heinrich von Kleist in seinem „Zerbrochenen Krug" vor. Kein Zweifel, Richter Adam hat ein Interesse, aber gerade nicht am Unverborgenmachen[90] der Wirklichkeit, sondern an ihrer Verdeckung.

Liebe zur Wahrheit ist vielmehr ein Ergriffensein vom Wert der Wahrheit. Ein Wahrheitsliebender „will die Möglichkeit einer Welt nicht zulassen, in der der Gegenstand dieser Liebe (eben die Wahrheit) fehlt".[91] Deswegen wird der Relativist nie eine Liebe zur Wahrheit aufbringen. Wenn er behauptet, daß es keine Kriterien der Gerechtigkeit gibt, daß es keinen Überwert der Wahrheit gibt, der der menschlichen Erkenntnis offenstünde, wird er auch wenig bei der Erforschung der Wahrheit leisten. Er kann nicht „ergriffen" sein von der Wahrheit, weil er sie nicht „begreifen" kann, ja weil er sie, zu Ende gedacht, sogar leugnen muß.

Die klassische Widerlegung hat der Relativismus – also die Auffassung, daß es für Wahrheit kein Kriterium gibt, es sei denn ein relatives, auf die Anschauung des jeweiligen Menschen bezogenes – in den logischen Untersuchungen Edmund Husserls[92] gefunden: Wenn Wahrheit nur von den Akten des Einzelmenschen abhängt, wenn also jeder Mensch seine Wahrheit sich „setzt", worin besteht dann der Unterschied zwischen Erkenntnis und Nichterkenntnis, zwischen Wahrheit und Irrtum? Man könnte dann nicht mehr von Erkenntnis und auch nicht mehr von Wahrheit sprechen, sondern nur noch von einer mehr oder weniger lebensfördernden Haltung. Der Pragmatist setzt Wahrheit und Wirksamkeit gleich, wie es in dem Goethewort zum Ausdruck kommt: „Was fruchtbar ist, allein ist wahr"[93].

Sobald Feststellungen[94] getroffen sind, die praktisch nützlich erscheinen, wird weiteres Wahrheitsstreben überflüssig.[95] Dann aber ist das Ende des Rechts erreicht, denn die geschehene Wirklichkeit orientiert sich nicht an subjektiven

können, da Wahrheit und Gerechtigkeit nicht nur Abstrakta sind. Sie realisieren sich vielmehr gerade in dem mir gegenüberstehenden Menschen. Gerechtigkeit und gerechte Beurteilung des Du fließen in eins.

90 Wir verwenden hier Heideggers Begriff der Unverborgenheit für Wahrheit, den er philologisch herleitet aus dem Verbalstamm *λανθάνειν* und dem alpha privativum: *ἀλήθεια* = das Unverborgene. Gefunden bei Bollnow: Wahrheit, S. 11.

91 Lersch: Aufbau der Person, S. 196.

92 Husserl: Logische Untersuchungen, Bd. 1, S. 114 ff.

93 Gefunden bei Kropp: Erkenntnistheorie, S. 37.

94 Der Begriff „Sachverhalt" sollte für solche Manipulation nicht herangezogen werden.

95 Derart pragmatistische Tendenzen finden sich insbesondere in totalitären Staaten. Ein beredtes Zeugnis hiervon legt eine Äußerung Sauers in seiner 1940 erschienenen Juristischen Methodenlehre, S. 216 ab: „Daher muß die Wahrheit sogar weichen, wenn höhere Staatsinteressen (d.i. eben die sog. Nützlichkeit) entgegenstehen". Sauer hat

Überzeugungen des Richters von „nütz“ oder „unnütz“. Wenn Wirklichkeit nicht mehr respektiert wird, wenn ihre Erforschung nicht mehr „lohnt“, wird es auch sinnlos, daß die Straftatbestände an geschehene Wirklichkeit anknüpfen, denn das Erkennen dieser Wirklichkeit ist ja nicht mehr Ziel richterlicher Sachverhaltsfeststellung.

Wahrheitsliebe meint auch Selbsterkenntnis des Richters. Gefordert wird, daß der Richter sich seiner Vorurteilsstruktur bewußt wird, daß er erkennt, in welch gefährlichem Umfang er bei der Feststellung des Sachverhalts derartigen Einflüssen ausgesetzt ist.[96]

Wahrhaftigkeit bedeutet gleichermaßen Toleranz, bedeutet Offenheit gegenüber dem Argument des anderen, bedeutet Bereitschaft zur Diskussion. Damit berühren wir ein letztes, gerade dem Strafprozeß in hohem Maße zukommendes Kriterium der Wahrheit: das der Intersubjektivität.

1.1.3.3 Die Intersubjektivität

Wie Evidenz und Wahrhaftigkeit liefert auch die Intersubjektivität allenfalls ein notwendiges Erkenntnismittel der Wahrheit. Zwar schreibt schon Feuerbach[97]:

„Nicht allein, nur selbander kommt man zu Begriffen, zur Vernunft überhaupt. Zwei Menschen gehören zur Erzeugung des Menschen – des geistigen so gut wie des physischen: die Gemeinschaft des Menschen mit dem Menschen ist das erste Prinzip der Wahrheit und Allgemeinheit. Die Gewißheit selbst von dem Dasein anderer Dinge außer mir ist für mich vermittelt durch die Gewißheit von dem Dasein eines anderen Menschen außer mir. Was ich allein sehe, daran zweifle ich; was aber der Andere auch sieht, das erst ist gewiß“.

Und auch Nietzsche ist optimistisch: „Einer hat immer Unrecht, aber mit zweien beginnt die Wahrheit“.[98]

Sollte damit gesagt werden, daß die Summe der Einzelansichten die Wahrheit ergibt, so vermögen wir dem nicht zuzustimmen. Selbst bei Anerkennung einer zeitbedingten Wahrheit würde ein *Durchschnitt* aus den „Einzelerkenntnissen“ notwendig die Erkenntnisstufe nach „unten“ verschieben[99] und eher von der Wirklichkeit weg-, als zu ihr hinführen.

---

diese Auffassung auch später noch vertreten; vgl. seine Grundlagen, S. 184: „... die Wahrheit muß sich lohnen, sonst streben wir ihr nicht nach ...“. Ähnliche Gedanken finden sich in der 1969 erschienenen Potsdamer Dissertation von Grahn: „Probleme der Wahrheit im strafgerichtlichen Erkenntnisprozeß“.

96 Hierzu eindringlich Schroth: Wertneutralität, S. 105.

97 Feuerbach: Gesammelte Werke, Bd. 2, S. 304. Er fährt fort: „Wenn ich als einzelner Mensch etwas sehe, dann kann ich mich auch täuschen; erst wenn ein anderer dasselbe auch sieht und es mir bestätigt, dann weiß ich, daß es keine Täuschung war“.

98 Gefunden bei Arthur Kaufmann: Rechtsphilosophie, S. 53.

99 Näher zum Durchschnittsmaßstab später. Vgl. hier schon Rickert: Grenzen, S. 326.

Intersubjektivität ist anders gemeint. Nicht um den platten Durchschnitt der „Erkenntnis" geht es. Die Vielzahl der ursprünglich unabhängigen Sehweisen (von demselben Gegenstand[100] in seiner jeweiligen Erkennbarkeit) sind in ihrer Verschiedenheit zu vergleichen. Vergleichen ist aber nicht „auf den kleinsten gemeinsamen Nenner bringen". Vergleichen ist vielmehr Gegenüberstellen, Diskutieren der subjektiven Momente, die „sich nicht wieder nachträglich zu einer Einheit zusammenschließen lassen, sondern gegeneinander gehalten, sich gegenseitig abschwächen oder gar aufheben".[101] „Einzelerkenntnisse" sind nicht wahllos zu summieren, sondern in eine sinnvolle Synthese einzubringen. Gerade diese Diskussion der individuellen Ansichten kann im Strafprozeß am entschiedensten gelingen.

Ehe wir auf die Diskussionselemente im Strafprozeß näher eingehen, müssen wir zugeben, daß auch eine so verstandene Intersubjektivität keine hinreichende Bedingung für die Wahrheit liefert. Selbst eine sinnvolle Synthese aller „Erkenntnisse" kann die Wirklichkeit in ihrer erreichbaren Erfahrbarkeit verfehlen. Ein Wahrheitskriterium, das unfehlbar wäre, ist dem menschlichen Geist nicht gegeben.[102]

1.1.3.3.1 Wirklichkeitserkenntnis als dialektischer Prozeß

Es ist nicht unser Anliegen, den Begriff der Dialektik etymologisch zu durchleuchten.[103] Unter Dialektik sei hier die Fähigkeit verstanden, mit einem oder mehreren Gesprächspartnern in „Rede und Gegenrede, Argument und Gegenargument"[104] zu diskutieren, wobei Ziel der Diskussion die Findung der Wahrheit ist.[105] Dabei steht der Strafprozeß mit seiner Mündlichkeitsmaxime an vornehmster Stelle. Mittermaier[106] hielt die Mündlichkeit des Prozesses mit der

---

100 Arthur Kaufmann: Schuldprinzip, S. 77: „... die Verschiedenheit der Ergebnisse (kann) nur darin begründet sein, daß das subjektive Moment in jeder Erkenntnis aus einer anderen Quelle herrührt; denn das objektive Moment kommt ja jeweils aus demselben Seienden".

101 Brunner: Erkenntnistheorie, S. 77, 78.

102 So auch Meyer: Dialektik, S. 84 f., 90.

103 Vgl. hierzu Meyer: a.a.O., S. 9 ff.

104 Meyer: a.a.O., S. 9.

105 Vgl. hierzu Heiss: Dialektik, S. 30: „Aus der Gegensätzlichkeit der Meinungen, im richtigen Vergleich des Widersprechenden wird der Weg gefunden, der zur Wahrheit führt".

106 Mittermaier: Mündlichkeit, S. 106. Interessant ist in diesem Zusammenhang die Tatsache, daß die für den dialektischen Prozeß wichtige Maxime der Mündlichkeit für den Zivilprozeß weitgehend aufgehoben ist (vgl. § 128 ZPO). Offensichtlich geht die ZPO von einem anderen Wahrheitsbegriff aus als die StPO. Man spricht für den Zivilprozeß deshalb auch von formeller oder prozessualer Wahrheit, während für den Strafprozeß materielle oder unbedingte Wahrheit erforderlich sein soll. Vgl. hierzu

Möglichkeit des Aufeinanderprallens von Argument und Gegenargument für schlechthin unentbehrlich im Prozeß der Wahrheitsfindung: „Es tritt hier ein Zusammenwirken vieler Personen auf die Benutzung der Beweisquellen ein, und zwar derjenigen, welche nach verschiedenen Interessen, die sie verfolgen, Fragen stellen und Zweifel zu beseitigen suchen. ... Während im Interesse der Begründung der Anklage der Staatsanwalt Fragen stellt und für die Herbeischaffung der Beweismittel sorgt, sucht der Angeklagte alles was für seine Vertheidigung wichtig ist herzustellen, so daß durch dies Zusammenwirken die Wahrheit vor den urtheilenden Richtern am besten sich darstellt".

Wenn auch in dieser Darstellung des Strafprozesses die Stellung des Staatsanwalts, insbesondere im Hinblick auf § 160 Abs. 2 StPO, nicht gerade als geglückt bezeichnet werden kann, bringt sie doch einen wesentlichen Faktor für die strafprozessuale Wahrheitsfindung klar zum Ausdruck: Die Einhaltung der prozessualen Formalien[107], insbesondere die Gewährung rechtlichen Gehörs, ist unabdingbar.

Unter diesem Gesichtspunkt erfährt § 240 StPO weittragende Bedeutung.[108] Doch nicht allein die Möglichkeit, über Fragen den eigenen Standpunkt (die eigene Vorstellung von der Wirklichkeit) in den Prozeß einfließen zu lassen, ist notwendige Bedingung der Wahrheitsfindung, auch das Recht, Beweisanträge zu stellen (§§ 244, 245 StPO), gehört zur dialektischen Ausgestaltung des Strafprozesses.

Hier ist nicht der Ort, die vielfältigen Spannungen unter den Prozeßbeteiligten, die erst die Verschiedenart und Gegensätzlichkeit der Anschauungen und Erkenntnisse begründen und im Sinne der Wahrheitsfindung fruchtbar machen, darzustel-

---

Stein-Jonas-Schönke-Pohle: Vorbem. III 2 vor § 128 und Mayer: Sachverständiger, S. 458. Damit soll nicht die Möglichkeit, „schriftlich" zu diskutieren, geleugnet werden. Nur kann die „zeitliche Versetztheit" der Diskussionsbeiträge die Qualität des Ergebnisses herabmindern.

107 Vgl. hierzu auch Arndt: Urteilsanmerkung: „Das Verfahrensrecht ist, obgleich es verfehlterweise so bezeichnet zu werden pflegt, nichts Förmliches. Die Richtigkeit des Rechtsgangs ist selber Rechtsgeschehen und Sachvoraussetzung für Wahrheit und Gerechtigkeit". Überhaupt können die Formalien des Prozesses für die Wahrheitsfindung nicht hoch genug veranschlagt werden: Öffentlichkeit, Nichtidentität von Richter und Ankläger, von Richter und Angeklagtem, Instanzenzug, Unabhängigkeit der Richter etc. Ähnliche Gedanken auch bei Viehweg: Topik, S. 60: „Jedes Gehör der Prozeßgegner, jede Zeugen- und oft auch Sachverständigenvernehmung machen uns das besonders deutlich, weil wir hier häufig ganz abweichende Verständnishorizonte kennenlernen".

108 Die unzulässige Beschränkung des Fragerechts kann mit der Aufklärungsrüge (§§ 244 Abs. 2, 337 StPO) angegriffen werden. Auch die Möglichkeit des § 338 Nr. 8 StPO beruht auf der anerkannten dialektischen Methode. Vgl. hierzu Kleinknecht: StPO, § 241, Anm. 6 und BGHSt 21, 334, 360.

len.[109] Unser Anliegen war allein, die Relevanz der Diskussion als unabdingbares Kriterium der Wahrheit aufzuzeigen.

1.1.3.3.2 Die innere Dialektik

Auf einen weiteren Gesichtspunkt ist noch hinzuweisen. Nicht nur die (äußere) Dialektik des Sprechens halten wir für wesentlich. Zur Findung der Wahrheit kann sie nur ein Faktor sein; um fruchtbar zu werden, bedarf die äußere Dialektik der Fortsetzung im Bewußtsein des Erkenntnis-Suchenden. M.a.W., die Dialektik der Diskussion muß ihre Krönung finden in einer Dialektik des Denkens. Der Widerschein der Argumente und Gegenargumente muß in der subjektiven Würdigung der Argumente aufs neue zum Ausdruck kommen.[110] Hierbei kommen die oben angesprochenen Erkenntnismittel – Evidenz und Wahrhaftigkeit – erneut zum Tragen. Nur der Wahrhaftige wird den „seiner Wahrheit" entgegenstehenden Argumenten entsprechenden Raum einzuräumen vermögen, um nicht vorschnell eine (scheinbare) Evidenz zu gewinnen.

Diese innere Argumentation bedarf aber, soll sie völlig befriedigen, eines Höchstmaßes an Information. Nur wenn dem Richter Argumente in die Hand gegeben werden und wenn er vom Gesetz in die Lage versetzt wird, sich diese Information selbst zu beschaffen, wird seine innere Argumentation fruchtbar sein. Diese Voraussetzung ist bei Verfahren mit Instruktionsmaxime[111] – wie im Strafprozeß – gegeben; im Zivilprozeß dagegen, wo den Parteien die Verantwortung für das Tatsachenmaterial auferlegt ist, fehlt dem Richter schon von Gesetzes wegen die Möglichkeit, von sich aus die „materielle Wahrheit" zu erforschen.[112]

---

109 Einen tieferen Einblick in diesen Komplex bietet Meyer: Dialektik, S. 45 ff. m.w.Nachw.

110 Auf diesen Gesichtspunkt hat schon RGSt 66, 164 hingewiesen: „Abwägung des Für und Wider".

111 Die Terminologie ist nicht einheitlich. So bezeichnet z.B. Blomeyer: Zivilprozeßrecht, S. 66 den aus §§ 155, 244 Abs. 2 StPO fließenden Amtsermittlungsgrundsatz als „Inquisitions- oder Offizialmaxime". Demgegenüber muß festgestellt werden, daß „Inquisitionsmaxime" dem Inquisitionsprozeß des gemeinen deutschen Strafprozesses vorbehalten bleiben sollte, während mit „Offizialmaxime" nicht eigentlich die Art und Weise der Ermittlung der Tatsachenbasis gemeint ist, sondern vielmehr der Grundsatz der Einleitung des Strafverfahrens durch den Staat.

112 Die Bezeichnung „Verhandlungsmaxime" geht auf Gönner: Handbuch des deutschen gemeinen Prozesses (1804), § 4 a.E. zurück: „Nicht von Amts wegen, ist hier die allgemeine Maxime, welche, nur wenige Ausnahmen abgerechnet, für das ganze gerichtliche Verfahren in allen seinen Theilen aufgestellt wird, und welche man Verhandlungsmaxime nennen kann, weil alles von dem Vorbringen der Parteien, oder von ihren Verhandlungen abhängt."
Die Verhandlungsmaxime gilt jedoch selbst im allgemeinen Zivilprozeß nicht unbeschränkt. So sehen z.B. §§ 272 b, 448 ZPO eine mit der Verhandlungsmaxime

Ist dem Richter jedoch vom Gesetz Chance und Verpflichtung übertragen, die Tatsachenbasis durch eigene Forschungstätigkeit zu erstellen, hindert ihn *prinzipiell*[113] nichts, die Wirklichkeit so, wie sie sich zugetragen hat, zu erkennen.

1.1.4 Die Begrenztheit menschlichen Wissens

Es wurde bei Erörterung jedes der von uns für maßgeblich gehaltenen Erkenntnismittel darauf hingewiesen, daß keines von ihnen hinreichende Sicherheit über die Wahrheit des Wirklichkeitsurteils verbürgt. Subjektive Evidenz, Wahrhaftigkeit und „Offenheit" des Erkenntnisverfahrens garantieren – auch in ihrer Synthese – nicht die Adaequatheit der Erkenntnis; sie können als Erkenntnismittel lediglich helfen, ein annähernd wahres Urteil über die geschehene Wirklichkeit in ihrer derzeitigen Erkennbarkeit abzugeben. Ob das Strafurteil – sei es verurteilend, freisprechend oder einstellend – in der Darstellung der tatsächlichen Umstände die empirische Wirklichkeit auch trifft, ob der Richter trotz Ausschöpfung sämtlicher Beweismittel und trotz Anwendung der Erkenntnismittel nicht doch einem Irrtum erlegen ist, kann der Mensch nie mit letzter Sicherheit wissen. „Unser logisches Denken . . . ist keineswegs ein sicher und zuverlässig arbeitendes, leistungsfähiges Organ, sobald intellektuelles Urteilen mit Affekten in Konflikt gerät".[114] Letzthinnige Sicherheit hinsichtlich der Richtigkeit einer Erkenntnis könnte es allein dort geben, wo Erkenntnis ohne Erkenntnissubjekt stattfände. Das jedoch ist unmöglich. Schon der Begriff der Erkenntnis setzt voraus, daß jemand – ein Subjekt – etwas – ein Objekt – erkennt. Damit ist aber auch schon erwiesen, daß der Erkennende seine ganze Subjektivität in die Erkenntnis und damit in das Erkenntnisobjekt hineinträgt. Sigmund Freud hat diesen Gedanken in einem Aufsatz aus dem Ersten Weltkrieg so formuliert: „Menschenkenner und Philosophen haben uns längst belehrt, daß wir Unrecht daran tun, unsere Intelligenz als selbständige Macht zu schätzen und ihre Abhängigkeit vom Gefühlsleben zu übersehen. Unser Intellekt könne nur verläßlich arbeiten, wenn er den Einwirkungen starker Gefühlsregungen entrückt sei; im gegenteiligen Fall benehme er sich einfach wie ein Instrument zu Handen eines Willens und liefere das Resultat, das ihm von diesem aufgetragen sei. Logische Argumente seien also ohnmächtig gegen affektive Interessen, und

---

unvereinbare Tätigkeit des Gerichts bei der Tatsachenfeststellung vor. Inwieweit die den Parteien seit der ZPO-Novelle von 1933 auferlegte Wahrheitspflicht Auswirkungen auf die Verhandlungsmaxime zeitigt, ist ungeklärt. Im Rahmen dieser Arbeit kann darauf nicht näher eingegangen werden.

113 Über aktuelle Rationalitätsbeschränkungen später noch eingehend.

114 Mitscherlich: Unfähigkeit, S. 142.

darum sei das Streiten mit Gründen, die nach Falstaffs Wort so gemein sind wie die Brombeeren, in der Welt der Interessen so unfruchtbar".[115]

Den Pessimismus, der aus diesen Worten spricht, vermögen wir allerdings nicht zu teilen. Freud deutet Wesentliches an, wenn er Erkenntnis bestimmt sieht von „affektiven Interessen", von psychischen Vorstrukturen im weitesten Sinne, von Vorurteilen.[116] Er scheint aber diese Interessen als geschlossen, unverrückbar, unwandelbar zu betrachten. Demgegenüber glauben wir, daß Affektionen modifiziert und ergänzt werden können. Ehe dieser spezifische Erkenntnisprozeß aber näher untersucht wird, bedürfen einige – teils in der Begründung, teils im konkreten Ergebnis – verfehlte Lösungsversuche der strafprozessualen Wahrheitserforschung der Erwähnung.

115 Freud: Werke, S. 339.

116 So auch Mitscherlich: Unfähigkeit, S. 135 ff., der den ganzen diesem Fragenkomplex gewidmeten Abschnitt überschreibt: „Zur Psychologie des Vorurteils".

1.2 Strafprozessuale Wahrheitsforschung in Rechtsprechung und Rechtswissenschaft

Wenn jede Erkenntnis eine solche des Subjekts ist, wenn also Wirklichkeit allein durch die Brille der Subjektivität erkannt werden kann, liegt es nahe, das Erkenntnissubjekt – also den Richter – in den Mittelpunkt der Untersuchung zu stellen.

Zuvor wird es sich aber als fruchtbar erweisen, in einem entwicklungsgeschichtlichen Überblick die Ablösung der einzelnen richterlichen Erkenntnismittel durch andere im Prozeß einer (möglichen) qualitativen Verbesserung der forensischen Sachverhaltsforschung aufzuzeigen. Dabei muß der Darstellung der gesetzlichen Beweistheorie ein relativ breiter Raum zugewiesen werden: Neuere Tendenzen höchstrichterlicher Rechtsprechung zeigen in ihren Auswirkungen eine Renaissance der gesetzlichen in Form einer richterrechtlichen Beweistheorie. Ob solche Rechtsprechung mit dem Bekenntnis des § 261 StPO zur „freien Überzeugung" des Richters vereinbar ist, wird erst eine Analyse der gesetzlichen Beweistheorie zeigen. Wesentlich ist, daß eine freie Beweiswürdigung ohne die Logik der Beweisregeln nicht denkbar ist. Die Behauptung sei hier schon gewagt: Wenn der Richter das Gegebensein oder Nicht-Gegebensein eines Sachverhalts feststellt, reiht er eine Summe – möglicherweise ineinander verflochtener – Beweisregeln aneinander. Diese Beweisregeln sind zwar nicht gesetzlich vorgeschrieben, sie fließen vielmehr aus der Lebenserfahrung des konkreten Richters. In ihrer logischen Struktur sind sie aber den gesetzlichen Beweisregeln gleich.

1.2.1 Die Theorie der formalen Beweise

Unter diesem Namen ist in die Rechtsgeschichte ein System eingegangen, das die Feststellung der straftatbestandlich relevanten Wirklichkeit nicht nach den von uns für maßgeblich erachteten Erkenntnismitteln vornimmt, sondern durch eine Kodifikation von Beweisregeln aus dem Vorhandensein irgendwelcher Indizien auf die Wirklichkeit schließt. Eine eigenverantwortliche Würdigung der Indizien unter kritischer Anwendung der Wahrheitskriterien findet nicht statt; Aufgabe der Richter ist es allein, „an jede Tatsache, mit der sie es als mit einem Beweis zu tun hatten, mechanisch das gesetzlich festgelegte Maß anzulegen und danach die Schlußfolgerung zu ziehen, die durch das Gesetz vorgeschrieben war".[1]

---

1 Wyschinski: Beweise, S. 81.

1.2.1.1 Die positive Beweistheorie

Es liegt nicht in unserer Absicht, einen detaillierten historischen Abriß über den Strafprozeß des Mittelalters zu geben. Aus der Vielfalt der Systeme sollen allein solche näher untersucht werden, die einen Beitrag zur Problematik der richterlichen Überzeugung zu leisten versprechen. Wir verzichten deshalb völlig auf eine Darstellung des mittelalterlichen Parteiprozesses und seinen Beweismitteln Eideshelfer und Gottesurteil.[2] Entscheidend wird für uns die positive Beweistheorie der Bambergensis von 1507 und der Carolina von 1532. Ihrem materialen Inhalt nach verpflichtete diese Theorie den Richter, eine bestimmte nach materiellem Strafrecht relevante Tatsache dann als richtig und gegeben anzuerkennen, falls die durch die Beweisregel genannten Merkmale erfüllt waren.

Allein zwei Beweisregeln stellt die Carolina auf: Nur das eigene Bekennen des Angeklagten („Urgicht") und der Schuldbeweis durch „zum wenigsten mit zweyen oder dreien glaubhafftigen guten Zeugen, die von eynem waren wissen sagen" („Beweisung") können Grundlage der Verurteilung sein.[3]

Waren danach die von Art. 60, 22 bzw. Art. 67 der Carolina aufgestellten Voraussetzungen erfüllt, so mußte der Richter verurteilen, ohne Rücksicht auf seine eigene Überzeugung vom Vorliegen der straftatbestand-benannten Wirklichkeit. Umgekehrt durfte der Richter, selbst bei vollem Überzeugt-Sein von der Schuld des Angeklagten, nicht verurteilen, wenn die Tatbestandsvoraussetzungen der Beweisregel nicht gegeben waren.

Dieses – nach heutigem Empfinden – eigentümliche Beweisrecht war zum Schutze des Angeklagten konzipiert. Die Gefahr der Richterwillkür[4] suchte man durch objektive Regeln zu bannen; man glaubte, die „Entscheidung über die Wahrheit"[5] nicht der freien Überzeugung des Richters überlassen zu dürfen, sondern schrieb dem Richter feste Regeln vor. Glaser[6] beschreibt treffend dieses

---

2 Eine kurze Einführung mit vielen weiterführenden Literaturhinweisen bietet hierzu Krause: Urkundenbeweis, S. 7 ff.

3 Näher hierzu Radbruch: Carolina, S. 17. Festgehalten werden muß, daß zur Erlangung des Geständnisses zur Folter geschritten werden darf, allerdings nur bei „redlich gnugsamer anzeygung".

4 Hierzu Bauer: Beweistheorie, S. 108: „Sie (scil. die gesetzliche Beweistheorie) dient dazu, Mißgriffe und Täuschungen zu verhüten, den Einfluß der Richterwillkür, des Vorurtheils, der Volksmeinung und der augenblicklichen Gemüthsstimmung zu erschweren, eine größere Besonnenheit und Umsicht zu befördern, der Einseitigkeit, der Trägheit und Übereilung entgegenzuwirken und dem Mangel der Erfahrung zu Hülfe zu kommen". Das grenzenlose Vertrauen in die Methode der Wahrheitserforschung durch Beweisregeln zeigt auch die Darstellung von Abegg: Lehrbuch, §§ 89, 90. Eindringlich gegen die „moralische Gewißheit des Richters" als hinreichendes Kriterium auch Filangieri: System, S. 271.

5 Glaser: Beiträge, S. 5.

6 Glaser: a.a.O., S. 4.

Beweissystem, wenn er sagt: „Je weniger der Wert eines Beweismittels von der freien Überzeugung des Richters, gegen die ein großes Mißtrauen herrschte, abhängig schien, je mehr es sich dazu eignete, diese durch äußerliche, greifbare, allgemein erkennbare Merkmale zu ersetzen, welche, durch positive Normen festgestellt, das Gepräge der Wahrheit dem Urteiler fertig entgegenzubringen schien, desto bereitwilliger ward ihnen Platz gemacht in der zur rechtlichen Geltung erhobenen Beweistheorie".[7]

Die objektiven Regeln waren eine Kodifizierung von Erfahrungen, die „von Hunderten von Richtern in Tausenden von Prozessen im Laufe der Zeiten hinsichtlich der einzelnen Beweismittel"[8] gemacht worden waren. Es handelt sich also bei den Beweisregeln um kodifizierte Sätze der Lebenserfahrung. Für das Zivilrecht stellten schon die Glossatoren eine Unmenge von Beweisregeln auf.[9] Mascardus untersucht in seinem dreibändigen Werk „De Praesumtionibus" einige tausend Erfahrungsregeln und sucht sie zu systematisieren.[10]

Entscheidend ist dabei, daß der Richter im Bereich solcher gesetzlicher Beweisregeln der Frage nach ihrer empirischen Bestätigungsbasis enthoben ist. Gesetze gelten kraft ihrer Positivierung, kraft ihrer Aufnahme in die Rechtsordnung. Beweisregeln beruhen zwar mittelbar auf einer empirischen Basis, auf regelmäßigen Beobachtungen, Protokollsätzen,[11] abstrahieren aber von dieser Basis: Veränderungen der empirischen Basis – etwa ihre Falsifikation oder ihr besserer Bestätigungsgrad – lassen die „Rechts"-Geltung der Beweisregeln unberührt.

Darin aber zeigt sich die Unbrauchbarkeit von Beweisregeln für die prozessuale Wirklichkeitsfeststellung. Konsequent zu Ende gedacht können Beweisregeln diesen Anspruch gar nicht erfüllen wollen: Die Beweisregeltheorie will die geschehene Wirklichkeit nicht erkennen[12], sie will allein die „Übereinstimmung"

---

7 Daß die formale Beweistheorie so objektiv nicht war, wie zu Dohna: Strafprozeßrecht, S. 111 glaubt, läßt sich leicht nachweisen. Der Satz: „Für den Richter sank damit die Beweiswürdigung zu einem Rechenexempel herab", ist unrichtig, daß 2+2=4 ergeben, ist zweifellos; über die „Glaubhaftigkeit" eines Zeugen werden durchaus verschiedene Meinungen möglich sein. Die Carolina selbst ist sich ihrer Sache nicht so sicher: Der Richter soll, bestimmt Art. 70, „mit fleiß verhören und sunderlich eygentlich auffmerken, ob der Zeug inn seiner sage würd wanckelmütig und unbestendig erfunden".

8 Sarstedt: Beweisregeln, S. 186; ähnlich Peters: Freie Beweiswürdigung, S. 534.

9 Hierüber informiert umfassend Burckhard: Präsumtionen, S. 14 ff.

10 Gefunden bei Leonhard: Beweislast, S. 117.

11 Protokollsätze sind Aufzeichnungen, „Protokolle" über Wahrnehmungen. Vgl. dazu Popper: Logik, S. 62 ff.; Seiffert: Wissenschaftstheorie, S. 138.

12 Dabei soll kein negatives Urteil über die Beweisregeln der CCC oder der Aufklärungszeit (hierzu Küper: Richteridee, S. 132 ff. m.w.Nachw.) abgegeben werden. Im Vergleich zum Beweissystem des Mittelalters mit seinen völlig irrationalen Beweismitteln Zweikampf und Gottesurteil (hierzu v. Kries: Beweis, passim) bedeu-

der gegenwärtig beobachteten Wirklichkeit mit den tatsächlichen Voraussetzungen der Beweisregel konstatieren, um daraus den – normativen – Schluß auf die normativ vermutete Wirklichkeit ziehen zu können. Wir müssen die Beweisregel deshalb als geschlossen, fortschrittsfeindlich, wissenschaftsfremd bezeichnen.[13] Die oben für wesentlich erachteten Erkenntnismittel können von der bindenden Beweisregel nicht in Anwendung gebracht werden. Darüber hinaus nimmt sie Veränderungen in der Erfahrbarkeit der Wirklichkeit nicht wahr; einem Erkenntnisfortschritt der Wissenschaft zeigt sich die normative Beweisregel verschlossen. Die formelle Beweistheorie muß daher als gegen den Grundsatz der bestmöglichen Methode der Wahrheitserforschung verstoßend verworfen werden.

1.2.1.2 Die logische Struktur der Beweisregel

Die Unbrauchbarkeit der formellen Beweistheorie für die forensische Tatsachenfeststellung gründet vor allem darauf, daß die Beweisregel mit normativem Zwang ausgestattet ist. So bezeichnet Sarstedt[14] solche Rechtssätze als Beweisregeln, „die dem Tatrichter vorschreiben, gestatten oder verbieten, beim Vorliegen gewisser Tatsachen (Beweisergebnisse, Hilfstatsachen, Indizien) gewisse andere Tatsachen als erwiesen zu behandeln. Beweisregeln setzen also fest, welche tatsächlichen Feststellungen sich ergeben, wenn gewisse Beweisergebnisse vorliegen". Lassen wir den zwingenden (normativen) Charakter der Beweisregel aber beiseite und betrachten allein ihre logische Struktur, so zeigt sich, daß die Beweisregel ein heuristisches Prinzip darstellt, das es gestattet, von *einer* als vorhanden erkannten Wirklichkeit auf *eine von dieser zu scheidenden anderen,* erst noch zu erkennenden Wirklichkeit zu schließen. So ist z.B. die „Geständnis-Beweisregel" die logische Brücke, die erst dem Richter die Möglichkeit gibt, von der Wirklichkeit „Geständnis des Angeklagten" auf das tatsächliche Geschehen – die vom Straftatbestand genannte Wirklichkeit – zu schließen.

Solche heuristischen Regeln werden in der Wissenschaft ganz generell zur Erklärung oder zur Prognose singulärer Ereignisse verwendet.[15] Nun ist nicht zu

---

tete die Anerkennung der formalen Beweistheorie zweifellos einen Fortschritt. Allerdings darf nicht übersehen werden, daß Schwarzenberg, der Schöpfer der CCC, in seinem Beweissystem keinesfalls eine „mathematische" Gedankenoperation formallogisch-technischen Charakters sah. Vielmehr wollte er, wie Küper: a.a.O., S. 130 gezeigt hat, lediglich Richtungsnormen aufstellen und den Richter zur Vorsicht mahnen. Der Verantwortung für Beweisverfahren und Beweisergebnis sollte der Richter keinesfalls mit Verweis auf Vorliegen oder Nichtvorliegen der Beweisregel enthoben sein.

13 Ähnlich Peters: Freie Beweiswürdigung, S. 534: „Eine Bindung positiver Art, d.h. eine Verpflichtung zur Schuldannahme, stellt geradezu eine Bedrohung des Beschuldigten dar".

14 Sarstedt: Beweisregeln, S. 186.

15 Ob „strukturelle Identität" – also gleiches logisches Schema – zwischen Erklärung und Prognose besteht, ist in der Wissenschaftstheorie noch nicht abschließend geklärt.

leugnen, daß für die forensische Praxis – insbesondere bei der Strafzumessung – die Frage nach dem „Warum" der Straftat und die prognostische an die Zukunft gerichtete Frage „Wie wird der Täter auf Ausspruch und Vollstreckung der Strafe reagieren? ", also Erklärung und Prognose, wesentlich sind. Im Bereich der Tatsachenfeststellung ist die richterliche Tätigkeit jedoch vergangenheitsorientiert. Doch kann das Erklärungs- bzw. Prognosenschema zwanglos auch auf das Erschließen einer (noch) unbekannten vergangenen Tatsache übertragen werden. Der Prognose wie der Erkenntnis eines unbekannten singulären Ereignisses der Vergangenheit „liegt das gleiche logische Schema und die gleiche Wissens-Situation (zugrunde): eine bekannte Tatsache und ein bekanntes Gesetz, aus denen eine unbekannte Tatsache abgeleitet wird."[16]

Wir können also die Beweisregel – wiederum unter Absehen von ihrer normativen Zwangswirkung – logisch als identisch mit allgemeinen empirischen Theorien oder Hypothesen ansehen. Solche Theorien haben eine logische Form, die man in der formalen Logik „universale Bedingungssätze" bzw. „statistische Bedingungssätze" nennt. In ihrer allgemeinsten logischen Form kommt den Theorien folgende Struktur zu:

$\wedge x\,(Gx \rightarrow Tx)$[17].

Übertragen auf die Geständnis-Beweisregel ist obiges Kalkül so zu lesen: „Für alle Angeklagten ($\wedge x$) gilt: wenn ein Angeklagter gesteht (Gx), so ($\rightarrow$) ist er auch Täter (Tx)." Ihre heuristische Wirkung kann die Theorie jedoch nur dann entfalten, wenn eine unter die „wenn"-Komponente der Theorie subsumierbare Tatsache vorliegt. Man nennt solche Fakten Anfangs- oder Randbedingungen, die schon erkannt sind. Dagegen gehört das zu erschließende singuläre Ereignis unter die „so"-Komponente der Theorie. Die Anwendung der Geständnis-Beweisregel durch den Richter folgt somit diesem Schema:

Wenn:	*So:*
– Geständnis	– Tat

Vgl. zu dieser Frage Opp: Sozialwissenschaften, S. 69 FN. 30 mit Verweis auf Carl G. Hempel. Siehe auch Popper: Logik, S. 32 und Carnap: Einführung, S. 14. Für die weitere Untersuchung ist die Frage bedeutungslos. Uns geht es im folgenden allein um den Aspekt der Prognose.

16 Carnap: Einführung, S. 26. Carnap verweist ausdrücklich auf die Tätigkeit des Historikers, die mit der sachverhaltsfeststellenden Tätigkeit des Richters eng verwandt ist. Dazu insbes. Joachim Hruschka: Rechtsfall, S. 11 f.

17 $\wedge$ = Allquantor; die folgende Aussage über X gilt für alle Fälle von X. Wir lassen hier die statistischen Bedingungssätze außer Acht.
$\rightarrow$ = Aussagenverknüpfung; etwa zu lesen als: „wenn . . . so . . ."

Randbedingung:

– Angeklagter hat gestanden

Geschlossene singuläre Tatsache:

– Angeklagter ist Täter

Oder kürzer:

1. $\wedge x (Gx \rightarrow Tx)$
2. Ga
3. Ta

Ohne weiteres ist ersichtlich, daß die Wahrheit des erschlossenen Satzes[18] zum einen von der Wahrheit der angewandten Theorie, zum anderen von der Wahrheit des die Randbedingung ausdrückenden Satzes abhängt. Kurz: das Explanandum ist dann und nur dann wahr, wenn das Explanans wahr ist. Hierbei bieten die Randbedingungen die geringeren Schwierigkeiten: Ob der Angeklagte ein Geständnis abgelegt hat, wird sich mit großer Sicherheit feststellen lassen. Allerdings darf das angeführte Beispiel nicht zu der Annahme verleiten, die Feststellung der Randbedingungen sei stets problemlos. Einmal kann eine entscheidende Randbedingung, die die Anwendung einer anderen als der gewählten Theorie implizieren würde, dem Problembewußtsein des Richters verschlossen bleiben: Der Richter urteilt in solchem Fall vorschnell[19] auf der Grundlage mangelhafter Informationsbasis. Zum anderen kann der Richter im Verlauf des Verfahrens die entscheidende Information zwar erlangt haben; im Augenblick der Urteilsfällung ist sie ihm jedoch nicht mehr gegenwärtig. Auch hier arbeitet der Richter mit falschen Randbedingungen, die ihn zwangsweise zu möglicherweise abstrakt zwar zutreffenden, für das konkrete Sachverhaltsproblem dennoch nicht passenden Theorien führen und damit ein Fehlurteil bedingen.[20]

Das Hauptproblem bieten jedoch die angewandten empirischen Theorien. Ihre Wahrheit kann nicht – wie zu Zeiten der formellen Beweistheorie – normativ postuliert, d.h. unwiderlegbar vermutet werden. Dies zeigt gerade das Beispiel der Geständnis-Beweisregel deutlich:

Karl Peters[21] breitet ein Kaleidoskop von rechtskräftigen Verurteilungen vor uns aus, die alle auf dem Geständnis des Angeklagten beruhten, bei denen sich die empirische Unrichtigkeit der Geständnis-Theorie erst im Wiederaufnahmeverfah-

18 Dieser wird in der Wissenschaftstheorie auch „Explanandum" genannt, während Theorie und Randbedingung unter dem Begriff „Explanans" zusammengefaßt werden. Vgl. dazu Opp: Sozialwissenschaften, S. 30 f.

19 Vgl. oben S. 22 ff.

20 Über die Probleme der Informationsbasis und der menschlichen Informationsverarbeitungskapazität wird noch eingehend zu handeln sein.

21 In seinem Buch: Fehlerquellen im Strafprozeß.

ren erwies. Dies legt den Verdacht nahe, daß viele Gerichte trotz Aufgabe der formellen Beweistheorie von der schlechterdings bindenden Wirkung eines Geständnisses ausgehen. Wie aber gerade die empirische Prüfung erweist, ist die „Allquantor-Theorie" über die Wirkung des Geständnisses unhaltbar. Zwar mag zuzugeben sein, daß in vielen Fällen der Schluß vom Geständnis auf die Täterschaft des Angeklagten berechtigt ist; ob die Wahrscheinlichkeit der Wahrheit einer Theorie für unser Problem der forensischen Sachverhaltsfeststellung brauchbar ist, wird (auch) Gegenstand der folgenden Erörterungen sein.

1.2.2 Das Prinzip der freien Überzeugung

Der entscheidende Unterschied zur Theorie der formalen Beweise besteht darin, daß über das Vorliegen einer nicht mehr wahrnehmbaren Wirklichkeit nicht nach einer formalen Regel entschieden wird, sondern daß eine Autorität, der diese Aufgabe kraft Hoheitsakts zugesprochen wird, die Entscheidung trifft. Diesen Weg haben im Grundsatz auch die heute maßgeblichen Prozeßordnungen gewählt, indem sie das Prinzip der freien richterlichen Beweiswürdigung statuieren.[22] Der Übergang von der Theorie der Beweisregeln zum Prinzip der freien Beweiswürdigung wurde durch die negative Beweistheorie vorbereitet.[23] Zwar ist auch ihr eine, wenn auch nur negative Bindung an Beweisregeln eigen: dem Richter ist die Verurteilung bei Nichtvorliegen des Tatbestands einer Beweisregel verboten. Positiv zur „objektiven" Erfüllung der Beweisregel muß jedoch noch ein weiteres hinzutreten: der Richter darf nur dann verurteilen, wenn er überzeugt ist, daß das gemäß der Beweisregel gefundene Ergebnis auch der Wirklichkeit entspricht, m.a.W., zur Überzeugtheit des Richters vom Vorliegen des Beweistatbestandes muß die Überzeugtheit von der Richtigkeit des Beweisergebnisses kommen.

Die entschiedene Trennung von den Regeln der formalen Beweise gelang erst durch § 10 des Kgl. Sächs. Gesetzes vom 30.3.1838.[24]

22 Vgl. § 286 ZPO; § 261 StPO; § 108 VwGO; § 96 FGO; § 128 SGG.

23 Vgl. Küper: Richteridee, S. 141.

24 „... soll in allen Fällen, wo aus den nach den Akten sich ergebenden Tatsachen der erkennende Richter die volle Überzeugung entnimmt, daß das in Frage kommende Verbrechen wirklich verübt und von dem Angeklagten begangen worden sei, auch bei ermangelndem Geständnis die ordentliche Strafe eintreten".
Vgl. auch § 19 des preußischen Gesetzes vom 17.7.1846: „... treten die bisherigen positiven Regeln über die Wirkungen der Beweise außer Anwendung. Der erkennende Richter hat fortan nach genauer Prüfung aller Beweise für die Anklage und Verteidigung nach seiner freien, aus dem Inbegriff der vor ihm erfolgten Verhandlungen geschöpften Überzeugung zu entscheiden, ob der Angeklagte schuldig oder nichtschuldig oder ob der Angeklagte von der Anklage zu entbinden sei". Vgl. auf dieser Grundlage auch § 22 der preuß. VO vom 3.1.1849. Das Vorbild des heute geltenden § 261 StPO war geschaffen.

1.2.2.1 Von der „conviction intime" zur „conviction raisonnée"

Die Gründe für die Aufhebung der richterlichen Bindung an Beweisregeln reichen zurück in die französische Revolution des Jahres 1789; der Einführung der Geschworenengerichte in Frankreich mußte die Freistellung der Richter, die ja jetzt auch Laienrichter sein konnten, von den nur dem Juristen zugänglichen Beweisregeln folgen. „Die Frage, ob der Angeklagte schuldig oder nicht schuldig sey, soll als eine bloße Thatfrage von Nichtjuristen ebenso gut und selbst besser beurtheilt werden können als von rechtsgelehrten Richtern", so charakterisiert Zachariä[25] die Lehre von der conviction intime und fügt hinzu, daß hierfür „nur natürlicher Verstand und gewöhnliche Lebenserfahrung" vonnöten sei. Aus dieser Definition Zachariäs erhellt schon die Fehldeutung der „conviction intime", die vor allem deutschen Gelehrten unterlaufen ist. Die „conviction intime" wurde von ihrem maßgeblichen Verfechter Duport nicht verstanden als „orakelhafte moralische Überzeugung", als lediglich „unklare, keine verständige Prüfung der Beweise fordernde Anweisung an die Geschworenen"[26], als unkontrollierbare Gewissensentscheidung. Duport wehrte sich allein gegen die *zwingende* Bindung des Richters an die Beweisregeln, die ihm „gefährlich für den Angeklagten, gefährlich für die Gesellschaft" erschienen. Er wollte die „conviction intime" aber nicht als „von jeder Vernunft frei" verstanden wissen, sondern er postulierte die sorgfältige Sammlung aller Beweismittel und auf ihrer Basis eine verstandesbestimmte Entscheidung des Richters. So konzediert auch Mittermaier[27] den französischen Geschworenen, daß sie „ihre Urteile nach dem durch Vernunft und Erfahrung gegebenen und durch die Wissenschaft empfohlenen Regeln geben und in den Entscheidungsgründen ihre Überzeugung aussprechen".

Die angedeutete Fehldeutung der Idee der „conviction intime" wurde allerdings gespeist durch den Wortlaut des Art. 342 des Code d'instruction criminelle:

„La loi ne demande pas comte aux jurés des moyens par lesquels ils se sont convaincus; . . . elle leur préscrit de s'interroger eux-mêmes dans le silence et le récueillement et de chercher, dans la sincérité de leur conscience, quelle impression ont faite sur leur raison les preuves rapportées contre l'accusé, et les moyens de sa défense."[28]

---

25 Zachariä: Gebrechen und Reform, S. 307; ähnlich Mittermaier: Lehre vom Beweise, S. 18.

26 Helié: Traité de l'instruction criminelle, S. 315 (zit. nach Wyschinski: Beweise, S. 147). Zum Folgenden ders.: S. 147 ff.

27 Mittermaier: Lehre vom Beweise, S. 48.

28 Zitiert nach Cramer: Gesetzbücher, S. 37: „Das Gesetz fordert von den Geschworenen keine Rechenschaft über die Gründe, durch welche sie sich überzeugt haben; . . . es schreibt ihnen vor, in der Stille und mit gesammeltem Gemüthe sich selbst zu fragen, und in dem Innersten ihres Gewissens zu erforschen, welchen Eindruck auf

Der Intention ihres Schöpfers entsprach diese Deutung der „conviction intime“ nicht.

So haben auch die deutschen Verteidiger der freien Beweiswürdigung stets die rationale Seite der Überzeugungsbildung hervorgehoben.[29] Nicht die Vertreter einer irrationalistisch-subjektivistischen Auffassung, Gans[30] und Köstlin[31], die die Wahrheit der Tatsachenfeststellung nicht in ihrer objektiven Richtigkeit, in ihrer Übereinstimmung mit der Wirklichkeit, sondern in einem „intuitiv-gefühlsmäßigen Akt des Nacherlebens“ der Gewissensentscheidung des Angeklagten durch den Richter sahen, setzten sich durch, sondern Kants Position, der dem Überzeugungsbegriff rationale Inhalte gab, wurde bestimmend für den Rechtsbegriff der Überzeugung.

Sicherlich, auch Kant leugnet nicht die subjektive Komponente der Überzeugung: „Das Fürwahrhalten ist eine Begebenheit in unserem Verstande, die auf objektiven Gründen beruhen mag, aber auch subjektive Ursachen im Gemüt dessen, der da urteilt, erfordert. Wenn es für jedermann gültig ist, sofern er nur Vernunft hat, so ist der Grund desselben objektiv hinreichend, und das Fürwahrhalten heißt alsdann Überzeugung“.[32] Im scharfen Gegensatz zum Fürwahrhalten in der Form der Überzeugung steht nach Kant die Form der Überredung, „die nur in der besonderen Beschaffenheit des Subjekts seinen Grund“ hat, die „ein bloßer Schein“ ist, „weil der Grund des Urteils, welcher lediglich im Subjekt liegt, für objektiv gehalten wird“. Den Unterschied zwischen Überzeugung und Überredung sieht Kant nicht im Subjektiven – auch dem Fürwahrhalten, also der Überzeugung, ist Subjektivität, Bindung an das erkennende Subjekt eigen –, sondern im zwar nichtobjektiven, wohl aber objektivierenden Merkmal intersubjektiver Gültigkeit, das allein der Überzeugung zukommt. Jarcke[33] unternahm es, die Erkenntnisse Kants auf das Beweisrecht zu übertragen: Wahrheit liege nicht, wie es die gesetzliche Beweistheorie will, „in der Sache selbst“, also in der logisch-formalen Anwendung der Beweisregeln, auch nicht, wie es die subjektivistisch-irrationale Strömung innerhalb der Lehre von der „conviction intime“ will, „in der Überzeugung des urtheilenden Subjects allein“; sie sei allein gegeben bei Adaequatheit der Überzeugung hinsichtlich der Wirklichkeit mit dieser Wirklichkeit. Das Wahrheitskriterium könne aber niemals die Überzeugung selbst sein, „sonst hätte der Mensch nur zu untersuchen, ob er

---

ihre Urtheilskraft die wider den Angeklagten vorgebrachten Beweise und die Gründe seiner Vertheidigung gemacht haben“.

29 Eingehend zum Folgenden Küper: Richteridee, S. 214 ff.; Mayer: Sachverständiger, S. 457.

30 Gans: Die Richter als Geschworene, S. 68 ff.

31 Köstlin: Wendepunkt, passim, insbes. S. 19 ff.

32 Kant: Kritik der reinen Vernunft, S. 687.

33 Jarcke: Bemerkungen, S. 97 ff.

oder ob der Andere überzeugt sey".[34] Wahrheitskriterien seien vielmehr die zur Überzeugung führenden, auf „Reflexion und folglich des Verstandes" beruhenden Gründe: „Sie (scil. die Geschworenen, die insoweit dem Richter gleichstehen) müssen sich der Gründe ihrer Erkenntnis bewußt werden, diese einzeln prüfen und prüfen, ob dieselben in ihrer Gesamtheit zu einem Urtheil hinreichen. Dies alles ist ein Geschäft der Reflexion; demnach können die Geschworenen also die Gewißheit, daß ihr Urtheil richtig sey, nur durch Reflexion gewinnen".[35] Wenn aber Überzeugung mehr ist als „dunkles, instinctartiges Gefühl", nämlich Ergebnis rationaler Forschung und logischer Schlußfolgerungen[36], wenn anders die Beweisregeln mehr sind als lediglich positive Rechtsnormen, nämlich das Aussprechen von „logischen Gesetzen", von „sich von selbst Verstehendem", von „Grundsätzen der Erfahrung", dann haben sich die beiden ursprünglich so feindlich gegenüberstehenden Beweistheorien, die gesetzliche und die freie, angenähert, gegenseitig befruchtet und in der Synthese der „conviction raisonnée" aufgehoben. Es bedeutet lediglich die letzte Konsequenz, daß den Beweisregeln ihr bindender Charakter abgesprochen wurde. Das an sich berechtigte Anliegen der Beweisregeln, allgemeine Vernunftwahrheiten und bewährte Erfahrungsregeln positiv-rechtlich zu fixieren und damit den „kleinen Kreis der Erfahrungen des einzelnen Richters durch die Erfahrungen und Erkenntnisse von Generationen"[37] zu bereichern, scheitert an der durch die Beweisregel unabdingbar statuierten generalisierenden Erkenntnismethode, die ohne Rücksicht auf die Besonderheit des Einzelfalles bei Vorliegen des Beweisregeltatbestandes die Verurteilung verlangt. Deshalb forderte schon Möhl im Jahre 1843 den Abbau der bindenden gesetzlichen Beweisregeln zugunsten unverbindlicher, zwar auch – notwendig – generalisierender Beweisanleitungen, die es „dem eigenen klugen Ermessen" des Richters anheimstellen, dieser Leitidee im Einzelfall zu folgen oder sie zu verwerfen.[38] Doch bleibt

34 Jarcke: a.a.O., S. 100.

35 Jarcke: a.a.O., S. 102 f.; ähnlich auch Mittermaier: Lehre vom Beweise, S. 63 ff. und ders.: Mündlichkeit, S. 367: Zur Abwägung und Würdigung der Beweise gehört auch ein „logischer Geist, welcher die Thatsachen zergliedert und richtige Schlüsse zieht".

36 So auch nahezu ein Jahrhundert später Mezger: Sachverständiger, S. 23, 26 f.: Mit dem Prinzip der materiellen Wahrheit ist „die freie, kognitive, wissenschaftliche Tatsachenforschung des Richters im Prozeß zu einem Institut des geltenden Rechts erhoben, der Tatsachenbegriff der Erfahrungswissenschaften in den Mittelpunkt des Beweisrechts gerückt. Denn materielle Wahrheit ist wissenschaftliche Wahrheit und kann nur in einem wissenschaftlichen Verfahren gewonnen werden".

37 Küper: Richteridee, S. 234.

38 Möhl: Über das Urtheilen, S. 293. Vgl. auch von Savigny: Beweistheorie, S. 485 f.: „Die Regeln, wonach der reflektirende Verstand sein Urtheil bildet und die sich andrängende Meinung prüft, beruhen auf Sätzen der Erfahrung und auf Kenntniß der sittlichen und sinnlichen Natur des Menschen. Allerdings kann die Wissenschaft hierin Erfahrungen verbreiten, Prinzipien entwickeln und dem Richter und der Gesetzgebung vorarbeiten; allein sie kann dem Gesetzgeber keine allgemein gültigen und

festzuhalten, daß auch nach partikularrechtlicher Beseitigung[39] der bindenden Beweisregeln und nach allgemeiner Einführung des Grundsatzes der freien Beweiswürdigung der Richter nicht freigestellt werden sollte von Regeln der Logik und der Erfahrung. Zwar blieben Versuche, ein geschlossenes System solcher Regeln zu entwerfen, Versuche, eine wissenschaftlich-praktische Beweistheorie auf nur weisender, nicht bindender Grundlage zu errichten, ohne großen Erfolg. Man fürchtete die Gefahr eines Rückfalls in die gesetzliche Beweistheorie. Sollte der Richter hinsichtlich seiner Beweiswürdigung auch „klagfrei" gestellt[40] werden, so sollte die rationale Basis dennoch erhalten bleiben. Planck, einer der Schöpfer der ZPO, stellt die geforderte Erfahrungsunterlage klar heraus: „Mit der Abschaffung der gesetzlichen Beweistheorie sind daher jene Regeln selbst nicht ohne weiteres abgeschafft, sondern nur in ihrer rechtlichen Bedeutung verändert. Es sind fortan nicht mehr gesetzlich für alle Fälle bindende Vorschriften, sondern goldene Erfahrungssätze, deren Werth jedesmal mit Rücksicht auf die Umstände des einzelnen Falles zu prüfen ist . . .".[41]

Blieb solche Anlehnung an die gesetzliche Beweistheorie auch vereinzelt, so wurde doch klar erkannt, daß Erfahrungssätze den Vorgang des Überzeugt-Werdens beeinflussen. Das Gefühl der Gewißheit ist Ausfluß der Individualität des Urteilenden und hängt ab von der Fülle der Erfahrungen des überzeugten Richters.[42]

1.2.2.2 „Freie Beweiswürdigung" in der Praxis der Obergerichte

Hier ist nicht der Ort, die Rechtsprechung von RG und BGH zum Problem der Überzeugung in allen Einzelheiten darzustellen.[43] Es sollen lediglich die

erschöpfenden Regeln an die Hand geben, weil es sich größtenteils um Elemente der Wahrscheinlichkeit handelt, deren Regeln sich nach allen Richtungen hin auf die mannigfaltigste Weise durchkreuzen. Der Gesetzgeber kann keine speziellen Beweisregeln hinstellen ohne das Bewußtsein, daß in vielen Fällen durch deren Befolgung die Wahrheit verfehlt werden wird, in welchen sie nicht verfehlt sein würde, wenn die Regel nicht bestanden hätte".

39 Vgl. oben S. 37, FN. 24.

40 Dies konnte auf der Grundlage des Kant'schen Überzeugungsbegriffs unbedenklich geschehen: Wenn Überzeugung auf einem solchermaßen objektivierenden Erfassen der Wirklichkeit beruht, daß auch andere Betrachter zum gleichen Ergebnis gelangen, wird eine Überprüfung der Beweiswürdigung durch die Revisionsinstanz überflüssig.

41 Planck: Bemerkungen, S. 251; vgl. auch die Amtliche Begründung, S. 265 f.

42 Mittermaier: Lehre vom Beweise, S. 29. Vgl. auch Rupp: Beweis, S. 28: Im Vertrauen auf den „unbewußt arbeitenden Trakt einer umfassenden Erfahrung" fühlt sich der Richter überzeugt. Überzeugung sei subjektive Gewißheit, an deren Zustandekommen die „ganze Erfahrung des Lebens und die ganze Summe der Persönlichkeit" beteiligt ist.

43 Einen vorzüglichen Überblick über die Rechtsprechung des RG gibt Bohne: Überzeugungsbildung, S. 19 ff. Zur Rechtsprechung des BGH vgl. insbes. Krause: Urkundenbeweis, S. 52 ff.

Tendenzen dieser Rechtsprechung aufgezeigt werden; insbesondere soll der Versuch der Rechtsprechung, mit dem nicht näher definierten Begriff der „Wahrscheinlichkeit" die Beweiswürdigung objektivieren zu können, als untauglich entlarvt werden.

Das RG geht davon aus, daß dem menschlichen Verstande die Erkenntnis einer gewesenen Wirklichkeit nicht möglich sei: „Wer die Schranken des menschlichen Erkennens erfaßt hat, wird nie annehmen, daß er in dem Sinn zweifellos von der Existenz eines Vorganges überzeugt sein dürfe, daß ein Irrtum absolut ausgeschlossen wäre".[44] Dabei taucht stets die Befürchtung auf, der Tatrichter könne die Anforderungen an die Bildung der richterlichen Überzeugung überspannen. Objektive Wahrheit sei nur gedanklich vorstellbar; deshalb sei dem Richter auch die Findung einer absoluten Wahrheit verschlossen.[45]

Möglichkeiten, „die nur denkbar sind", müssen „unberücksichtigt bleiben"[46]; „rein abstrakte"[47], „abstrakte"[48], „allgemeine"[49], „entferntest liegende"[50], „unwahrscheinliche"[51] Möglichkeiten andersartigen Geschehensablaufs hindern für die – allerdings sehr diffuse[52] – reichsgerichtliche Rechtsprechung den Schuldspruch nicht.

Der Richter dürfe sich mit einem der allgemeinen Lebenserfahrung entsprechenden Grad an Wahrscheinlichkeit begnügen, „wie er bei möglichst erschöpfender und gewissenhafter Anwendung der vorhandenen Mittel der Erkenntnis entsteht. Ein solcher Grad von Wahrscheinlichkeit gilt als Wahrheit, und das Bewußtsein des Erkennenden vom Vorliegen einer so ermittelten hohen Wahrscheinlichkeit als die Überzeugung von der Wahrheit".[53, 54]

---

44 RGZ 15, 339; vgl. auch Heinsheimer: Überzeugung, S. 136. Dieser Gedanke findet sich auch in RGSt 61, 206; RGSt 66, 163; RGSt 75, 326; RGSt 75, 372; RGZ 102, 231.

45 Ganz deutlich in RGSt 66, 164 f.

46 RG im Bay.Z. 1930, S. 376

47 RG JW 1930, S. 761 Nr. 11.

48 RGZ 15, 338.

49 RG JW 1929, S. 862 Nr. 21a.

50 RG JW 1929, S. 863 Nr. 21b.

51 RG JW 1930, S. 761 Nr. 11.

52 Eine einheitliche Linie ist nicht feststellbar; so toleriert RG JW 1928, 116 Nr. 28 ein schwurgerichtliches Urteil, das einen Freispruch „mit der entfernten Möglichkeit" begründet, „daß ein anderer die Tat begangen habe".

53 RGSt 61, 206; ähnlich RGSt 102, 231.

54 In RGSt 51, 127 taucht zum ersten Mal die später wegweisend werdende „an Gewißheit (Sicherheit) grenzende Wahrscheinlichkeit" auf. Schon RGZ 15, 339 argumentiert mit dem Begriff der Wahrscheinlichkeit.

Die skizzierte reichsgerichtliche Rechtsprechung[55] wurde vom BGH und den Instanzgerichten nahezu unverändert fortgeführt. Auch die Entscheidungen dieser Gerichte betonen, daß „die abstrakte Möglichkeit des Zweifels“[56], daß „theoretische Möglichkeiten“[57] die prozessuale Feststellung eines tatbestandsrelevanten Geschehens nicht hindern. Würden solche Zweifel die Feststellung hindern, wäre „jede richterliche Wahrheitsfindung ... unmöglich“.[58] Ein die Überzeugung hindernder Zweifel darf also – so die Meinung der Rechtsprechung – nicht „negativer, bloß abstrakt-theoretischer Art“ sein; erst dann darf der Richter ein non-liquet aussprechen[59], darf er seinen Zweifel berücksichtigen, wenn er sich „auf konkrete Gegentatsachen“ stützt. Wie diese Scheidung in „lediglich negative“ Zweifel einerseits, „positive“, das Überzeugtsein hindernde Zweifel andererseits offenkundig gemacht werden kann, bleibt dunkel.[60]

---

55 Zur Rechtsprechung des Reichsgerichts in alphabetischer Reihenfolge: Alsberg: Urteilsanmerkung 1; ders.: Urteilsanmerkung 2; Bendix: Beweiswürdigung, S. 31 ff.; Ehrenzweig: Freie Überzeugung; Haerter: Überzeugung, S. 2 ff.; Heinsheimer: Überzeugung, S. 135 f.; Hellwig: Urteilsfindung, S. 426 ff.; Moser: In dubio pro reo, S. 39 ff.; v. Scanzoni: Strafrichter; Schneidewin: Rechtsprechung, S. 332; Wrück: Überzeugung, S. 28 ff.

56 BGH NJW 1951, 83; BGH NJW 1951, 122; OLG Hamm MDR 1949, 636 f.

57 BGH NJW 1951, 122

58 BGH a.a.O.

59 Und nach der „in-dubio-pro-reo“-Regel entscheiden.

60 Im Gegensatz zur Rechtsprechung hat die Literatur stets versucht, den Unterschied zwischen theoretisch-abstrakten und konkreten Zweifeln präziser herauszuarbeiten. So ist etwa v. Scanzoni: Strafrichter, S. 2182, der Auffassung, daß „der allgemeine Zweifel, den jeder philosophisch geschulte Mensch resigniert vor jedes seiner Erkenntnisse ... setzen wird, jene allgemeine Skepsis des uralten Ignorabimus, an der schließlich alle unsere Überzeugungen ewig kranken ...“ den Schuldspruch nicht hindern kann, während „Zweifel spezieller Art, die aus dem Falle selbst warnend ihre Hand heben“, unter allen Umständen zum Freispruch führen müssen. Ähnlich Niethammer: Überzeugung, S. 6: „Vielmehr gibt ... immer nur der Zweifel den Ausschlag gegen die Verurteilung, der sich im Hinblick auf die besondere Beschaffenheit des einzelnen Falles nicht beheben lässt“. Vgl. auch Alsberg: Urteilsanmerkung 2, S. 761: „Der philosophische Zweifel, daß die Mittel der menschlichen Erkenntnis unzulänglich seien, hindert den von seiner Richtigkeit Durchdrungenen nicht, von der Wahrheit einer Tatsache voll überzeugt zu sein, denn er läßt die subjektive Gewißheit unberührt, er liegt auf einer anderen Ebene als sie“.
Allerdings ist zu bezweifeln, daß diese Differenzierung eine praktikable Formel für die forensische Praxis leistet. Denn sie berücksichtigt nicht, daß die Grenze zwischen „philosophischen Zweifeln“ und „Zweifeln aus der konkreten Sache“ fließend ist, besonders wenn man berücksichtigt, daß die Erkenntnisfähigkeit der Menschen (Richter) untereinander differiert und ewigen Schwankungen unterworfen ist.
Einen interessanten Versuch macht Mattil: Überzeugung, S. 340: Er fordert für den Freispruch „das Vorhandensein irgendwie greifbarer *tatsächlicher* Anhaltspunkte für einen anderen Hergang. Dazu gehören aber nicht: nur ‚vorgestellte‘ Gesichtspunkte, bloße ‚Möglichkeiten‘, die nur denkbar sind, für deren reales oder auch nur

Die gesamte zu § 261 StPO ergangene Rechtsprechung läßt eine Auseinandersetzung mit den Erkenntnissen der Psychologie vermissen.[61] Die resignierende Feststellung, bei der Urteilsbildung, beim Prozeß der Überzeugung handele es sich um „einen rational nicht auflösbaren psychischen Vorgang"[62] darf beim heutigen Stand der psychologischen Forschung nicht das letzte Wort sein.

Der Rettungsanker der Rechtsprechung – „die an Sicherheit grenzende Wahrscheinlichkeit" – bleibt solange Leerformel, als eine klare Definition der „Wahrscheinlichkeit" fehlt. Die Rechtsprechung hat sich nicht der Mühe unterzogen, den in ihren Urteilen laufend[63] verwendeten Begriff der Wahrscheinlichkeit zu klären. Eine Unterrichtung hierüber wäre umso eher zu erwarten gewesen, als sich eine umfangreiche wissenschaftstheoretische Diskussion mit der Klärung der Wahrscheinlichkeitskonzeption befaßt. Im folgenden soll der der Rechtsprechung zugrundeliegende Wahrscheinlichkeitsbegriff untersucht und zugleich gefragt werden, ob das von der Rechtsprechung Gemeinte adaequat mit dem Begriff der Wahrscheinlichkeit ausgedrückt werden kann.

1.2.2.3 „Mit an Sicherheit grenzender Wahrscheinlichkeit"

Eine Diskussion über Wahrscheinlichkeit wird nicht selten dadurch erschwert, daß man drei Wahrscheinlichkeitsbegriffe[64] nicht unterscheidet:

---

naheliegendes Wirksam-gewordensein keinerlei greifbare Anhaltspunkte vorliegen ... Zur Freisprechung genügt nicht die bloße Behauptung, das Gericht habe Zweifel gehabt; vielmehr müssen die tatsächlichen, der Außenwelt angehörenden Umstände, aus denen die Möglichkeit eines anderen Sachverlaufs gefolgert werden soll, dargelegt werden".

Die Formel hat den Vorzug der Praktikabilität, doch versagt sie dann, wenn dem Richter im Verlauf der Beweisaufnahme ein anderer Geschehensablauf überhaupt nicht in den Sinn kommt. Außerdem ist sie insofern bedenklich, als aus ihr eine Behauptungs- und Darlegungslast des Angeklagten hergeleitet werden könnte. Das Recht des Angeklagten, die Einlassung zur Anklage zu verweigern – vgl. § 243 Abs. 4 Satz 1 StPO –, wird durch den Abgrenzungsversuch Mattils zumindest ausgehöhlt, weil der Angeklagte oftmals gezwungen sein wird, „greifbare tatsächliche Anhaltspunkte für einen anderen Hergang" vorzubringen, will er nicht eine – nach Mattil ausreichende – „Überzeugung" beim Richter riskieren.

61 Auch die Literatur bietet kein wesentlich freundlicheres Bild, wenn man von Bohne: Überzeugungsbildung, einmal absieht.

62 Alsberg: Urteilsanmerkung 2, S. 761.

63 Ob die Entscheidung BGHSt 10, 208 ff., die sich ausdrücklich gegen die mißverständliche Formulierung von RGSt 61, 206 wendet, hier einen Umschwung gebracht hat, ist zweifelhaft. Vgl. hierzu auch Krause: Urkundenbeweis, S. 55 und Kern-Roxin: Strafverfahrensrecht, S. 58.

64 Auf dem DJT 1966 wies – soweit ersichtlich, in einer juristischen Diskussion erstmalig – Weitnauer auf das Problem der verschiedenen „Wahrscheinlichkeiten" hin. Allerdings war sein Diskussionsbeitrag wohl insoweit zu optimistisch, als er glaubte, von statistischen Wahrscheinlichkeiten auf subjektive Gewißheiten schließen zu können. Vgl. Weitnauer: Diskussionsbeitrag, S. E 70 ff.

- die relative oder statistische Wahrscheinlichkeit
- die logische oder induktive Wahrscheinlichkeit
- die subjektive oder persönliche Wahrscheinlichkeit.

1.2.2.3.1 Die relative Wahrscheinlichkeit

Der Wahrscheinlichkeitsbegriff der empirischen Theorie geht davon aus, daß sie eine Relation herstellt zwischen einer endlichen Zahl von Vorkommnissen einer größeren Klasse zu der endlichen Zahl von Vorkommnissen einer in der größeren enthaltenen kleineren Klasse.[65] Es bedarf keiner weiteren Darlegung, daß aus dem Verhältnis zweier endlicher Zahlen nicht ohne weiteres eine „Gesamtwahrscheinlichkeit" konstruiert werden kann.[66] Hierfür wäre erforderlich, daß der Beobachter eine vollständige unendliche Reihe der Vorkommnisse der größeren Klasse zur Verfügung hätte, eine Forderung, die angesichts der Endlichkeit menschlichen Lebens unerfüllbar ist.

Die Schöpfer der „relativen Wahrscheinlichkeit" behalfen sich damit, „Wahrscheinlichkeit nicht als relative Häufigkeit in einer endlichen Folge von Versuchen zu definieren, sondern als den *Grenzwert* der relativen Häufigkeit in einer unendlichen Folge."[67]

Der Nachteil eines derartigen Wahrscheinlichkeitsbegriffs besteht darin, daß nicht ersichtlich ist, wie man aus einer endlichen Zahl von Beobachtungen jemals den Grenzwert einer unendlichen Folge von relativen Häufigkeiten gewinnen kann. Das bedeutet aber, daß der Grenzwert der relativen Häufigkeiten, also die „relative Wahrscheinlichkeit" selbst wiederum nur wahrscheinlich ist.

Der Gefahr eines unendlichen Regresses begegnet Reichenbach[68] mit seiner „Induktionsregel". Er gibt zu, daß der Grenzwert der relativen Häufigkeiten numerisch nie exakt bestimmt werden kann, sondern daß man sich mit Annäherungswerten zufrieden geben muß. Diese Annäherung kann jedoch durch

---

65 Dabei versteht man unter „absoluter Häufigkeit" die Gesamtzahl der Vorkommnisse der kleineren Klasse, z.B. „die Zahl der Leute in Los Angeles, die im letzten Jahr an Tuberkulose starben. Relative Häufigkeit ist das Verhältnis dieser Zahl zu der Zahl der Mitglieder der größeren untersuchten Klasse, zum Beispiel der Zahl der Einwohner von Los Angeles". So Carnap: Einführung, S. 34. Vgl. auch Bocheński: Denkmethoden, S. 125 f.

66 So kann – um obiges Beispiel fortzuführen – aus der im Jahr x für Los Angeles errechneten Wahrscheinlichkeit für Tuberkulose-Sterblichkeit logisch keine Aussage gefolgert werden, die eine zeitunabhängige Wahrscheinlichkeit für Tuberkulose-Sterblichkeit in Los Angeles bezeichnet.

67 Carnap: Einführung, S. 35. Diese Deutung des Wahrscheinlichkeitsbegriffs geht zurück insbesondere auf Reichenbach: Wahrscheinlichkeitslehre, und von Mises: Wahrscheinlichkeit. Über die Unterschiede zwischen beiden Verfassern informiert Essler: Induktive Logik, S. 62.

68 Reichenbach: Wahrscheinlichkeitslehre, S. 444–451.

die fortdauernde Erhöhung der Zahl der untersuchten Oberklassen so weit gesteigert werden, daß man einen für das praktische Leben ausreichenden Grenzwert der relativen Häufigkeiten angeben kann. Da der Mensch nicht befähigt ist, aktuelle unendliche Reihen von Vorkommnissen zu überblicken, also den tatsächlichen[69] Grenzwert zu erkennen, müsse er sich mit dem „praktischen Grenzwert" zufrieden geben.

Die Frage ist, warum bei diesem Regreß auf den praktischen Grenzwert die relative Wahrscheinlichkeit überhaupt noch in Grenzwerten ausgedrückt werden muß. Denn der praktische Grenzwert ist doch nichts anderes als das Verhältnis einer endlichen Zahl von untersuchten Vorkommnissen (Oberklasse) zu den darin gefundenen Unterklassen. Diese Zahl behält ihren Unsicherheitsgrad, ob man nun den Begriff des Grenzwertes einführt oder nicht.

Es seien, um das Geständnisbeispiel fortzuführen, 1000 Fälle von Geständnissen untersucht worden, bei denen sich herausstellte, daß in 800 Fällen das Geständnis die Eigenschaft aufwies, richtig[70] zu sein. Dann beträgt die relative Wahrscheinlichkeit für die weiteren Geständnisse *etwa* 0.8. Der Richter kann nach der „Wahrscheinlichkeit des praktischen Lebens" also davon ausgehen, daß er dem Geständnis zu 80% vertrauen darf. Auf eine solche „Vorkommenswahrscheinlichkeit" darf der Richter aber sicherlich keine Verurteilung stützen – jedenfalls dann nicht, wenn keine weiteren Indizien vorliegen, die die Glaubwürdigkeit des Angeklagten in besonderem Licht erscheinen lassen.

Dabei wurde in unserem Beispiel vorausgesetzt, daß eine statistische Untersuchung über die Richtigkeit von Geständnissen angestellt wurde. Der Richter verwendet im Rahmen seiner sachverhaltsfeststellenden Tätigkeit jedoch – bewußt, aber zum allergrößten Teil unreflektiert – eine Menge derartiger Theorien[71], für die statistisch untersuchte Wahrscheinlichkeitswerte nicht bestehen.

Das bedeutet, daß die Theorie der relativen Wahrscheinlichkeit jedenfalls nur dort zur Anwendung gelangen kann, wo tatsächlich empirische Untersuchungen über die relative Häufigkeit bestehen. Dennoch ist Vorsicht geboten: Selbst eine relative Wahrscheinlichkeit von 99,99% liefert keinen absoluten Beweis für das Geschehen-Sein einer konkreten Wirklichkeit. Denn abgesehen von der Frage, ob eine empirische Theorie überhaupt logisch verifizierbar ist – sie ist es nicht –, ist jede Theorie leicht falsifizierbar. *Ein* empirisches Ergebnis, das mit dem nach Theorie und Randbedingung erwarteten Explanandum nicht übereinstimmt –

---

69 Reichenbach spricht vom „theoretischen Grenzwert". Vgl. seine Wahrscheinlichkeitslehre, S. 347.

70 Unter einem „richtigen Geständnis" verstehen wir dabei ein solches, bei dem der Satz: „Ich habe die Tat begangen" wahr ist.

71 Hiervon wird noch eingehend zu handeln sein.

und die Theorie ist falsifiziert.[72] Dies hat jedenfalls dann zu gelten, wenn Beobachtungsfehler und andere Fehlerquellen etwa im Versuchsaufbau ausgeschlossen werden.

Doch auch dann, wenn der Ausfall des erwarteten Effekts lediglich auf solchen Fehlern beruhen sollte, die Theorie in Wahrheit also nicht falsifiziert ist, kann ihr nicht der Wahrscheinlichkeitswert 1[73] zugestanden werden, da eben für das menschliche Wissen unentscheidbar ist, ob Beobachtungsfehler oder Theorienfalsifikation vorliegt.

Wenn in einer langen Folge von Untersuchungen die Theorie aber lediglich mit einer Wahrscheinlichkeit von 99,99% bestätigt werden konnte, dann ist sie als alleinige Grundlage für den forensischen Sachverhaltsnachweis unbrauchbar. Gerade der vom Richter konkret zu entscheidende Einzelfall kann der „unwahrscheinliche" sein, gerade er kann die 0,01% ausfüllen. Der Richter kann nie entscheiden, ob „sein" Fall den 99,99% oder den 0,01% unterfällt. Bei solchem Stand wissenschaftlicher Theorienbildung darf der Richter nicht *verpflichtet* werden, jeden Einzelfall den 99,99% unterzuordnen. Damit ist freilich nicht gesagt, daß es dem Richter im Rahmen der freien Beweiswürdigung verwehrt wäre, zu demselben Ergebnis zu gelangen, wie es die Theorie mit 99,99% Wahrscheinlichkeit erzielt; nur darf ihm bei solcher Wahrscheinlichkeit nicht verwehrt sein, ein non-liquet auszusprechen.

Es bleiben somit für die Anwendung einer objektiven Wahrscheinlichkeitstheorie im forensischen Bereich nur Fälle übrig, bei denen trotz fortwährender Falsifikationsversuche noch kein Ausfall zu konstatieren war, der Theorie also – jedenfalls bis zur Gegenwart – der Wahrscheinlichkeitsgrad 1 zugestanden werden muß.[74] Jedoch kann der Mensch die Wahrheit einer Theorie nie mit endgültiger Sicherheit konstatieren – der Mensch muß stets damit rechnen, daß die Theorie in der Zukunft falsifiziert wird. Dieses Problem kann jedoch allein mit Mitteln einer Wahrscheinlichkeitslogik nicht bewältigt werden. Im nächsten Abschnitt wird hierauf zurückzukommen sein.

72 Carnap: Einführung, S. 29. Die „Asymetrie der Situation" wird in der Wissenschaftstheorie durchweg anerkannt. Vgl. Popper: Logik, S. 47 FN. 1.

73 „Wahrscheinlichkeitswert 1" ist so definiert, daß sämtliche untersuchten Oberklassen P auch die Unterklassen Q enthalten, wenn also die relative Häufigkeit $\frac{Q}{P} = 1$ ist. Vgl. hierzu Russell: Wissen, S. 340.

74 Als Beispiele seien genannt: das Newton'sche Gravitationsgesetz (wenn man einem Körper die Unterlage entzieht, fällt er in Richtung Erdmittelpunkt); das Gesetz von der Endlichkeit menschlichen Lebens. Popper: Logik, S. 198 ff. spricht in diesem Zusammenhang von „Bewährung". Auf der Grundlage unseres empirischen Wirklichkeitsbegriffes kann aber der „Wahrscheinlichkeitsgrad 1" eingeführt werden.

1.2.2.3.2 Die logische Wahrscheinlichkeit

Im Gegensatz zum deduktiven Schlußverfahren sagt die Konklusion bei der Induktion mehr über die Wirklichkeit aus als die Prämisse. Die Konklusion ist in der Prämisse nicht schon vorgegeben, so daß formallogische Schlußregeln uns nicht von der Prämisse zur Konklusion gelangen lassen. Wenn aber die Konklusion nicht formallogisch aus der Prämisse deduzierbar ist, dann ist das eigentliche Problem der Induktion schon erwiesen: Die Konklusion braucht nicht unbedingt wahr zu sein, wenn die Prämisse wahr ist, „sondern nur mit einer gewissen Wahrscheinlichkeit. Durch diese Wahrscheinlichkeit wird angezeigt, in welchem Grad die Konklusion, die Hypothese, durch den als bekannt angenommenen Satz . . . gestützt wird“.[75]

„Logische Wahrscheinlichkeit“ ist demnach nicht durch empirische Daten zu verifizieren. Sie enthält eine rein logische Beziehung zwischen einer Hypothese h und einer Anzahl die Hypothese stützender Daten (Sätze über Erfahrungstatsachen) e. Bezeichnet man den Bestätigungsgrad mit a[76], so bedeutet a (h, e) den Bestätigungsgrad der Hypothese h auf der Basis der Erfahrungstatsachen e.

Der Vorteil des logischen Wahrscheinlichkeitsbegriffs gegenüber der oben erörterten „relativen Wahrscheinlichkeit“ liegt in der formulierten Bezugnahme auf das Erfahrungsdatum. Zwar wird auch die relative Häufigkeit ebenfalls ermittelt unter Heranziehung von empirischen Daten, die Wahrscheinlichkeitsaussage abstrahiert jedoch von der empirischen Basis. „Die Wahrscheinlichkeit dafür, daß ein Geständnis die Eigenschaft hat, richtig zu sein, ist 0.8“, sagt unmittelbar nichts über die Prämissen dieses Satzes. Demgegenüber nimmt der logische Wahrscheinlichkeitsbegriff unmittelbar Bezug auf die empirische Basis: „Die Wahrscheinlichkeit dafür, daß ein Geständnis die Eigenschaft hat, richtig zu sein, ist aufgrund der Erfahrung, daß 80% der Geständnisse richtig sind, 0.8“.

Der Unterschied wird deutlich, wenn im Einzelfall[77] über die relative Häufigkeit hinaus noch zusätzliche empirische Daten bestehen, die einen von der relativen Häufigkeit verschiedenen Wahrscheinlichkeitswert implizieren. Nehmen wir an, über das Wissen um die relative Häufigkeit der Richtigkeit von Geständnissen hinaus stünden noch folgende Fakten fest: Der gestehende Angeklagte wurde bei der angeklagten Tat durch glaubwürdige Zeugen beobachtet, darüber hinaus hatte er einen Tag vor der Tat das Verbrechen in größerem Kreis angekündigt. Dann ist der Satz „Die Wahrscheinlichkeit dafür, daß das Geständnis des A. richtig ist, ist 0.8“ aufgrund der verbesserten Wissensituation nicht mehr gerechtfertigt. Denn die empirische Basis hat sich qualitativ verbessert – es

75 Essler: Induktive Logik, S. 65.

76 Kalkülgebrauch nach Carnap: Einführung, S. 41 f.

77 Aus Vereinfachungsgründen lassen wir den Umweg über die Theorienwahrscheinlichkeit hier beiseite und zeigen die Auswirkungen der verbesserten Wissenssituation sofort an der Einzelaussage.

scheint nun „fast sicher" (jedenfalls ist die Wahrscheinlichkeit hierfür größer als 0.8), daß das Geständnis richtig ist.

Carnap hat nun behauptet[78], daß es möglich sein müsse, den Bestätigungsgrad einer Theorie in bezug auf die Erfahrungsbasis in einer reellen Zahl a $(0<a<1)$ auszudrücken. Hierfür müßten jedoch eine Reihe von Bedingungen gegeben sein, die in der Praxis richterlicher Sachverhaltsforschung nicht zu erfüllen sind. Das induktive System läßt keine qualitative Wertigkeit der verschiedenen empirischen Daten zu. Wie soll, um unser Beispiel fortzuführen, die Aussage eines Zeugen X in numerische Beziehung gesetzt werden zur Aussage eines anderen Zeugen Y oder zur Tatsache der „Vorankündigung" des Verbrechens? Und zum anderen kann die Anwendung des Carnap'schen Systems nur dort zulässig sein, wo tatsächlich das gesamte für den Schuldspruch relevante[79] Wissen zur Verfügung steht.[80] Diese Voraussetzung ist aber in der Regel nicht erfüllt.[81]

Gegenüber der „relativen Wahrscheinlichkeit" besitzt das System der „logischen Wahrscheinlichkeit" jedoch einen nicht zu übersehenden Vorteil. Indem die logische Wahrscheinlichkeit qua definitione auf die Erfahrungsbasis verweist, gestattet sie eine Berücksichtigung des oben erläuterten Begriffs der empirischen Wirklichkeit. Ist nämlich die Erfahrungsbasis so gestaltet, daß sie bis zum Jetzt-Zeitpunkt stets identische Ergebnisse zeigte, so besitzt die Theorie – bezogen auf den derzeitigen Erfahrbarkeitsstatus – den Wahrscheinlichkeitswert 1. Damit ist allerdings noch keine Entscheidung darüber getroffen, wie breit die Erfahrungsbasis sein muß, m.a.W., wie groß die Anzahl der Einzelbeobachtungen zu bemessen ist. Da diese Frage keinen Bezug zu einer Theorie der Wahrscheinlichkeit hat, wird erst später auf sie zurückzukommen sein.

Jedenfalls hat sich gezeigt, daß bei Theorien, die in einem unkontrollierten Verfahren gewonnen werden, bei denen die Erfahrungsbasis sich also nicht aus statistischen Erhebungen rekrutiert, das System logischer Wahrscheinlichkeit für die forensische Praxis nichts leistet. Es wird daher im folgenden zu fragen sein, ob eine Subjektivierung der dargestellten objektiven Wahrscheinlichkeitstheorien eine Lösung ermöglicht.

1.2.2.3.3 Die subjektive Wahrscheinlichkeit

Theorien subjektiver Wahrscheinlichkeit sind keinesfalls psychologische Theorien.[82] In ihrer strengsten Form ähneln sie der logischen Wahrscheinlichkeit:

---

78 Carnap: Einführung, S. 41 f.

79 Die Relevanz bestimmt sich, wie bereits gezeigt, nach dem strafrechtlichen Tatbestand. Ausführlich zur „Verzahnung" von Induktion und Deduktion Hassemer: Tatbestand, S. 63.

80 Essler: Induktive Logik, S. 77.

81 Dies wird – im Rahmen der entscheidungstheoretischen Untersuchung über richterliches Entscheidungsfindungsverhalten – noch näher zu zeigen sein.

82 Kirsch: Entscheidungsprozesse I, S. 45.

Gegenstand der Wahrscheinlichkeitsaussage ist die subjektive Bewertung der Wahrscheinlichkeit einer Hypothese bezüglich subjektiver Erfahrungen.[83] Dabei wird vorausgesetzt, daß eine streng rational handelnde Person die Wahrscheinlichkeitsbewertung durchführt. In dieser strengen Form erreicht der subjektive Wahrscheinlichkeitsbegriff keinen breiteren Anwendungsbereich als die „logische Wahrscheinlichkeit". Wenn die Wahrscheinlichkeitsaussage bezogen wird auf den Typus des rationalen Menschen, bleibt die Individualität des Einzelmenschen außer Ansatz. Bei dieser Theorie macht es keinen Unterschied, wenn dann gleich von der Personalbezogenheit der Wahrscheinlichkeitsaussage abstrahiert wird, denn auch der logische Wahrscheinlichkeitsbegriff geht implizit davon aus, daß für die Erkenntnis des Wahrscheinlichkeitsgrades einer Hypothese auf Grund eines Erfahrungsdatums eine Person, ein Erkenntnissubjekt erforderlich ist.

In einer weniger strengen Form fordert die subjektive (auch subjektivistische) Wahrscheinlichkeitstheorie allein Regeln, „die trotz aller Subjektivität der Wahrscheinlichkeitsurteile eine Konsistenz vorschreiben".[84] Reine Willkürlichkeit wird durch die Forderung ausgeschlossen, daß beim subjektiven Bestätigungsgrad „a" einer Hypothese „h" der Bestätigungsgrad der Gegenhypothese „non h" den Wert „1–a" anzunehmen hat. Eine solche subjektivistische Theorie der Wahrscheinlichkeit für die forensische Praxis wird vor allem in Skandinavien vertreten.[85] Nicht soll die Beweiswürdigung zu einer „Überzeugung" des Richters davon führen, was die Wahrheit ist; „sie (scil. die Beweiswürdigung) ist vielmehr als Wahrscheinlichkeitsrechnung zu betrachten, mit der das Vorliegen von relevanten Fakten beurteilt wird".[86] Der psychologische Begriff der Überzeugung soll zugunsten einer subjektivistischen Theorie der Wahrscheinlichkeit aus dem Komplex der Beweiswürdigung verdrängt werden.

Der theoretische Ansatz dieser Lehre mag durch ein Beispiel verdeutlicht werden:

X ist eines Verbrechens angeklagt. In diesem Fall steht dem Richter eine Wahrscheinlichkeitsskala zur Verfügung, die zugunsten des Angeklagten von 100 bis 0 Schuldlosigkeit, zuungunsten des Angeklagten von 100 bis 0 Schuld verläuft.

Aus dieser Wahrscheinlichkeitsskala ergibt sich zunächst, daß der Wahrscheinlichkeitswert von schuldig plus demjenigen von schuldlos in jedem Punkt der Skala

---

83 Essler: Induktive Logik, S. 68; ähnlich Kirsch: Entscheidungsprozesse I, S. 44.

84 Kirsch: Entscheidungsprozesse I, S. 45.

85 Vgl. insbesondere Bolding: Sachaufklärung, S. 57 ff.; Ekelöf: Beweiswürdigung, S. 289 ff. Die Lehre wurde von Schreiber: Beweiswert, insbes. S. 13 ff., in den deutschen Rechtskreis hineingetragen und weiter entwickelt.

86 Bolding: Sachaufklärung, S. 57.

100 ergeben muß. So entspricht dem Wahrscheinlichkeitswert „75 schuldlos" notwendig der Wahrscheinlichkeitswert „25 schuldig".[87]

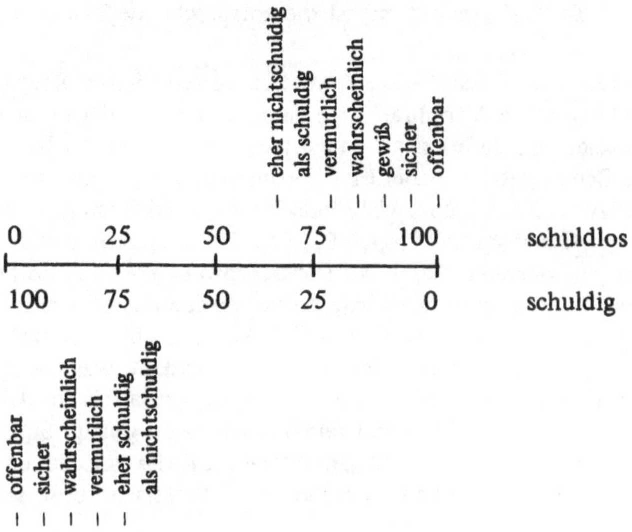

Nunmehr wird auf der Wahrscheinlichkeitsskala ein Punkt festgesetzt, bei dessen Erreichung der Richter eine tatbestandsrelevante Wirklichkeit als festgestellt erachten muß. Nehmen wir an, dieser sog. Beweislastpunkt[88] liege für die Täterschaft einer Person beim Wahrscheinlichkeitswert „90 schuldig": Dieser Wert ist für eine bestimmte Tatsache fix; er mag sich – möglicherweise – aus der Unschuldsvermutung zugunsten des Angeklagten[89] oder aus dem Grundsatz „in dubio pro libertate"[90] ergeben; jedenfalls unterliegt seine Setzung nicht dem Belieben des Richters: der Beweislastpunkt ist Rechtsregel.[91]

---

87 Damit ist der von der subjektivistischen Wahrscheinlichkeitstheorie aufgestellten Forderung Genüge getan.

88 Die Terminologie ist übernommen von Ekelöf: Beweiswürdigung, S. 290 und Bolding: Sachaufklärung, S. 61. Mit dem von der deutschen Prozeßrechtslehre gebrauchten Begriff der Beweislast hat der Beweislastpunkt nichts zu tun. Während dort Beweiswürdigung und Beweislast streng geschieden sind (vgl. statt vieler Prölss: Beweiserleichterungen, S. 7 ff.), vermengt Ekelöf beide Begriffe. Eine Beweislast im eigentlichen Sinne ist in seinem System nicht mehr möglich.

89 Sax: Strafrechtspflege, S. 837.

90 Hierzu Peter Schneider: In dubio pro libertate, S. 263 ff.

91 So ausdrücklich Ekelöf: Beweiswürdigung, S. 290. Auch Schreiber: Beweiswert, S. 16, sieht „die Frage, welcher Grad der Wahrscheinlichkeit für ein Merkmal ausreichend ist, (als) Rechtsfrage" an.

Vom Beweislastpunkt zu unterscheiden ist der Beweiswertpunkt, der den Grad der Wahrscheinlichkeit für Schuld bzw. Nichtschuld angibt. Kommt nun dem Beweiswertpunkt eine höhere oder zumindest gleiche Wahrscheinlichkeitsziffer im Vergleich zum Beweislastpunkt zu, ist die entsprechende Tatsache bindend festgestellt.

Schreiber ermittelt den Gesamt-Beweiswert aus verschiedenen Beweismitteln durch ein mathematisches Verfahren[92], indem er den jeweiligen Beweiswert eines jeden Beweismittels definiert als „die Wahrscheinlichkeit der Wahrheit der Aussage" dieses Beweismittels. Dabei ist – hinsichtlich Zeugenaussagen – deren Glaubwürdigkeit zum Maßstab ihrer Wahrheits-Wahrscheinlichkeit genommen. Es bedeutet dann ein Glaubwürdigkeitsgrad 0, „daß die Aussage mit an Sicherheit grenzender Wahrscheinlichkeit falsch ist. Die Glaubwürdigkeit ... 50 bedeutet, daß die Aussage völlig unzuverlässig ist, sie ist gleichermaßen wahrscheinlich wahr wie wahrscheinlich falsch. Die Glaubwürdigkeit ... 100 bedeutet, daß die Aussage mit an Gewißheit grenzender Wahrscheinlichkeit wahr ist".[93] Auf Grund der Definition des Gesamt-Beweiswertes als das Verhältnis der Anzahl der wahren zu der Anzahl der wahren und falschen Aussagen gelangt Schreiber zu einer wahrscheinlichkeitsmathematisch gefundenen Tabelle von Gesamtbeweiswerten, die dann mit dem – oben dargestellten – Beweislastpunkt verglichen werden.

Trotz grundsätzlicher Anerkennung des Anliegens, den Vorgang der Beweiswürdigung zu rationalisieren, muß der Versuch als gescheitert betrachtet werden. Mit Mitteln einer formalen Wahrscheinlichkeitslogik sind die Probleme der Wirklichkeitserkenntnis nicht zu bewältigen: Es ist nicht möglich, die Vielfalt der Wirklichkeit total in einem logischen System einfangen zu wollen; „Richtigkeit logischer Fakten ist unabhängig von der Wirklichkeit".[94]

Es ist zuzugeben, daß ein gewisser Zusammenhang zwischen Graden der Glaubwürdigkeit und mathematischer Wahrscheinlichkeit besteht. Dies gilt jedoch nur für äußerst einfache Situationen.[95] Bei komplexen Problemen wie der Beurteilung des Glaubwürdigkeitsgrades eines Beweismittels ist die Theorie objektiver Wahrscheinlichkeit unanwendbar.[96] Die Glaubwürdigkeitsbeurteilung eines Zeugen etwa beruht auf einer Unzahl von Theorien, deren rationale

92 Schreiber: Beweiswert, S. 25 ff.

93 Schreiber: a.a.O., S. 24.

94 Hassemer: Tatbestand, S. 40; vgl. auch Carnap: Einführung, S. 18.

95 Russell: Wissen, S. 374, glaubt im Würfelspiel ein Beispiel für Identität von subjektivistischer und objektiver Wahrscheinlichkeit gefunden zu haben: „in dieser Weise wird also der vernünftige Mann, der jeder Aussage den richtigen Grad von Glaubwürdigkeit beimißt, durch die mathematische Wahrscheinlichkeitstheorie geleitet werden, wenn sie anwendbar ist".

96 Vgl. Russell: Wissen, S. 376: „Daraus ergibt sich also, daß ein langes Beweisverfahren, ..., eine erhebliche Irrtumsmöglichkeit enthält ...".

Scheidung und Einzelbeurteilung der beschränkten Aufnahmekapazität menschlichen Geistes nicht möglich ist. Darüber hinaus scheitert die mathematische Wahrscheinlichkeitstheorie an ihrer numerischen Forderung. Wie bereits erwähnt[97], bestehen für die große Mehrzahl der bei der forensischen Sachverhaltsermittlung anzuwendenden Theorien keine statistischen Unterlagen. Weicht man aber die numerisch bestimmte Wahrscheinlichkeit auf durch ein komparatives System („vermutlich“, „eher wahr als falsch“, „gewiß“), geht die exakte Basis verloren, die unabdingbar Voraussetzung des numerischen Wahrscheinlichkeitssystems ist.

Jedenfalls in seiner heutigen Form läßt das Schreiber'sche System keine Einarbeitung unterschiedlicher Gewichtigkeiten verschiedener Beweismittel zu. Die Tatsache, daß ein Beweismittel für sich allein genommen nichts, in Verbindung mit anderen jedoch eine tatbestandsrelevante Wirklichkeit – zum mindesten unterstützend – beweisen kann, wird durch das logische System nicht umfaßt. Der Ausweg, die Wichtigkeit eines Beweismittels ihrerseits als Funktion der Wahrheits-Wahrscheinlichkeit dieses Beweismittels zu begreifen, ist zwar gangbar, untergräbt jedoch wiederum das mathematisierbare System.

Ein drittes: selbst wenn diese Probleme durch Erfahrungssätze über Beweismittel – möglicherweise durch empirische Untersuchungen, die Umfang, Qualität und Wertigkeit der Erfahrungssätze auf breitere Grundlage stellen würden – gelöst werden könnten, bleibt die von dem Wahrscheinlichkeitssystem vorausgesetzte numerische Fixierung des Beweislastpunktes. Es wird zwar zugegeben werden können, daß der Beweislastpunkt „in unserem Strafprozeß an anderer Stelle (liegt) als in dem Schuldforderungsprozeß“.[98] Das jedoch ist komparative Relation; eine Feststellung auf einen bestimmten Skalenpunkt ist damit nicht geleistet. Wollte man die Feststellung so treffen, daß zur Verurteilung allein die Erreichung des Beweislastpunktes 100 genügend ist, so wäre eine Verurteilung in nahezu allen Fällen ausgeschlossen: Das Strafrecht würde an prozessualen Schwierigkeiten sein Ende finden. Denn – wie bereits gezeigt – Beweiswürdigung, allgemein: Erkennen nicht unmittelbar vorhandener Wirklichkeit, ist allein möglich auf der Grundlage allgemeiner Theorien; solche Sätze: Beurteilung von Zeugen, Nachweis der Kausalität, Schluß von einem manifestierten Verhalten auf eine bestimmte Willensrichtung des Angeklagten, Schluß vom Geständnis des Angeklagten auf seine Täterschaft, können die im Einzelfall geschehene Wirklichkeit nie hinreichend sicher erweisen. Mit Ausnahme der wenigen bis zur Gegenwart noch nicht falsifizierten empirischen Theorien, leisten Erfahrungssätze nie den Wahrscheinlichkeitsgrad 100. Dann jedoch ist ein Beweiswertpunkt von 100, der nach unserer Festlegung für die Verurteilung ja erforderlich wäre, nicht mehr zu erreichen.

97 Vgl. oben S. 32 ff.

98 Ekelöf: Beweiswürdigung, S. 290.

Trotz all dieser Bedenken kann das Wahrscheinlichkeitssystem zwar nicht als einziges Mittel der Beweiswürdigung, wohl aber als „Kontrollinstanz“ über die noch zu erörternde – „eigentliche“ – Beweiswürdigung des Richters dienen. Dazu ist Voraussetzung, daß der Richter jedem Beweismittel unabhängig von den übrigen *den seiner Ansicht nach* entsprechenden Beweiswert zuordnet. Die Bewertung jeden Beweismittels nach seiner Wahrheits-Wahrscheinlichkeit darf dabei nicht auf einen autoritären Akt des Richters beschränkt werden; der Beweiswert ist vielmehr in einer Diskussion aller Prozeßbeteiligten unter Heranziehung möglichst vieler Bewertungskriterien zu ermitteln. Der Vorteil dieser intersubjektiven Bewertung liegt in der breiten, auf mehreren Personen aufbauenden Erfahrungsbasis, die eine erhöhte Gewähr für eine annähernd zutreffende Festlegung des Wahrscheinlichkeitswertes bietet.[99]

Nach Abschluß der Beweisaufnahme ist der Gesamtbeweiswert zu errechnen. Dieser Wert wird in vielen Fällen den Richter zu einer nochmaligen Überprüfung seiner im Laufe der Beweisaufnahme gewonnenen Überzeugung bewegen können. Nicht nur Kontrollierbarkeit des Richters von außen, sondern Selbstkontrolle seiner Überzeugung ist der hauptsächliche Gewinn dieser rationalisierten Beweiswürdigung. Transparenz der richterlichen Wirklichkeitsfindung wäre in erhöhtem Maße gewährleistet.

Aus der Prozeßordnung sind keine Argumente gegen solche richterliche Selbstkontrolle herzuleiten. Zwar spricht § 261 StPO von einer „freien Überzeugung“; das hindert jedoch nicht, Freiheit als gebundene zu begreifen, als eine solche, die sich Gegenargumenten nicht verschließt, sondern im Verein und in der Auseinandersetzung mit diesen der Wirklichkeitserkenntnis näherzukommen versucht.

Nach allem darf der Versuch, mittels eines numerischen Wahrscheinlichkeitssystems als ausschließlicher Methode der Beweiswürdigung diese rationalisieren zu wollen, als gescheitert bezeichnet werden. Als Kontrollmittel scheint diese Theorie jedoch einen wertvollen Beitrag zur Transparenz des richterlichen Entscheidungsfindungsprozesses liefern zu können.

1.2.2.3.4 Zusammenfassung

Es konnte gezeigt werden, daß der Wahrscheinlichkeitsbegriff der Rechtsprechung – gemessen an den Wahrscheinlichkeitsbegriffen der Wissenschaftstheorie – unfähig ist, das Problem der richterlichen Beweiswürdigung zu lösen.[100] Die

99 Ähnlich, wenn auch nicht auf einer numerischen Beweiswertskala aufbauend, schon Sauer: Prozeßrechtslehre, S. 192: „Zu erwägen ist, ob die Beweiswürdigung ... nicht sachgemäß bei geeigneten Fällen in Form der Verhandlung mit den Parteien oder Parteivertretern erfolgen kann“.

100 A.A. Bohne: Wahrscheinlichkeit, S. 1379: „Wenn auch diese Möglichkeit (scil. eines anderen Geschehensablaufs), gemessen an dem menschlicher Erkenntnis nicht zugänglichen absolut Wahren, objektiv bestehenbleiben mag, so gibt sie doch bei

Rechtsprechung hat es insbesondere versäumt, die Beweiswürdigung auf ihre logischen Inhalte hin zu untersuchen, so daß ihr verborgen bleiben mußte, daß jede Überzeugung auf der Fruchtbarmachung allgemeiner Theorien beruht, die aber in ihrer Vielzahl dem bewußten menschlichen Gedächtnis unzugänglich sind. Der Wahrscheinlichkeitsbegriff geht explizit davon aus, daß ein optimaler Informationsstand des richterlichen Individuums besteht. Diese Voraussetzung läßt sich jedoch für den Strafprozeß nicht erbringen. Eine hinreichende Glaubwürdigkeitsbeurteilung eines Zeugen würde Informationen voraussetzen, deren Gewinnung teils aus tatsächlichen, teils aus rechtlichen Gründen (§§ 69 Abs. 3, 136a StPO) nicht möglich ist. Darüber hinaus verhindert die Komplexheit der Situation in den meisten Fällen die Fruchtbarmachung einer numerischen Wahrscheinlichkeitstheorie.

1.2.3 Die Lehre vom „vernünftigen, die Lebensverhältnisse überschauenden Mann"[101]

Einerseits die Gefährlichkeit, Überzeugung i.S.d. § 261 StPO zu verstehen als bloße subjektive Gewißheit des Richters, andererseits die aufgezeigte Unmöglichkeit, Beweiswürdigung allein in Wahrscheinlichkeitskalkülen darzustellen, führt zu der Forderung, den Angeklagten vor der Willkür des Richters bei der Überzeugungsbildung zu schützen. Eine „Objektivierung" der Beweiswürdigung glaubt man in dem Appell an den Richter erreichen zu können, sein Urteil: „So ist es gewesen", nicht schon dann zu fassen, wenn er als Individuum die Überzeugung von der so-geschehenen Wirklichkeit erlangt hat, sondern erst, wenn der Urteilsbildungsprozeß von anderen Menschen (teilweise auch Richtern[102]) nachvollzogen werden könnte. Ob mit dieser Formulierung allerdings viel erreicht ist, darf bezweifelt werden. „Wer vernünftige und wer unvernünftige Zweifel hat, kann von verschiedenen Beurteilern wiederum unterschiedlich beurteilt werden".[103] Vom nicht-überzeugten Richter das Eingeständnis zu verlangen, daß er selbst unvernünftige Zweifel hegt, bedeutet wohl eine Überforderung der menschlichen Möglichkeit zur Selbstkritik.

So kann dieser Appell, abgesehen von einer gewissen Kontrollfunktion über den

---

Feststellung ihres Ausschlusses mit einer an Sicherheit grenzenden Wahrscheinlichkeit keinen Anlaß zu zweifeln . . .". Gegen Bohne auch Stree: In dubio pro reo, S. 39: „. . . das Operieren mit einer hohen oder an Sicherheit grenzenden Wahrscheinlichkeit (ist) mißlich, da es allzuleicht den Eindruck erweckt, der Richter brauche keine Gewißheit zu haben, sondern könne sich auf den genannten Wahrscheinlichkeitsgrad beschränken". Vgl. auch Hartung: Revisibilität, Sp. 582, und Krause: Urkundenbeweis, S. 55 FN. 204.

101 Zitiert nach Blomeyer: Gutachten, S. 15.

102 Zum hiermit angesprochenen verschiedenen Maßstab sogleich im Text.

103 Schreiber: Beweiswert, S. 6 FN. 6.

subjektiven Entscheidungsbildungsprozeß, nur verstanden werden in seiner Brauchbarkeit für die Abgrenzung vom revisiblen zum nicht-revisiblen Bereich der Beweiswürdigung. Es obliegt somit primär dem Revisionsgericht, dem Tatsachenrichter Richtlinien für die Entscheidung über vernünftige und unvernünftige Zweifel zu geben.[104] Das Revisionsgericht hat ein Leitbild aufzustellen, an dem dann die konkret durch den Tatsachenrichter vorgenommene Beweiswürdigung zu messen ist. Diese „Messung" konkreten Verhaltens an einem „Leitbild" ist der dogmatischen Jurisprudenz nicht fremd. Das Gesetz selbst enthält (enthielt) derartige Leittypen, wie z.B. § 20a StGB a.F. den Typus des gefährlichen Gewohnheitsverbrechers oder § 429 HGB den Typus eines ordentlichen Frachtführers. Auch der Begriff der „guten Sitten" in § 138 BGB wird durch das Leitbild „Anstandsgefühl aller billig und gerecht Denkenden" typisiert. Nicht zuletzt stellt der BGH die Einhaltung der objektiven Sorgfalt bei Straßenverkehrsdelikten durch Vergleich mit den Sorgfalts-„auffassungen des gewissenhaften und sorgfältigen Kraftfahrers"[105] fest.

Ein so dargestelltes Leitbild stellt nach allgemeinen methodologischen Erkenntnissen einen Typus dar. Wir sprechen speziell in der Rechtswissenschaft ja dann von einem Typus, „wo das vergleichsweise Konkrete ... zum Durchbruch drängt".[106] Das Leitbild ist trotz seiner Abstraktheit inhaltlich konkret; es nimmt zwischen abstraktem Allgemeinbegriff und – im Hinblick auf den Einzelfall – konkreter Individualität eine Mittelstellung[107] ein. Es braucht kein Teil der empirisch feststellbaren realen Welt zu sein, gerade weil es Leitbild, Modell ist; hierin ist es Bestandteil des Abstrakten. In seiner Vergleichsfunktion im individuellen Fall gewinnt es aber konkreten, vergleichbaren Gehalt.[108] Typen dieser Art beschreiben mögliches tatsächliches Verhalten, das aber nicht tatsächlich sein muß, sondern als Richtschnur für tatsächliches Verhalten zu dienen bestimmt ist; tatsächliches Verhalten, konkret vorgenommene Beweiswürdigung wird am Typus gemessen, mit ihm verglichen.[109]

---

104 In diesem Sinne auch Peters: Strafprozeß 2, S. 257: „Demnach unterliegt die freie Beweiswürdigung nicht nur dem Vorgang nach, sondern auch im Ergebnis der revisionsgerichtlichen Nachprüfung".

105 BGHSt 7, 120.

106 Engisch: Konkretisierung, S. 289.

107 Engisch: Konkretisierung, S. 238: „Mittelstellung zum Konkreten hin", vgl. auch ebenda S. 251, 260; auch Larenz: Methodenlehre, S. 425.

108 Vgl. hierzu Eisler: Wörterbuch III, S. 282: „... Musterbild, ... Repräsentant für ein Allgemeines und zugleich für die wesentlichen Züge und Ausprägungen einer konkreten Erscheinung ..."

109 Auch Larenz: Methodenlehre, S. 440, betont, daß Subsumtion unter den Typus nicht denkbar ist. Möglich bleibt allein Zuordnung, annähernde Entsprechung. Der Idealtypus ist also normativ, wird „Bewertungsmaßstab für alles, was empirisch an – mehr oder minder dem Ideal entsprechenden – Verwirklichungen anzutreffen ist ..." Zum Typus als Vorbild auch Rickert: Grenzen, S. 325 ff.

Wenn wir damit in den Mittelpunkt der Erörterungen über die Beweiswürdigung den Typus eines Menschen stellen, so ist ein interessanter Unterschied in der Methodik der Wirklichkeitsfeststellung zwischen der C.C.C. (und den noch detaillierteren Beweisregeln im Strafprozeß des gemeinen Rechts) und der am Leitbild zu messenden Beweiswürdigung der heutigen StPO festzustellen. Nicht mehr gegenständliche, d.h. am Gegenstand der Beweisregel orientierte Wirklichkeitserkenntnis ist Voraussetzung für die Festgestelltheit eines konkreten Sachverhalts, vielmehr wird abgestellt auf eine Person als Leitbild, die darüber entscheidet, ob die Wirklichkeit „zutreffend" festgestellt ist oder nicht.

Das so in Betracht kommende Subjekt ist in jedem Fall – wie auch die inhaltliche Auffüllung im einzelnen ausfallen sollte – Idealtypus im Sinne Georg Jellineks[110], denn da dieses Modell Inhalt und Maß der Überzeugtheit bei der freien Beweiswürdigung bestimmen soll, hat es teleologische Bedeutung, dient als „Wertmaßstab des Gegebenen", ist „Sein-Sollen", mit dem „Seiendes" verglichen wird.

Nun ist mit der Qualifizierung der Vergleichsperson als Typus allzuviel noch nicht ausgesagt: Die Ausprägung des Typus, die Eigenschaften und Fähigkeiten des Leitbilds bedürfen erst der Klärung. Überblicken wir die Vielfalt der etwa bei Engisch[111] dargestellten „Typen von Typen", so sind als Vergleichsmaßstab für die vom konkreten Richter vorgenommene Beweiswürdigung folgende in Betracht zu ziehen:

– der „vernünftige Durchschnittsmensch"
– der „konkret entscheidende Richter"
– der „Durchschnittsrichter"
– der „einsichtige Richter".

1.2.3.1 Der vernünftige Durchschnittsmensch

Die Lehre vom vernünftigen Menschen, wie sie Rosenberg[112] und Blomeyer[113] in den Mittelpunkt ihrer Erörterungen stellen, geht offenbar davon aus, daß die Beweiswürdigung das ihr mögliche Maß an Objektivität erreicht hat, wenn ein „Durchschnittsbürger", ein „normaler vernünftiger Mensch"[114] zum gleichen Ergebnis gelangt wie der konkret entscheidende Richter. Mehr als der Durchschnitt leisten könne, so würden wohl[115] Rosenberg und Blomeyer ihre Auffassung erläutern, könne auch vom Richter nicht verlangt sein.

110 Jellinek: Staatslehre, S. 34.
111 Engisch: Konkretisierung, S. 239 ff.
112 Rosenberg: Beweislast, S. 181.
113 Blomeyer: Gutachten, S. 15.
114 Zur Terminologie auch Sauer: Methodenlehre, S. 158 ff.
115 Eine Begründung fehlt durchweg.

Zunächst ist nicht einzusehen, wie das Abstellen auf den Maßstab des Vernünftigen einen objektiven Maßstab leisten soll. Über das, was im Einzelfall vernünftig ist, wird in vielen Fällen ein Konsens nicht zu gewinnen sein.

Eine weitere Überlegung zeigt deutlich die Untauglichkeit dieses Maßstabs. Wie neuere methodologische Untersuchungen[116] gezeigt haben, stellt der Richter im Prozeß nicht irgendeine Wirklichkeit fest, sondern er bemüht sich, in der Faktenfeststellung sein spezifisches Interesse an bestimmten Fakten zu befriedigen. Dieses Interesse orientiert sich am juristischen Tatbestand, m.a.W., der Richter stellt einen ungeordneten „Lebensverhalt" nur in der Richtung und insoweit fest, als die strafrechtlichen Tatbestandsmerkmale – die ja wirklichkeitsbenennenden Charakter haben – eine solche Untersuchung nahelegen.[117] Nur der des juristischen Tatbestands Kundige vermag also die Relevanz gewisser Fakten gegenüber der Vielzahl irrelevanter Fakten zu beurteilen. Nun wird sicherlich nicht zu leugnen sein, daß auch ein juristischer Laie *in etwa* die totschlags- oder diebstahlswesentlichen Wirklichkeiten auszuwählen vermag. Indessen ist dieser Einwand leicht zu entkräften: schon der spezifische Blick für die die Mordmerkmale ausfüllenden Wirklichkeiten wird weitgehend fehlen, und erst recht wird ein Laie bei stark normativ geprägten Tatbestandsmerkmalen wie „fremd" oder „Beleidigung" scheitern. Nur derjenige also, der ein gewisses Vorverständnis für die durch die Tatbestandsmerkmale benannten Wirklichkeiten mitbringt, wird erfolgreich nach diesen Wirklichkeiten forschen können.

Wir können deshalb unsere oben angestellten Überlegungen spezifizieren: Der Richter orientiert sich nicht am „Wortlauttatbestand", sondern er legt seiner Wirklichkeitsforschung als Ziel den „Auslegungstatbestand" zugrunde.[118] Letzteren kennt aber – im Sinne eines Vorverständnisses – allein der Jurist, also der Richter. Nur er ist berufen, den Sachverhalt zu erforschen.[119] Die Bildung des Sachverhalts ist Privileg des Juristen.[120]

---

116 Hier sind insbesondere Engisch: Studien, S. 14 f., Joachim Hruschka: Rechtsfall, passim; Hassemer: Tatbestand, S. 103, und passim, zu nennen.

117 Auf Einzelheiten kann angesichts der ausführlichen Darlegung vor allem bei Joachim Hruschka hier verzichtet werden. Erwähnt werden soll aber, daß erst durch die Auswahl der tatbestandsrelevanten Fakten der Sachverhalt konstituiert wird. Vgl. auch oben S. 4 ff.

118 Terminologie nach Schmidhäuser: Strafrecht 2/4. Damit ist die Problematik, die im Verhältnis von juristischem Tatbestand und dazugehörendem Sachverhalt begründet liegt, keinesfalls erschöpft. Gerade der Begriff „Auslegungstatbestand" überdeckt sehr viele Schwierigkeiten, die hier jedoch nicht näher berührt werden können. Zu verweisen ist hierfür auf Hassemer: Tatbestand, und Arthur Kaufmann: Analogie, insbes. S. 29 ff.

119 Damit soll nichts Endgültiges gegen die Mitwirkung von Laien bei gemischten Gerichten ausgesagt werden. Abgesehen von weitgehend irrationalen Vorzügen gemischter Gerichte (größeres Vertrauen in die Strafjustiz, „Volksverbundenheit"),

Ein weiteres kommt hinzu: Warum für das Maß der Überzeugung auf einen Durchschnittsmaßstab abgestellt werden soll, leuchtet nicht ein. Auf die Unbrauchbarkeit des Durchschnittsmenschen als Maßstab im Recht hat schon früh Binding[121] hingewiesen. Unüberwindliche Schwierigkeiten stellen sich dem entgegen, der versuchen wollte, einen „Durchschnitt" von Individuen festzustellen. Der Regreß auf das Mehrheitsprinzip bietet keinen Ausweg: Schon zwei Individuen zeigen eine derartige Vielfalt von Merkmalen, daß eine „Mehrheit" nicht mehr konstatierbar ist.

1.2.3.2 Der „konkret entscheidende Richter"

Leistet der vernünftige Durchschnittsmensch demnach nichts zur Objektivierung der Beweiswürdigung, so ist zu fragen, ob nicht das Leistungsvermögen des entschieden habenden Tatsachenrichters einen brauchbaren Vergleichsmaßstab liefert. Hier ist zunächst der – scheinbare – logische Fehlschluß zu erläutern, der darin bestehen könnte, daß Vergleichsmaßstab und Vergleichsgegenstand identisch sind, ein echter Vergleich also nicht möglich ist.

Vergleichsmaßstab ist jedoch der Richter nicht so, wie er gehandelt, wie er die Beweiswürdigung vorgenommen hat, sondern so, wie er hätte handeln können. Vergleichstypus ist also zwar der konkrete Richter, aber mit allen seinen Fähigkeiten, seinen Erfahrungen, seinen Kenntnissen, die er im Zuge der Überzeugungsbildung hätte zur Geltung bringen können.

Es ist nicht zu leugnen, daß dieser Maßstab eine Verbesserung gegenüber der heute noch herrschenden Meinung vom subjektiven Gewißheitsurteil darstellt. Trotzdem muß auch der Fähigkeitsmaßstab als unbrauchbar zurückgewiesen werden. Abgesehen von der Unmöglichkeit für das Revisionsgericht, die Fähigkeit des Tatsachenrichters feststellen zu können, würde die Wahrheit, so wie sie für unsere Zwecke eben beschrieben wurde, abhängen von den individuellen Fähigkeiten des Tatsachenrichters. Ein reiner Relativismus der Erkenntnis wäre die unausweichliche Folge. Das von uns für maßgeblich erachtete Kriterium der Intersubjektivität und Transmissibilität der Erkenntnis könnte nicht zum Tragen kommen. In Wahrheit würde bei diesem Maßstab vom

---

können die Laien die Diskussion um „schuldig" oder „nichtschuldig" durch Aktivierung ihrer Erfahrungen bereichern.
Reine Laiengerichte in der Form der alten Schwurgerichte (bis 4. Januar 1924) sind jedoch unhaltbar.

120 Deshalb ist die in der Praxis beliebte Aufforderung des Richters an den Zeugen: „Zur Sache" meist fruchtslos; der Laie weiß in vielen Fällen nicht, „worauf es ankommt".

121 Binding: Normen IV, S. 519: Der Maßstab scheitert an der „Notwendigkeit sehr schwer durchführbarer Massenbeobachtung, und er (scil. der Richter) sieht sich gezwungen, aus lauter verschiedenen Fällen einen Durchschnitt zu ziehen, den er ohne die größte Oberflächlichkeit gar nicht fertig bringt, und zu dessen Begründung er nur sagen kann: mir scheint es so".

Richter nicht gefordert, Wirklichkeit zu erkennen, sondern eine seinen Fähigkeiten gemäße Wirklichkeit zu schaffen. Dem Richter wäre erlaubt, eine Wirklichkeit zu fingieren und diese Fiktion seinem Urteil zugrundezulegen.

Diesen Ausweg beschreitet in der Tat Schröder in einer Untersuchung über den Meineid.[122] Ausgehend von seiner Erkenntnis, daß „jeder menschliche Versuch, die absolute Wahrheit zu erkennen und absolute Wahrheitsurteile abzugeben, als gescheitert anzusehen“[123] ist, bestimmt er die Wahrheit als etwas „auf Grund allgemeiner Erfahrung als normale Wahrnehmungsreaktion der objektiven Wirklichkeit“[124] Festgestelltes und setzt als Kriterium dieser Wahrheit das normale menschliche Erfahrungswissen: „Das, was ‚alle‘ glauben, was alle als gegeben und feststehend anerkennen, *ist* (sic!) dadurch; es wird nicht mehr in Zweifel gezogen und besitzt auf Grund allgemeiner Anerkennung Gültigkeit . . . Das herrschende ‚Gemeinschaftsbewußtsein‘ ist daher der eigentliche Schöpfer und Träger der ‚Wahrheit‘“. In Fällen aber, in denen sich eine Gemeinschaftsvorstellung mangels ausreichend breiter Grundlage über Tatsachen nicht vorfinden läßt – wie dies etwa bei Einzelbeobachtungen von in der Vergangenheit liegenden Sachverhalten der Fall ist –, ist es Aufgabe des Richters, den „Normal-Wahrheitswert mit Beziehung auf diese konkrete Tatsache . . . zu schaffen und mit Gültigkeit für die Gemeinschaft festzusetzen . . .“. „Der Richter erfüllt die Gemeinschaftsfunktion der Wahrheitsschaffung“.[125] Dieses Verfahren – so begegnet Schröder sogleich möglichen Einwänden – sei unbedenklich, „da der Richter als sorgfältiger und geschulter Beobachter nur solche Feststellungen treffen wird, die jedes ordentliche, sorgfältige und urteilsfähige Glied der Gemeinschaft auch treffen würde und müßte . . .“. Das legitimiere den Richter, seine „relativ objektive“ Vorstellung als mit der Wirklichkeit identisch zu bezeichnen.

Die extreme Position der Immanenzphilosophie ist unverkennbar.[126] Wenn es, wie Schröder meint, nicht die Möglichkeit allgemeingültiger Erkenntnis gibt, wie soll dann der Richter berechtigt sein, seine Vorstellung von der Wirklichkeit als soziale Wahrheit dem Urteil zugrundezulegen? Wir haben uns im erkenntnistheoretischen Teil der Arbeit zu einer pragmatisch-empirischen Wirklichkeit bekannt, indem wir zu begründen versuchten, daß das Erkenntnissubjekt bis zur jeweiligen Grenze der Erfahrbarkeit in der Lage ist, die Wirklichkeit so, wie sie ist, zu erkennen. Daraus folgt aber, daß die Wirklichkeit – jedenfalls prinzipiell – allgemeingültig erkennbar ist. Damit fällt aber schon die Grundposition Schröders in sich zusammen. Nicht das, was „auf Grund allgemeiner Anerkennung nicht mehr in Zweifel gezogen wird“, ist Fiktion der Wirklichkeit, ist

122 Schröder: Unwahrer Eid.

123 Schröder: a.a.O., S. 71.

124 Schröder: a.a.O., S. 72.

125 Schröder: a.a.O., S. 74.

126 Zur Kritik Schröders insoweit auch Badura: Erkenntniskritik, S. 402 f.

soziale Wahrheit, sondern es wird gerade deshalb nicht mehr in Zweifel gezogen, weil diese Anschauung der Wirklichkeit in den Grenzen ihrer Erfahrbarkeit entspricht. Nicht also schafft die soziale Gemeinschaft sich „ihre Wirklichkeit" und nicht nimmt der Richter als „Vertreter kraft Amtes" für die Gemeinschaft diese Aufgabe der Wirklichkeitsschaffung vor, sondern jedes Glied der Gemeinschaft und primär damit auch der Richter stehen vor der Aufgabe, die Wirklichkeit so wie sie ist und gewesen ist zu erkennen. Adaequate Erkenntnis setzt sicherlich im Verlauf des Erkennensprozesses auch rein subjektive Momente – Evidenz und Wahrhaftigkeit – voraus, orientiert sich jedoch – Widerstand der Wirklichkeit – an einem vorgegebenen, empirischen Objekt und wird nur im stetigen Austausch der Erfahrungen, in stetiger Diskussion erfolgreich sein. Die Beruhigung Schröders, Gefahren würden aus seiner erkenntnistheoretischen Position heraus nicht entstehen, da der Richter als sorgfältiger und geschulter Mensch nur solche mit den Allgemeinanschauungen identische Feststellungen treffe, ist angesichts betrüblicher Erfahrungen in der Vergangenheit unangemessener Optimismus.

Nach allem darf daher für das Maß der Überzeugung nicht der Maßstab der Erkenntnismöglichkeiten des konkreten Tatsachenrichters angewendet werden. Einwände hiergegen aus dem Wortlaut des § 261 StPO – das Gericht entscheidet „nach seiner freien ... Überzeugung" – sind nicht tragfähig. Der Gedanke, den Einwand mit der allgemeinen Meinung zu entkräften, § 261 StPO verlange bei aller Freiheit die Beachtung zwingender Sätze der Logik, feststehender Erkenntnisse der Wissenschaft und allgemeiner Erfahrungsregeln des täglichen Lebens[127], führt allerdings nicht weiter, da solche Einschränkung der freien Überzeugungsbildung – jedenfalls soweit Erfahrungsregeln der Wissenschaft und des täglichen Lebens angesprochen sind[128] – gerade Gegenstand dieser Untersuchung ist. Jedoch ist § 261 StPO, der allein den Weg zur Wirklichkeitserkenntnis aufzeigt, stets zu messen an § 244 Abs. 2 StPO. Freie richterliche Überzeugung ist somit in der Funktionalität zum empirischen Wahrheitsbegriff zu sehen und auszulegen: leistet ungebundene Freiheit nicht die Erkenntnis empirischer Wirklichkeit, ist Freiheit zu beschränken.

1.2.3.3 Der Durchschnittsrichter

Oft wird in der neuen Literatur gefordert, „daß der Urteilsbildungsprozeß von anderen Richtern nachvollzogen werden kann"[129]. Gegen diesen Maßstab, der

127 Vgl. statt vieler Kleinknecht: StPO, § 261 Anm. 1A.

128 Zu den zwingenden Sätzen der Logik vgl. insbes. Klug: Juristische Logik, S. 141 ff.

129 Kern-Roxin: Strafverfahrensrecht, S. 66; ähnlich Peters: Strafprozeß 2, S. 257: „Gewißheitsurteil (muß) soweit objektiv gesichert sein, daß es von anderen Richtern nachvollziehbar ist"; Stree: In dubio pro reo, S. 40: „Überzeugung erfordert, (daß) jeder Mensch, der ‚dazu gehört' und über die erforderlichen Einsichten verfügt, (den Standpunkt des Urteilers) nachzuvollziehen vermag".

nicht näher erläutert wird, ist solange nichts einzuwenden, als er eine Schranke gegen allzu leichtfertige „Überzeugtheit" erreichen will. Sollte damit aber für den entscheidenden Richter als Leitbild der Typus eines Durchschnittsrichters postuliert werden, erheben sich Bedenken.

Der Maßstab des Durchschnittsrichters geht davon aus, daß der Richter seiner Wahrheitserforschungspflicht genügt hat, wenn er so weit in der Aufklärung des angeklagten Geschehens gelangt ist, wie ein Richter mit „durchschnittlichen" Fähigkeiten gelangen kann. Dieser Maßstab führte dazu, daß ein überdurchschnittlich begabter Richter nicht gehalten ist, seine Fähigkeiten bei der Sachverhaltserforschung voll zum Einsatz zu bringen; es genügt, wenn er bei einem Aufklärungsstand seine Untersuchung abbricht, bei dem für den durchschnittlichen Richter die „Nicht-weiter-Aufklärbarkeit" erreicht wäre.[130]

Die Unrichtigkeit des Durchschnittsmaßstabs folgt insbesondere aus § 244 Abs. 2 StPO. Dem für den Regelfall[131] unbedingten und uneingeschränkten Befehl, die empirische Wirklichkeit aufzuklären, ist zu entnehmen, daß die qualitativ besten Erkenntnismittel heranzuziehen sind.[132] Dem kann auf der subjektiven Seite der Erkenntnis nur der Typus des *besten* Richters entsprechen. Ein Durchschnittsrichter als Leitbild vermag die aus § 244 Abs. 2 StPO fließende Pflicht nicht zu erfüllen.[133]

Darüber hinaus ist mit dem Typus „Durchschnittsrichter" noch nicht geklärt, aus welchem Richterkreis der „Durchschnitt" zu ermitteln wäre. Eine Basis von sämtlichen (in Deutschland?) praktizierenden Richtern ist für die Ermittlung des Durchschnitts unbrauchbar: Richter mit überwiegendem Tätigkeitskreis im Bereich der Verhandlungsmaxime würden sich negativ auf die „Durchschnittsbe-

---

130 Ob ein derartiges Verhalten eines überdurchschnittlich begabten Richters den Tatbestand der Rechtsbeugung (§ 336 StGB) erfüllt, mag hier dahinstehen. Immerhin ist anerkannt, daß Sachverhaltsverfälschungen auch von § 336 StGB erfaßt werden. Vgl. BGH NJW 1960, 253: „Außer der Rechtsfindung hat in einer Rechtssache der entscheidende richterliche Beamte die Aufgabe, den Sachverhalt festzustellen. Daher kann er das Recht auch durch Verfälschung des Sachverhalts beugen, auf den es angewendet werden soll". Ähnlich Seebode: Rechtsbeugung, S. 122: „Der Sachverhalt wird verfälscht durch unrichtige oder unzulängliche Ermittlung und falsche Beweiswürdigung".

131 Ausnahme: Beweisverbote; dazu später noch genauer.

132 Das ist für die Beweismittel (sächliche Erkenntnismittel) im Strafverfahren durch die §§ 249 ff. StPO ausdrücklich anerkannt. Vgl. Krause: Urkundenbeweis, S. 194 f.: „Hat das Gericht die Wahrheit zu erforschen, so hat es zu diesem Zweck auch alle Beweismittel heranzuziehen, die hierfür geeignet erscheinen. In diesem Sinne verpflichtet das Gesetz das Gericht zur Erhebung des in concreto materiell *besten Beweises*".

133 Hierzu auch Engisch: Konkretisierung, S. 283: „. . . das Recht (ist) zum Teil dazu berufen, gegen den Strom zu schwimmen, dem gewöhnlichen Lebenstypus entgegenzutreten, . . ."

fähigung“ auswirken, da ihre „detektivischen Fähigkeiten“[134] infolge mangelnder Erfahrung nicht besonders hoch einzuschätzen sein dürften.

Schließlich ist noch auf die bereits erwähnte Unmöglichkeit hinzuweisen, einen Durchschnitt zu ermitteln. Selbst bei Aufbietung der subtilsten Mittel moderner Demoskopie wird sich nicht feststellen lassen, welche Erkennensfähigkeit innerhalb des richterlichen Berufsstandes als durchschnittlich anzusehen ist.[135] In Wahrheit liefert das Leitbild des Durchschnittsrichters für den Richter keinen hinreichend exakten Maßstab, so daß der Revisionsrichter bei der Konkretisierung eines solchen Typus auf eine „völlig unkontrollierbare Gefühlsentscheidung“[136] verwiesen wäre.

1.2.3.4 Der „einsichtige Richter“

Haben sich somit sämtliche bislang erörterten Maßstäbe als unbrauchbar erwiesen, so ist nunmehr zu fragen, ob nicht die Rechtsordnung selbst den allein richtigen Typus vorschreibt. Das Hauptargument gegen alle bisher diskutierten Leitbilder ging ja dahin, daß sie sich nicht in der Lage zeigten, die Erkenntnis der von § 244 Abs. 2 StPO geforderten empirischen Wirklichkeit zu garantieren. Es muß also ein Maßstab gefunden werden, der diese Forderung des § 244 Abs. 2 StPO erfüllt.

Mit dieser formalen Bestimmung ist bereits gesagt, daß das Leitbild sich an der Kategorie des Menschenmöglichen orientieren muß. Wir hatten bei Erörterung des strafprozessualen Wahrheitsbegriffs festgestellt, daß „Wahrheit“ i.S.d. § 244 Abs. 2 StPO sich an einer geschehenen, tatsächlichen Wirklichkeit orientiert, daß aber diese Wirklichkeit ihrerseits relativiert ist durch die Kategorie der Zeit, m.a.W., daß Wirklichkeitserforschung funktional abhängt vom jeweiligen historischen Erkenntnisstand der Wissenschaften. Wir hatten diesen Gedanken eingeführt unter dem Begriff der „prinzipiellen Erkennbarkeit“, wobei gleichgültig blieb, ob das konkrete Erkenntnissubjekt die individuelle Fähigkeit des Erkennens hatte; entscheidend war allein, was irgendein Mensch unter Ausschöpfung sämtlicher wissenschaftlicher Hilfsmittel zum gegenwärtigen Zeit-

---

134 Hierzu das Schaubild bei Baumann: Lehrbuch, S. 38.

135 Lorenz: Einsichtiger Mensch, S. 88.

136 Lorenz: a.a.O. Ein ähnliches Problem zeigt sich im normativen Bereich, wenn eine Generalklausel den Richter etwa auf das „Anstandsgefühl aller gerecht und billig Denkenden“ verweist. Dazu sagt Lenckner: Wertausfüllungsbedürftige Begriffe, S. 251, ganz mit Recht: „In Wahrheit bleibt hier nur eine Möglichkeit: Soll der Richter auch dort, wo eindeutige Wertmaßstäbe nicht mehr zur Verfügung stehen, entscheiden, was ‚sittenwidrig‘, ‚verwerflich‘, ‚unzüchtig‘, usw. ist, so könnte dies nur durch eine *persönliche* Wertung geschehen“.

Diese Gefahr ist im Bereich richterlicher Sachverhaltserforschung nur dann geringer, wenn die dem Gesetz zugrundeliegende Wertung des § 244 Abs. 2 StPO beachtet wird.

punkt an Erkennen leisten kann. Die Anforderungen des § 244 Abs. 2 StPO verlangen also nicht Menschenunmögliches: Wozu irgendein Mensch hinsichtlich der Erforschung eines in der Vergangenheit liegenden Sachverhalts fähig ist, das fordert § 244 Abs. 2 StPO von jedem konkreten Richter.

Damit ist bereits erwiesen, daß § 244 Abs. 2 StPO „ein fiktives Wesen, einen übermenschlichen, alles überschauenden Geist, der bezüglich der vorhandenen Bedingungen und der gegebenen Zusammenhänge allwissend ist“[137], nicht verlangt. Ein derartiges Wesen – vergleichbar dem Laplace'schen Geist – kann von der Rechtsordnung als Vergleichsmaßstab nicht verlangt sein, da ihr Ansinnen, will sie sich nicht selbst aufgeben, allein auf menschenmögliches Verhalten gerichtet sein kann.[138]

Wir müssen uns also mit weniger zufrieden geben und können dies angesichts der beschränkten Forderung des § 244 Abs. 2 StPO auch ohne Gefahr tun. Hinsichtlich dieses Weniger scheint sich zunächst das Problem aufzutun, aus welchem Personenkreis das Leitbild für richterliche Sachverhaltserforschung zu rekrutieren ist. Wir hatten oben das Reservoir juristischer Laien mit der Begründung ihrer Unfähigkeit zur Sachverhaltsbildung abgelehnt, vielmehr darauf hingewiesen, daß ein maßgeblicher Typus Rechtskenntnisse besitzen müsse. An dieser Forderung ist ohne Einschränkung festzuhalten.

Damit allein ist der Pflicht aus § 244 Abs. 2 StPO jedoch nicht genügt. Eine adaequate Sachverhaltserforschung ist mit Mitteln der juristischen Methode allein nicht zu bewältigen. Wie die Praxis zeigt, ist ohne den Sachverständigen bei der Sachverhaltsaufklärung nicht mehr auszukommen. Die Aufklärung der dem subjektiven Tatbestand zugrundeliegenden Wirklichkeit setzt psychologische und psychiatrische Kenntnisse voraus, die Glaubwürdigkeitsbeurteilung eines Zeugen desgleichen.[139] Die Serologie muß bemüht werden bei Meineidsverfahren, die sich häufig an zivilrechtliche Status- oder Unterhaltsklagen anschließen.[140] Die höchstrichterliche Rechtsprechung zur absoluten Fahruntauglichkeit[141] ist ohne Einschaltung eines Sachverständigen, der die Blutalkoholkonzentration zu bestimmen hat, undenkbar. Wirtschaftsvergehen (insbesondere die den Schadensbegriff des § 263 StGB ausfüllende Wirklichkeit) sind ohne spezifische volks- und

137 Lorenz: Einsichtiger Mensch, S. 81.

138 Vgl. Otto: Pflichtenkollision, S. 5: „Ist das Ansinnen (scil. der Rechtsordnung) ... auf etwas Menschenunmögliches gerichtet, so kann es sinnvoll nicht auf ein Sollen gerichtet sein, es wäre bloße Willkürregel“.

139 Hierzu Bockelmann: Strafrichter, S. 321 ff.; allgemein zum Problem „Sachverständiger und freie Beweiswürdigung“ Marmann: Aufklärungspflicht, S. 136 ff.

140 Typisch BGH NJW 1957, 1202 und BGHSt 6, 70.

141 §§ 315 c Abs. 1 Nr. 1a; 316 StGB und dazu BGHSt 21, 157; 5, 168; 13, 279; 19, 243; vgl. auch BGHSt 22, 352.

betriebswirtschaftliche Kenntnisse nie aufklärbar.[142] Die Errichtung eines „Instituts für gerichtliche Technik", das sich der grundsätzlichen Fragen technischer Expertenbeweise[143] annehmen soll, wird angestrebt.[144]

Es zeigt sich, daß adaequate – d.h. an § 244 Abs. 2 StPO ausgerichtete – Wirklichkeitserkenntnis ohne die Erkenntnis des gesamten Wissenschaftsbereichs[145] nicht möglich ist. Das meint wohl auch Mezger, wenn er sagt, daß mit dem Prinzip der materiellen Wahrheit „grundsätzlich die freie *wissenschaftliche* Tatsachenfeststellung des Richters im Prozeß zu einem Institut des geltenden Rechts erhoben"[146] sei, „daß der Straffall für den Richter nach seiner tatsächlichen Seite ein wissenschaftliches Problem, Gegenstand voraussetzungsloser Forschung sei".[147]

Für den Typus, an dem sich richterliche Tatsachenermittlung zu orientieren hat, bedeutet dies, daß als Leitbild gefordert wird „das Wissen des Richters, ergänzt durch das der Sachverständigen".[148] Ein solcher Maßstab wird durch das Leitbild des *einsichtigen Richters*[149] dargestellt. Dieser Typus hat gegenüber dem Laplace'schen Geist den Vorzug, daß seine Existenz in unserer Welt prinzipiell möglich ist: „er hat die Eigenschaften, die jeder (Richter) haben könnte, nur verzichten wir darauf, diesen wirklichen (Richter) aufzusuchen, sondern begnügen uns mit seiner gedanklichen Konstruktion".[150] Es werden m.a.W. die besten Fähigkeiten, die an Richtern und Sachverständigen beobachtet

---

142 Hieran krankt die Verfolgung der sog. „White-collar-criminality". Vgl. dazu neuestens Rudolf Müller: Wirtschaftskriminalität, S. 115 und Tiedemann: Reform, S. 257 f.

143 Die Notwendigkeit, auch technische Sachverständige zur Sachverhaltsaufklärung heranzuziehen, erhellt etwa aus RGSt 25, 326, wo die Frage von Bedeutung war, ob oberflächliche Ankohlungen am Holzwerk eines Gebäudes auch nach Entfernung des Zündstoffs selbständige Träger des Feuers sein können. Von einem ähnlichen Fall, der ebenfalls die Kausalitätswirklichkeit der Brandstiftung betraf, berichtete am 14. Februar 1966 die Sendung „Report" im Deutschen Fernsehen.

144 Vgl. hierzu Lebrecht: Expertenbeweis, S. 11.

145 In einem weiteren Sinne, aber sicherlich ebenfalls zum Prozeß der Sachverhaltserforschung beitragend, gehört hierher auch der Bereich der Philologie. Wie der Verfasser aus seiner Erfahrung als Rechtsreferendar weiß, bereitet es oftmals große Schwierigkeiten, den der Aussage eines ausländischen Zeugen zugrundeliegenden Sinn adaequat in deutsch (Gerichtssprache gemäß § 184 GVG) auszudrücken.

146 Mezger: Sachverständiger, S. 23. Vgl. auch S. 26 f.

147 Mayer: Sachverständiger, S. 457 f.

148 v. Hippel: Strafrecht II, S. 148.

149 Vgl. Larenz: Methodenlehre, S. 425: „Der normative Typus ... des ‚wahren', ‚idealen', eben ‚vorbildlichen' Richters ...". Ähnlich, wenn auch nicht auf die Richterschaft bezogen: Welzel: Strafrecht, S. 46; S. 132: „einsichtiges Urteil"; Lorenz: Einsichtiger Mensch, S. 98.

150 Lorenz: Einsichtiger Mensch, S. 99.

wurden, zusammengenommen; in ihrer Synthese ergeben sie die Modellperson des einsichtigen Richters.

Der Maßstab des einsichtigen Richters ergibt sich unmittelbar aus der Norm, aus § 244 Abs. 2 StPO. Zu fragen wird allerdings sein, ob die Entwicklung eines solchen Typus die Praxis der forensischen Wirklichkeitserkenntnis zu befruchten fähig ist. Normative Typen leiden stets daran, daß sie von der Wirklichkeit abstrahieren, daß sie die realen Möglichkeiten nicht berücksichtigen. So kann auch der Typus des einsichtigen Richters nicht mehr sein als ein relativ plastisches Bild[152], das den Richter anspornen soll, bei dem Versuch der Sachverhaltserkenntnis Höchstleistungen zu vollbringen. Der Maßstab des einsichtigen Richters konnte und sollte allein darlegen, daß die Rechtsordnung bei der Sachverhaltserkenntnis sich mit Durchschnittsmaßstäben nicht begnügt. Er soll den Appell an den Richter enthalten, die beste, sicherste und anerkannteste Methode für die Ermittlung des Sachverhalts zu benutzen. Mehr als diese Appellfunktion kann vom „Typus des einsichtigen Richters" nicht geleistet werden. Deshalb sind wir auch nicht der Aufgabe enthoben, in den folgenden Teilen dieser Arbeit den Prozeß der Sachverhaltserforschung weniger unter normativen, als vielmehr unter deskriptiven Kriterien darzustellen. Erst nach Untersuchung der verschiedenen Erkenntnismethoden wird ein Urteil über denjenigen Weg gerechtfertigt sein, der das von § 244 Abs. 2 StPO gesteckte Ziel am sichersten erreicht. Und erst dann werden auch Aussagen über Objektivierungsmöglichkeiten der qualitativ geringerwertigen Methoden zu erwarten sein.

---

151 Engisch: Konkretisierung, S. 248, nennt diese Art des Typus auch „Anschauungstypus".

2 RICHTERLICHE ENTSCHEIDUNGSFINDUNG UNTER PSYCHOLOGISCHER UND WISSENSCHAFTSTHEORETISCHER SICHT

2.1 Die Methode der Erkenntnis einer in der Vergangenheit liegenden Wirklichkeit

Das gefundene Ergebnis bei Darstellung der Richtertypen ist solange fiktiv, als der konkrete Entscheidungsfindungsprozeß in der Person des Richters nicht aufgehellt wird. Die Forderung, das zur Beurteilung stehende Beweiswürdigungsergebnis an der Beweiswürdigung eines idealen, einsichtigen Richters zu messen, entbehrt solange einer tragfähigen Basis, als der psychische Prozeß richterlicher Entscheidungsfindung nicht zur Kenntnis genommen wird. Das mangelnde Interesse an dieser Frage rührt wesentlich aus dem Bestreben der Rechtsprechung, ein rationales Modell richterlichen Entscheidungsfindungsverhaltens zu postulieren. Wendungen wie „an Sicherheit grenzende Wahrscheinlichkeit“[1], oder „ein nach der Lebenserfahrung ausreichendes Maß an Sicherheit, demgegenüber vernünftige Zweifel nicht mehr laut werden können“[2] verdecken die eigentliche Problematik richterlicher Überzeugungsbildung.

Im Anschluß an psychologische Untersuchungen der Entscheidungstheorie sollen solche Versuche, das Wesen der freien Beweiswürdigung zu erfassen, charakterisiert werden als das Arbeiten mit einem „geschlossenen Modell“ des Entscheidungsverhaltens. Solche Modelle berücksichtigen weder die Entstehungsphase des Entscheidungsproblems, noch den Informationsgewinnungsprozeß, geschweige denn Umwelteinflüsse auf das Entscheidungsfindungsverhalten[3]. Im Gegensatz dazu arbeitet die moderne Entscheidungstheorie mit einem „offenen“ Modell des Entscheidungsverhaltens. Für sie ist bereits die Gewinnung der Informationen, die eine Entscheidung erst ermöglichen, ein Problem. In den weiteren Entscheidungsfindungsphasen legt das offene Modell nicht ein rational handelndes Individuum zugrunde, das die Gesamtheit der möglichen Entscheidungsalternativen und deren potentielle Konsequenzen kennt, sondern es denkt die Entscheidung des Individuums unter den „kognitiven Beschränkungen der Rationalität“.[4] Nicht mehr die Fiktion eines nach streng formallogischen Regeln entscheidenden Individuums steht im Mittelpunkt des offenen Modells; die

1 RGSt 51, 127; 58, 131; OLG Hamm MDR 1949, 636; ähnlich: BGH NJW 1951, 122.
2 BGH NJW 1951, 122.
3 Hierzu vor allem Alexis und Wilson: Decision, S. 148 ff.; ähnlich Simon: Decision.
4 Kirsch: Entscheidungsprozesse I, S. 26.

menschliche Entscheidung wird vielmehr „im Sinne einer subjektiven Psychologik des Individuums“[5] verstanden.

2.1.1 Die Methode der Historik

Wie dargestellt, ist es Aufgabe des Richters, die durch den juristischen Tatbestand genannte Wirklichkeit zu erkennen. Dabei wird es sich immer um eine vergangene Wirklichkeit handeln[6]; das heißt, der Richter hat – ähnlich wie der Historiker – zu fragen: „Wie ist es eigentlich gewesen“[7], ein Aphorismus Leopold von Rankes, der die positivistische Geschichtswissenschaft des 19. Jahrhunderts maßgeblich bestimmte. Auf die Vergleichbarkeit der richterlichen Sachverhaltsermittlung mit der Tätigkeit des Historikers hat schon Engisch[8] hingewiesen: „... rein logisch genommen (ist) die Tatsachenfeststellung im gerichtlichen Verfahren nahe verwandt der historischen Tatsachenfeststellung“. „Wie der Historiker aufgrund der ihm zu Gebote stehenden Quellen geschichtliche Tatsachen ermittelt, so werden im gerichtlichen Prozeß aufgrund der Erklärungen des Angeklagten selbst ... und mit Hilfe der sog. Beweismittel rechtserhebliche Tatsachen erschlossen“. Wie der Historiker, so hat auch der Richter sich stets vor Augen zu halten, daß seine Kenntnis der Vergangenheit im wesentlichen auf der Überlieferung eines oder mehrerer Menschen beruht, „daß diese Kenntnis dadurch einem Prozeß unterzogen wurde, also nicht aus elementaren und unpersönlichen Atomen, die unveränderlich sind, bestehen kann“.[9]

Gerade die „Brechung“ der vergangenen Wirklichkeit durch die Subjektivität der „Quellen“[10] und des Historikers selbst leugnet die positivistische Geschichtsauffassung des 19. Jahrhunderts. Nach ihr ist Geschichtswissenschaft nichts als Darstellung von Fakten, nichts als blanke Objektivität, so daß „Waterloo so sein muß, daß es gleicherweise die Franzosen und Engländer wie die Deutschen und

5 Kirsch: a.a.O.

6 Dies beruht letztlich auf dem Bestimmtheitsgebot des Art. 103 Abs. 2 GG. Straftatbestände, die die Strafe von der Wahrscheinlichkeit des Eintritts eines zukünftigen Ereignisses abhängig machen würden, wären – wegen Unvereinbarkeit mit dem Rechtsstaatsprinzip – verfassungswidrig. Auf die Frage, ob und inwieweit bei der Strafzumessung Zukunftsprognosen gestellt werden dürfen oder sogar müssen, kann in diesem Zusammenhang nicht eingegangen werden.

7 Gefunden bei Carr: Geschichte, S. 8 f.

8 Engisch: Einführung, S. 50 f.; ähnlich auch ders.: Studien, S. 61 Anm. 2.

9 Clark bei Carr: Geschichte, S. 7 f.

10 Im Anschluß an von Brandt: Werkzeug des Historikers, S. 58, bezeichnen wir als Quellen „alle Texte, Gegenstände oder Tatsachen, aus denen Kenntnis der Vergangenheit gewonnen werden kann“. Zur Klarstellung sei hinzugefügt, daß auch mündliche Überlieferungen „Quellen“ im historischen Sinne sind.

Holländer zufriedenstellt ..."[11]. Allein das Auffinden von untereinander ungeordneten Fakten ist Leitziel des positivistischen Historikers. Jedes dieser Fakten soll als reines Faktum unabhängig vom erkennenden Subjekt erforscht sein; die lästige Subjektivität müsse, so meint man, bei der reinen Geschichtsforschung ausgeschaltet sein. „Der Historiker darf über Tatsachen kein Urteil abgeben; er hat sie lediglich festzustellen"[12] – dies war die Idee des historischen Positivismus.

Der Irrtum dieser Geschichtstheorie liegt wesentlich darin begründet, daß sie die Tatsachen der Naturwissenschaft mit historischen Fakten gleichsetzt. In der Naturwissenschaft ist unter Tatsache „alles Meßbare, Wägbare, Berechenbare"[13] zu verstehen. Kurz: der Vorteil der Naturwissenschaften besteht darin, daß sie ihre Wissenschaftsobjekte unmittelbar gegenwärtig gegeben haben, daß der Naturwissenschaftler sein Forschungsobjekt beobachtbar vor sich hat.[14]

Genau dieser Vorzug der Naturwissenschaft kommt der historischen Forschung und damit der richterlichen Sachverhaltsaufklärung nicht zu. Sie hat es nicht mit gegenwärtigen Tatsachen oder Vorgängen zu tun. Diese Kalamität der historischen Wissenschaft hat Droysen[15] in diese Worte gefaßt: „... das zu Verstehende ist vergangen und längst vergangen bis auf die mehr oder minder dürftigen Überreste und Erinnerungen, die davon noch in die Gegenwart hineinragen. Und aus diesen Fragmenten muß sie[16] das, was war und geschah und nicht mehr vorhanden ist, in der Vorstellung zu rekonstruieren suchen".[17] Man ist sich heute innerhalb der historischen Methodenlehre darüber einig, daß Objektivität, Rationalität der historischen Erkenntnis nicht zu erreichen ist. Objektivität im Sinne von Standpunktfreiheit, im Sinne von „eunuchischer Objektivität"[18] ist Unmöglichkeit. Wenn der Positivismus die Aufgabe der Geschichtswissenschaft darin sah, Fakten zu entdecken und diese Fakten dann so, wie sie in den Quellen vorliegen, darzustellen, so wird dieses Rationalitätsideal der historischen Forschung heute verworfen. Der Historiker hat nicht nur wiederzugeben; er hat seine Quellen kritisch zu würdigen, er hat zu streichen, er hat zu erweitern, ja, er

11 Acton bei Carr: Geschichte, S. 9.

12 Collingwood: Geschichte, S. 140.

13 Droysen: Historik, S. 186.

14 Collingwood: Geschichte, S. 142; ähnlich Droysen: Historik, S. 186.

15 Droysen: Historik, S. 187.

16 scil: die historische Forschung.

17 Ganz ähnlich auch Collingwood: Geschichte, S. 142 f.: „Das (historische) Faktum ist nicht unmittelbar gegeben. Es läßt sich vielmehr nur auf dem Weg logischer Schlußfolgerungen nach einem komplizierten System von Prinzipien und Postulaten feststellen". Vgl. auch Bernheim: Lehrbuch, S. 185: „Der Stoff der Geschichte ... ist größtenteils nicht unserer sinnlichen Wahrnehmung gegeben, wie der Stoff der Naturwissenschaften".

18 Droysen: Historik, S. 287.

hat eine als unzuverlässig erkannte Quelle zu verwerfen. Die eigentliche Arbeit des Historikers beginnt erst nach der Sammlung der Quellen und zwar in zweifacher Hinsicht: Der Historiker hat einmal die Quellen kritisch zu behandeln, und er hat zum anderen die Leerräume zwischen den Quellen auszufüllen.

Hinsichtlich der kritischen Arbeit ist der Historiker auf sich selbst zurückgeworfen; nur er selbst, d.h. seine Erfahrungen über die Welt, sind Kriterien, die ihm ein Urteil über Zuverlässigkeit oder Unzuverlässigkeit der Quelle gestatten.[19] Die Erfahrungen, die er an die Quelle heranträgt, sind zum einen subjektiv-relativ, zum anderen temporär-relativ, denn nur eigene, selbst erfahrene Erfahrungen sind es, die er zur Interpretation der Quellen mitbringt, und nur gegenwärtig-aktuelle Erfahrungen setzt er zur kritischen Beurteilung der Quellen ein.[20]

Zeigt schon der kritische Teilaspekt wenig Vorurteilsfreiheit, so läßt die kreative Ergänzung der aus den Quellen erschlossenen Tatsachen noch in weit höherem Maße Subjektbezogenheit erkennen. Selbst wenn man ausschließt, daß „dieser Akt der Interpolation"[21] willkürliche Erfindung sein kann, so sind derartige Folgerungen doch „Produkte der Einbildungskraft"[22] des Forschers. Der Historiker kann sich bei dieser lückenausfüllenden Tätigkeit von nichts anderem leiten lassen als wiederum von seinen Erfahrungen: Er muß die Vergangenheit in seinem eigenen Geist nachvollziehen. Damit aber liefert er kein Abbild der Vergangenheit, denn diese Vergangenheit ist individuell. Indem der Richter seine Erfahrungen zur Interpolation heranzieht, verläßt er eine individualisierende Erkenntnismethode, er generalisiert. Er ordnet die individuelle Vergangenheit ein

---

19 Collingwood: Geschichte, S. 250; ähnlich auch Aron: Introduction, S. 282: „Diese Relativität kann die Geschichte nie ganz überwinden, weil die gemachten Erfahrungen den Stoff der Wissenschaft bilden und die Fakten, in dem Maße, in dem sie die Individuen überschreiten, nicht durch sich selbst, sondern durch und für das Bewußtsein der einzelnen existieren. Die Geschichte visiert ein Objekt an, das nicht nur vergangen ist (wenn es sich um ein Ereignis handelt), nicht nur verschwunden ist (wenn es sich um einen Zustand der Natur oder der Menschheit handelt), sondern das überhaupt nur in den Geistern zum Sein gelangt und sich mit ihnen verändert".

20 Collingwood: Geschichte, S. 252.

21 Collingwood: Geschichte, S. 252.

22 Hierzu umfassender Carr: Geschichte, S. 22 ff. Carr begründet seine Ansicht, daß Geschichte ein „fortwährender Prozeß der Wechselwirkung zwischen dem Historiker und seinen Fakten" sei, mit im wesentlichen 2 Argumenten:
1. Die Fakten der Geschichte sind nie „rein", da sie einmal schon im Geist des Berichterstatters (also des Quellenverfassers) eine Brechung erfahren.
2. Der Historiker selbst schreibt Geschichte nicht standpunktfrei, sondern im Geist seiner Zeit. Schon „der Gebrauch der Sprache verbietet ihm, unparteiisch zu sein". Vgl. auch schon Hegel: Geschichte, S. 31: „Auch der gewöhnliche und mittelmäßige Geschichtsschreiber, der etwa meint und vorgibt, er verhalte sich nur aufnehmend, nur dem Gegebenen sich hingebend, ist nicht passiv in seinem Denken; er bringt seine Kategorien mit und sieht durch sie das Vorhandene".

in ein System gesetzmäßiger Zusammenhänge und gibt damit die Individualität preis.

Wenn aber Erkenntnis nur aufgrund von Erfahrung überhaupt möglich ist, gibt es voraussetzungsloses Erkennen überhaupt nicht. Der Mensch und damit auch der Historiker „lebt schon immer in einer verstandenen Welt, und es hat schlechterdings keinen Sinn, hinter dies Verständnis zurückgreifen zu wollen auf einen Anfangszustand, wo der Mensch seine Erkenntnis von Grund auf neu aufbauen könnte".[23] Noch klarer, spezifisch auf den Historiker abgestellt, drückt Jean Paul diesen Gedanken aus: „Und so schreibt jeder Verfasser einer Weltgeschichte seine eigene mit unsichtbarer Tinte dazwischen . . ."[24]

Wir sind bisher davon ausgegangen, daß die kritische und die kreative Fähigkeit des Historikers streng zu scheiden sind. Zuerst die Erbauung fester Eckpunkte, unverrückbarer, auf ihren Wahrheitsgehalt überprüfter Fakten – erst danach mag der Historiker seine Phantasie schweifen lassen, dann mag er die „Konstruktion der Einbildungskraft zwischen ‚festen' Punkten"[25] ausspannen.

Die Berechtigung dieses streng getrennten, stufenweisen Vorgehens erscheint unumgänglich, will sich der Historiker nicht dem Vorwurf aussetzen, daß er historische Tatsachen nicht mehr zu respektieren bereit ist, daß seine Geschichtsschreibung sich auf reine Phantasie reduziere. Wir wagen dagegen die Behauptung aufzustellen, daß es hinsichtlich der Erkenntnis von Gegebenheiten etwas Unverrückbares nicht geben kann. Die Stufenerkenntnis eines historischen Sachverhalts ist eine Fiktion, die mit der Methode, die der Historiker tatsächlich anwendet, nichts zu tun hat.

Oben wurde gesagt, daß die Überprüfung des Wahrheitsgehalts einer Quelle nur unter Zuhilfenahme der subjektiven Erfahrung des Historikers möglich sei, und daß die Ausfüllung des Gesamtgeschehens zwischen den überprüften Quellen wiederum auf Erfahrung beruhe. Dabei muß aber zur Verdeutlichung gesagt werden, daß diese doppelte Anwendung der Erfahrung nicht im Sinne eines Nacheinander, sondern im Sinne eines Zugleich zu verstehen ist. Ja, der historische Verstehensprozeß ist nicht als Anwendung zweier verschiedener Erfahrungen (etwa einer kritischen und einer davon zu scheidenden kreativen) zu denken: ein und dieselbe Erfahrung wird beim Verstehensprozeß, beim historischen Denken nach zwei verschiedenen Richtungen wirksam: Einerseits als kreative Kategorie für die Erkenntnis des Gesamtgeschehens, andererseits als kritische Kategorie für die Beurteilung der Quellen.

---

23 Bollnow: Erkenntnis, S. 25.

24 Gefunden bei von Brandt: Werkzeug des Historikers, S. 65. Ähnlich W. v. Humboldt, der vom Geschäft des Historikers sagt, daß er, um zu verstehen, „immer schon verstanden haben" müsse.

25 Collingwood: Geschichte, S. 255.

Damit ist aber wiederum allzuviel nicht ausgesagt, denn das konkrete Einwirken der Erfahrung auf den kritisch-kreativen Verstehensprozeß bleibt weiterhin dunkel. Hierbei können wir an das anknüpfen, was wir oben zur Anfanglosigkeit jeder Erkenntnis bereits andeuteten: Die Erkenntnis baut auf einem zunächst noch ungeordnet und vorläufig gegebenen Ganzen auf, das von der Erfahrung gegeben ist, modifiziert und kategorisiert dies vorverstandene Ganze anhand der kritisch gewürdigten Quellen; diese kritische Würdigung kann ihrerseits aber wiederum nur auf der Basis der vorgegebenen Erfahrung geschehen. Der Verstehensprozeß, ja der Prozeß menschlicher Erkenntnis überhaupt[26] ist somit notwendig ein zirkelhafter: „Das Verständnis des Einzelnen[27] setzt bereits das Verständnis des Ganzen[28] voraus, dieses ist aber nur auf dem Weg über das Einzelne zu gewinnen".[29]

Übertragen auf den historischen Verstehensprozeß, bedeutet dies, daß der kritische Akt nur möglich ist auf der Grundlage des kreativen Akts und umgekehrt; m.a.W., nur wer eine Vorahnung vom historischen Gesamtvorgang (etwa aufgrund anderer früherer historischer Forschungen) hat, wird dem kritischen Akt gerecht werden können, und nur die kritische Überprüfung der Quelle kann das Verstehen des Ganzen vorantreiben.[30]

Den Vorwurf eines vitiösen Zirkels kann nur der erheben, der die Erfahrung eines Menschen als geschlossen denkt. So könnte man Gadamer verstehen, wenn er den Begriff des Vorverständnisses[31] gleichsetzt mit „Vorurteil".[32] Geht man nämlich vom allgemeinen Sprachgebrauch aus, dann ist der Begriff des Vorurteils negativ strukturiert; er wird gleichgesetzt mit „Voreingenommenheit", „die die

26 Die Ausdehnung der „Hermeneutik" vom reinen Textverstehen auf menschliche Erkenntnis überhaupt geht zurück auf Dilthey und wurde von Heidegger als Hermeneutik des menschlichen Daseins auf das menschliche Leben im ganzen übertragen. Nachgezeichnet ist diese Entwicklung bei Bollnow: Erkenntnis, S. 25.

27 Verständnis des Einzelnen bedeutet für historische Forschung kritische Überprüfung der Zuverlässigkeit der Quelle.

28 Also das historische Gesamtgeschehen.

29 Arthur Kaufmann: Geschichtlichkeit, S. 101.

30 Ähnlich Carr: Geschichte, S. 29: „Jeder Historiker weiß, daß er bei der Arbeit ... in einem kontinuierlichen Prozeß die Fakten seiner Interpretation und seine Interpretation den Fakten anpaßt. Man kann nicht dem einen den Vorrang vor dem anderen einräumen".

31 Gadamer: Wahrheit und Methode, S. 250, spricht im Anschluß an Heidegger von einer „Vorstruktur des Verstehens", von „Vorentwurf" (S. 251) oder von „Vormeinung" (S. 252) und passim.

32 In Wahrheit sieht auch Gadamer die Offenheit, die Modifizierungsfähigkeit des Vorverständnisses, wenn er (S. 334) von der „grundsätzlichen Offenheit der Erfahrung für neue Erfahrung" spricht. Der Vorwurf richtet sich also nicht gegen Gadamers Hermeneutik, sondern gegen die falsche Assoziationen erweckende Verwendung des Wortes „Vorurteil".

freie Entwicklung hartnäckig behindert ...".[33] „Vorurteil" steht also in dem Ruch des Geschlossenen, des endgültig Falschen; ein vorurteilsbehafteter Mensch verschließt sich gegen bessere, einsichtigere Argumente. Gerade das soll aber mit „Vorverständnis" nicht gemeint sein. „Vorverständnis" ist zwar zunächst dem Vergangenen verhaftet, ist aber dann offen für die Zukunft; es ist aufgeschlossen für seine eigene ständige Überprüfung und Modifikation.[34]

Diese Zukunftsoffenheit des Vorverständnisses wird durch das Bild des Zirkels nur unzureichend ausgedrückt. Das Gemeinte wird deutlicher, wenn man, wie Hassemer[35], nicht das Bild des Kreises, sondern das der Spirale heranzieht. Damit soll gesagt sein: Die aus der Erfahrung fließende Vorerkenntnis des historischen Gegenstandes ist nicht geschlossen, auf der höheren Ebene des Erkenntnisprozesses besitzt der Historiker ein modifiziertes Verständnis, modifiziert durch den Einfluß der Quelle. Der inhaltliche (historische) Erkenntnisprozeß besteht also im stetigen Weitereindringen in den historischen Gegenstand, das prinzipiell nie beendet sein kann.

Das Basieren jeder Erkenntnis auf einem Vorentwurf, der durch persönliche Erfahrung bestimmt ist, zeigt die ewige Subjektbezogenheit der historischen Forschung, zeigt die Fiktion aller rationalistischen Modelle der historischen Methode.

2.1.2 Richterliches Beweisverfahren als Anwendungsfall der historischen Methode

Wie der Historiker, so hat auch der Richter bei seiner sachverhaltsaufklärenden Tätigkeit eine vergangene Wirklichkeit zu erkennen. Auch er benutzt „Quellen", Zeugnisse aus der Vergangenheit, in Form der Beweismittel, die er kritisch auf ihren Wahrheitsgehalt hin zu durchleuchten hat, und auch der Richter hat die nur unter Einsatz der menschlichen Kreativität zu lösende Aufgabe, aus den „Eckpfeilern" der für wahr erkannten Quellen das straftatbestandlich relevante Gesamtgeschehen zu erschließen.

Aufbauend auf den unmittelbar gegenwärtigen Beweismitteln, erschließt der Richter die Vergangenheit, indem er die Beweismittel als Anknüpfungstatsachen zur Erkenntnis der vergangenen tatbestandsrelevanten Wirklichkeit verwendet. Prozeßrechtslehren haben nun behauptet, daß hinsichtlich der Anknüpfungstatsachen streng zu unterscheiden sei zwischen Beweismitteln und den sog.

---

33 Bollnow: Erkenntnis, S. 108.

34 Dies ist ein Aspekt der oben als Voraussetzung für Erkenntnis geforderten Wahrhaftigkeit.

35 Hassemer: Tatbestand, S. 107; Hassemer verwendet „Spirale", um anschaulich den Auslegungsprozeß, das immerwährende „Hinüber und Herüber" zwischen Tatbestand und Sachverhalt darzustellen.

Indizien. Beweismittel seien danach solche Anknüpfungstatsachen, die ohne Dazwischentreten weiterer Schlüsse geeignet sind, die rechtserhebliche Tatsache unter Beweis zu stellen, während unter Indizien solche („entfernte") Tatsachen zu verstehen seien, aus denen „die Richtigkeit (im Sinne von Gegeben-Sein) der rechtserheblichen Tatsache erst durch Schluß zu ermitteln ist".[36]

Diese Unterscheidung verkennt Charakter und Logik der historischen Methode. Wenn Peters[37] einen direkten Beweis in der Bekundung des Zeugen sieht, „er habe den Angeklagten beobachtet, als er das Schaufenster zertrümmert und die Ware entwendet habe", so fragt sich, wie der Richter ohne – wie immer geartete – Schlüsse diese Zeugenbehauptung seinem Schuldspruch zugrundelegt. Zumindest fordert doch § 261 StPO eine Würdigung dieser Aussage, eine kritische Auseinandersetzung mit ihrem Inhalt, eine Überprüfung dahingehend, ob es „so gewesen sein" kann. Beweist die Aussage aber für sich allein genommen nichts, wird erst die überprüfte und gewürdigte Aussage – also die Vorstellung, die sich der Richter von der Wirklichkeit aufgrund der überprüften Aussage gemacht hat – entscheidend für die Feststellung des Tatbestandsmerkmals, dann müssen wir im Ergebnis Engisch[38] zustimmen: Jeder Beweis ist Indizienbeweis und nichts anderes.

Nun glauben Lehren zum Prozeßrecht, eine logische Stufenfolge im richterlichen Beweisverfahren nachweisen zu können in dem Sinne, daß die nächstfolgende Stufe auf den unteren Stufen aufbaue, daß aber keine Rückwirkung einer „vorgeahnten" höheren Stufe auf die untere Stufe möglich sei.[39]

Diese Zeichnung des richterlichen Vorgehens im Beweisverfahren ist ebenso lebensfremd theoretisch, wie dies schon beim Historiker nachgewiesen wurde. Der Richter baut nicht feste Autoritäten in Form von unverrückbaren Beweismitteln und spannt dann zwischen diesen Festpunkten im Rahmen der

---

36 Peters: Strafprozeß 2, S. 252; vgl. auch Engisch: Studien, S. 64 ff. m.w.N.
Ähnlich auch Wundt: Logik II, S. 65. Er meint, daß der Indizienbeweis echter Induktionsbeweis sei, daß dagegen der Zeugenbeweis, soweit durch ihn unmittelbar die beweiserhebliche Tatsache nachgewiesen werde, nicht zu den logischen Beweisverfahren gerechnet werden könne, da das Urteil nicht aus anderen Beobachtungen erschlossen werde.

37 Peters: Strafprozeß 2, S. 252; vgl. auch Kern-Roxin: Strafverfahrensrecht, S. 98.

38 Engisch: Studien, S. 66; im gleichen Sinne auch Moser: In dubio pro reo, S. 40 Anm. 1.

39 Typisch in diesem Sinne Sauer: Prozeßrechtslehre, S. 190 ff. Sauer führt als zu unterscheidende Stadien im Strafprozeß an:
1. Die Anzeige, die Privat- und die öffentliche Klage.
2. Die Beweisantretung durch den Staatsanwalt.
3. Die richterliche Beweisanordnung.
4. Die Beweiserhebung oder Beweisaufnahme.
5. Die Beweiswürdigung.
Vgl. auch Goldschmidt: Prozeß, S. 444.

endgültigen Beweiswürdigung das Netz des erschlossenen Gesamtgeschehens; vielmehr geschieht auch hier Einzelwürdigung des Beweismittels und Konstruktion des Sachverhalts uno actu, Hand in Hand. Unbeachtet blieb in der Beweiswürdigungsdiskussion bisher die Untersuchung von Sax[40], der ebenfalls ein reziprokes „Wirkverhältnis" zwischen Beweisaufnahme und schließlicher Überzeugtheit des Richters vom tatbestandsmäßig relevanten Gesamtgeschehen sieht: „Je stärker der Tatverdacht zunimmt und sich auf die Schuldüberzeugung hin verdichtet, um so schwächer wird die Unschuldsvermutung, um sich in der Schuldüberzeugung schließlich vollends aufzulösen und umgekehrt".[41]

Nicht anders als bei der historischen Methode gezeigt, entfaltet auch im Verfahren forensischer Sachverhaltserforschung der Richter den auf individuelle richterliche Erfahrung gestützten Vorentwurf an den Beweismitteln, überprüft in der Entfaltung die Zuverlässigkeit der Beweismittel, modifiziert den Vorentwurf anhand der gewürdigten Beweismittel; in diesem mehrstufigen – spiralenförmigen – Prozeß findet der Richter endlich seine Sicht des Gesamtgeschehens.

Diese „Subjektsbezogenheit aller Sachverhaltsbildung"[42], dieses Einwirken von Erfahrung und Intuition auf den Prozeß der Schaffung der tatsächlichen Urteilsgrundlage beweist aber die Unhaltbarkeit eines rationalistischen Modells der richterlichen Tatsachenfeststellung, der richterlichen Überzeugungsbildung. Wie der kreative Aspekt der richterlichen Tätigkeit zeigt, wird der Sachverhalt eigentlich nicht „festgestellt", sondern er wird eher „nachgeschaffen". Diese Sachverhaltsschöpfung wird jedoch in ihrer wahren Problematik verdeckt, wenn das Modell eines wertfreien, standpunktlosen Richters zugrundegelegt wird. Jeder Richter sieht seinen Sachverhalt, er läßt seine Persönlichkeit in den Prozeß der Sachverhaltsbildung einfließen.[43]

Eines dürfen wir aber nicht unerwähnt lassen, wenn wir uns nicht dem Vorwurf des totalen Skeptizismus aussetzen wollen. Sachverhalt ist nicht das, was der Richter macht, und nicht jede Sachverhaltsbildung ist so gut wie die andere.[44] Zwar ist zuzugeben, daß beim Prozeß forensischer Sachverhaltserforschung Standpunktfreiheit in Form „eunuchischer Objektivität"[45] nicht zu erreichen ist. Aber immer bleibt die Forderung des § 244 Abs. 2 StPO, die Wirklichkeit so wie sie sich zugetragen hat zu erkennen. Bei diesem Stand müssen wir uns daran erinnern, was zu den Erkenntnismitteln der empirischen Wirklichkeit ausgeführt wurde.[46] Wir hatten dort bei jedem der untersuchten Erkenntnismittel –

40 Sax: Strafrechtspflege, S. 988.

41 Sax meint in der Sache nichts anderes als wir, wenn er auch zur Beschreibung des Prozesses auf hermeneutische Termini verzichtet.

42 Joachim Hruschka: Rechtsfall, S. 73.

43 Ähnlich Schroth: Wertneutralität, S. 104.

44 Carr: Geschichte, S. 27.

45 Vgl. oben S. 69, FN 18.

subjektive Evidenz, Wahrhaftigkeit, dialektischer Prozeß – stets hervorgehoben, daß sie als hinreichende Kriterien der Wirklichkeitserkenntnis ausscheiden, daß sie aber in ihrer manifestierten Form ein intersubjektiv gültiges Prinzip der Wirklichkeitserkenntnis darstellen. Das soll heißen: das auf dem Wege über subjektive Evidenz, Wahrhaftigkeit und forensische Dialektik gefundene Sachverhaltsergebnis muß im Urteil offenkundig gemacht werden.[47]

Der Richter muß seine Überzeugungsbildung argumentativ untermauern, er muß deutlich machen, warum er ein Beweismittel seiner Sachverhaltsbildung zugrundelegt und ein anderes verwirft[48], und er muß letztlich darauf achten, einen möglichst vollständigen Katalog aller erreichbaren Beweismittel, die sich in irgendeiner Weise auf den von ihm zu bildenden Sachverhalt beziehen, aufzustellen und auszuwerten. Nur dann wird der gedachte Vorentwurf überprüft werden können, nur dann wird der Richter den „Widerstand der Sache" überhaupt spüren können.

Zur „Vollständigkeit der Reflexion" gehört auch, daß der Richter unter der Gesamtheit der möglichen Beweismittel sich des (der) besten bedient. Dazu gehören – entweder als Beweismittel im eigentlichen Sinne oder im weiteren Sinne der Überprüfung des Wahrheitsgehalts eines eigentlichen Beweismittels – unter Umständen auch naturwissenschaftliche Verfahren. Ehe aber auf deren Verwendbarkeit im forensischen Verfahren und ihren Beweiswert dezidiert eingegangen wird, soll der bislang unter erkenntnistheoretischen Kriterien untersuchte Prozeß der Sachverhaltserforschung noch unter einem anderen Aspekt analysiert werden. Den grundsätzlichen Rationalitätsmangel menschlichen Verhaltens deutlich gemacht zu haben, ist wesentlich Verdienst der modernen Entscheidungstheorie. Wir wollen daher von diesem – psychologischen – Ausgangspunkt her versuchen, den richterlichen Überzeugungsprozeß zu analysieren. Denn solange der Richter sich der „subjektiven Elemente des Erkenntnisprozesses nicht bewußt ist, ist er ganz und gar abhängig von ihnen. Es gilt daher, die Vorurteilsstruktur (unter psychologischen Aspekten) transparent zu machen".[49]

---

46 Vgl. oben S. 18 ff.

47 Ähnlich für das Auslegungsverfahren: Hassemer: Tatbestand, S. 135: Richtigkeitskriterium der Tatbestandsauslegung „ist die Vollständigkeit der Reflexion und Argumentation im Verfahren der Auslegung". Vgl. auch Engisch: Wahrheit, S. 14: „Eine richtige Entscheidung ist eine methodengerecht begründete Entscheidung".

48 Und dieses Deutlichmachen muß Argumentation, muß Reflexion sein und darf sich nicht in Leerformeln erschöpfen.

49 Arthur Kaufmann: Geschichtlichkeit, S. 102. Dabei wurde oben schon begründet, weshalb wir den Begriff „Vorurteil" für unglücklich halten.

2.1.3 Richterliche Sachverhaltserforschung als Problemlösungsprozeß

Bereits im Jahre 1948 wies Bohne in seiner Studie „Zur Psychologie der richterlichen Überzeugungsbildung" eindringlich darauf hin, daß das Modell eines rational begründbaren Prozesses der richterlichen Sachverhaltsfindung den psychischen Bedingtheiten des Menschen nicht entspreche. Die Beschreibung der Überzeugungsbildung als eines intellektuellen, rationalen Bewußtseins- und Denkvorganges sei fiktiv, solange „der Anteil des emotionalen, d.h. durch Temperament und unter- oder unbewußte Willensvorgänge beeinflußten Elements gänzlich unbeachtet bleibt"[50]. Diese von Bohne eher erahnte als wissenschaftlich begründete These von der beschränkten Rationalität menschlicher Entscheidungen ist Forschungsobjekt der modernen Entscheidungstheorie geworden. Dabei kann es nicht Aufgabe dieser Arbeit sein, ein umfassendes theoretisches System richterlichen Entscheidungsverhaltens zu entwerfen. Ein solches System zu entwerfen, ist bis heute der Psychologie nicht gelungen. Es soll aber versucht werden, die bislang gewonnenen Erkenntnisse der Entscheidungspsychologie auf die Dimension richterlicher Sachverhaltsbildung zu übertragen.

Dabei taucht zunächst die grundlegende Problematik auf, daß die Entscheidungstheorie sich nahezu ausschließlich mit Prognosen über zukünftiges Verhalten beschäftigt. Die Untersuchungen beschränken sich auf die Erhellung der irrationalen psychischen Vorgänge, die sich im Hinblick auf künftige Erwartungsstrukturen zeigen. Diese Zukunftsorientiertheit schließt aber eine – wenn auch modifizierte – Übertragung dieser Erkenntnisse auf den Prozeß richterlicher Sachverhaltsbildung nicht aus. Die psychologischen Strukturen bei der menschlichen „Vorhersage", bei der Prophezeiung einer noch unbekannten Tatsache der Zukunft liegen in ähnlicher Weise dann vor, wenn eine unbekannte Tatsache der Vergangenheit erschlossen werden soll. Die psychologischen Gesetzmäßigkeiten sind gleich. Beiden Prozessen liegen das gleiche logische Schema und die prinzipiell gleiche Wissens-Situation zugrunde; eine für bekannt gehaltene Tatsache und ein (meist unbewußt angewandter) Erfahrungssatz, aus denen die unbekannte Tatsache – mag sie zukünftig oder vergangen sein – abgeleitet wird.[51]

2.1.3.1 Das subjektive Modell der Umwelt

Im erkenntnistheoretischen Teil der Arbeit wurde schon darauf hingewiesen, daß Sein und Denken nicht zusammenfallen.[52] Dieser Aspekt soll hier unter psychologischem Blickwinkel wieder aufgenommen und vertieft werden.

---

50 Bohne: Überzeugungsbildung, S. 22.

51 Ohne ausdrückliche Erwähnung der psychologischen Strukturen auf rein logischer Ebene Carnap: Einführung, S. 26.

Die moderne Entscheidungstheorie geht von der zentralen These aus, daß nicht die objektive Wirklichkeit, sondern ein vereinfachtes subjektives Modell hiervon dem Entscheidungsfindungsprozeß zugrundeliegt.[53] Die objektive Wirklichkeit besteht nach den Lehren von Physik und Chemie aus „Atomen und Molekülen, die sich ständig in Bewegung befinden und dadurch Schwingungen und Strahlungen erzeugen".[54] Unsere subjektive Welt dagegen enthält Gegenstände, enthält Farben, enthält Bewegungen. Die Umsetzung der objektiven in die subjektive Welt geschieht durch die menschlichen Sinnesorgane und durch den menschlichen Geist. Beide in ihrem Zusammenspiel prägen die subjektive Welt: Die Sinnesorgane erfassen nicht Atome, sie sprechen allein auf Gesamtheiten an, und der menschliche Geist bringt diese Vielfalt der Gesamtheiten in eine sinnvolle, weil für den Menschen vertraute Ordnung.[55] Empfindungen[56] der Sinnesorgane in ihrem wechselseitigen Zusammenspiel und Einflüsse aus dem menschlichen Geist (Gedächtnis, Erfahrungen)[57] konstituieren die subjektive Welt.

Daß die Abhängigkeit des Entscheidungsfindungsprozesses von der subjektiven Welt Einflüsse auf die Rationalität menschlicher Entscheidungen zeitigt, erscheint einleuchtend. Schon die den Entscheidungsprozeß auslösenden Informationen sind nicht objektive Wirklichkeit, sondern werden in die subjektive Welt transponiert: „Das innere Modell steht als *intervenierende Variable* zwischen den einen Entscheidungsprozeß auslösenden *Stimuli* und der durch den Entscheidungsprozeß determinierten *Reaktion* des Individuums".[58]

Auch unter diesem – psychologischen – Blickwinkel zeigt sich, daß Wirklichkeit

---

52 Zur Ablehnung der Phänomenologie schon Arthur Kaufmann: Schuldprinzip, S. 68 ff.

53 Kirsch: Entscheidungsprozesse I, S. 76. Die Bezeichnungen „objektive" und „subjektive" Wirklichkeit wollen spezifisch psychologisch verstanden sein und haben mit der erkenntnistheoretischen Fragestellung nach „Wirklichkeitsebenen" nichts zu tun. „Objektive Wirklichkeit" ist die Welt der physikalischen und chemischen Prozesse, gleichgültig ob Menschen sie wahrnehmen können oder nicht. Als „subjektive Wirklichkeit" wollen wir die Gesamtheit der Wahrnehmungen definieren, aus denen sich die erfahrene Außenwelt zusammensetzt. Siehe dazu Rohracher: Einführung, S. 100.

54 Rohracher: Einführung, S. 97.

55 Über die Genese der menschlichen Wahrnehmungsfähigkeit vgl. auch Stern: Psychologie, S. 74.

56 Diese Empfindungen werden durch Reize aus der objektiven Welt (Schwingungen, Strahlungen) bewirkt. Insofern leistet die Wahrnehmungspsychologie ein weiteres Argument gegen den erkenntnistheoretischen Idealismus gleich welcher Art. Unsere psychologischen Ausführungen stehen deshalb in keinem Gegensatz zu der erkenntnistheoretischen Grundlegung.

57 Zur Gedächtnisstruktur und zu den Erfahrungen später noch genauer.

58 Kirsch: Entscheidungsprozesse, S. 77.

objektiv nicht erkennbar ist. Hierfür fehlen in weiten Bereichen die entsprechenden Sinnesorgane – selbst bei Hinzunahme mannigfaltiger technischer Hilfsmittel. Dazu kommt noch der psychische Umsetzungsprozeß, der erst die Empfindungen in Wahrnehmungen verwandelt. Da der Umsetzungsprozeß wesentlich unter dem Einfluß subjektiver Erfahrung steht, wird auch klar, daß „jeder Mensch die Welt anders sieht".[59]

2.1.3.2 Der Entscheidungsprozeß

Wenn hier die gleiche psychische Situation des Überzeugungsbildungs- und des Problemlösungsprozesses vorausgesetzt wird, so bedingt dies eine Auseinandersetzung mit Ansichten, die einen – wenn auch nur quantitativen[60] – Unterschied darin sehen, daß der Problemlösungsprozeß es nur mit einfachen, „in einem Anlauf" zu bewältigenden Problemen zu tun habe[61], während der Prozeß der Überzeugungsbildung sich als „eine, wenn auch organische, Summation zahlreicher Einzelprobleme"[62] darstelle.

Diese Differenzierung bedeutet eine unzulässige Verengung des Begriffs der Problemlösung. Die Theorie der kognitiven Problemlösung wird heute zur Lösung umfangreicher und sehr komplexer Entscheidungsprobleme[63] – etwa aus dem betriebswirtschaftlichen Sektor[64] – mit Erfolg herangezogen.

Wie Bohne selbst erkennt, spielt sich der Problemlösungsprozeß in einem dreiphasigen Schema ab.[65] Die moderne Entscheidungstheorie hat im wesent-

59 Dies konnte experimentell an relativ einfachen Problemen nachgewiesen werden. Um wieviel mehr muß es dann für ein derart komplexes Problem wie die forensische Sachverhaltserforschung gelten. Vgl. dazu ausführlich Trankell: Zeugenaussagen, S. 15 ff.

60 Bohne: Überzeugungsbildung, S. 54 f.

61 Bohne führt die Lösung eines Rätsels oder die Identifizierung eines Gemäldes als Beispiel an. Wieso gerade diese Probleme ad-hoc sollen bewältigt werden können, bleibt dunkel. So sind Rätsel – etwa ein Kreuzworträtsel – im Regelfall erst nach einer relativ langen „Probierphase" einer Lösung zuzuführen. Die Prüfungen, die einer Echtheitsexpertise über ein Gemälde zugrundeliegen, können sich oft über Monate erstrecken.

62 Bohne: Überzeugungsbildung, S. 55.

63 Auch die psychologische Literatur wendet die Erkenntnisse der Entscheidungstheorie auf alle Arten von Problemlösungsprozessen an. Vgl. statt vieler Brim u.a.: Decision Processes, S. 9 f.: „... gerade diese formale Analyse der grundlegenden Phasen erlaubt uns, die ähnliche Natur aller Entscheidungsprobleme zu erkennen".

64 Ein eindrucksvolles Beispiel bei Witte: Phasen-Theorem, S. 625 ff., der den Ablauf des betrieblichen Entscheidungsprozesses anhand des Problems „erstmalige Anschaffung einer EDV-Anlage" unter entscheidungstheoretischen Kriterien untersucht.

65 Bohne: Überzeugungsbildung, S. 52 nennt drei Stufen: Lösungsakt, Lösungsbewußtsein, Lösungsverifikation.

lichen an diesem dreistufigen Aufbau festgehalten; in vielen Arbeiten[66] zeigt sich aber, daß die einzelnen Phasen einer Aufspaltung in Teilphasen zugänglich sind. So würde der Entscheidungsprozeß des Richters beim Sachverhaltserkennen nach folgendem starren Schema ablaufen:

(1) Erkennen des Problems; diese Tätigkeit scheint im forensischen Bereich keine allzu wesentliche Rolle zu spielen, da das Gesetz die erste Ermittlungstätigkeit der richterlichen Kompetenz entzogen hat. Die Erforschung der Wirklichkeit nach Umständen, die eine Entscheidung erfordern, obliegt Staatsanwaltschaft und Polizei.[67] Der Richter wird m.a.W. mit einem jedenfalls vorläufig identifizierten Problem bereits konfrontiert; die Identifikation besteht darin, daß die Ermittlungsbehörde den ihr regelungsbedürftigen Wirklichkeitsausschnitt zur Anklage bringt.[68]

(2) Erlangung der für die Wirklichkeitskonstruktion für wesentlich erachteten Informationen; diese Phase wird in der überkommenen Terminologie als Beweisaufnahme bezeichnet werden dürfen. Der Richter beschafft sich durch Vernehmung von Angeklagten, von Zeugen und Sachverständigen, durch Verlesung von Urkunden, durch Einnahme eines Augenscheins die Quellen, die ihm Aufschluß geben über die tatbestandsrelevante Wirklichkeit.

(3) Auf Grundlage dieser Quellen entwickelt der Richter dann verschiedene Lösungsmöglichkeiten seines Problems; er stellt sich selbst verschiedene Geschehensalternativen zur Auswahl, „wie es gewesen sein kann".

---

66 Hierzu eingehend Kirsch: Entscheidungstheorie I, S. 72 ff. Man unterscheidet heute im wesentlichen folgende Stufen des Problemlösens:
1. Worin besteht das Problem? (Feststellung und Definition)
2. Welche Alternativen sind möglich? (Kreative Phase)
3. Welche Alternative ist die beste? („Erwählen" der subjektiv optimalen Alternative)
Eine Verfeinerung innerhalb der Theorie der Entscheidungsfindung bringen Brim u.a.: Decision Processes, S. 9:
1. Identifizierung des Problemes;
2. Erlangung erforderlicher Informationen;
3. Entwicklung möglicher Lösungen;
4. Bewertung dieser Lösungen;
5. Auswahl einer Strategie für die Durchführung;
6. tatsächliche Durchführung einer Handlung sowie nachfolgendes Lernen und Revision.

67 Vgl. §§ 160, 163 StPO.

68 Vgl. § 264 Abs. 1 StPO. Der umstrittenen Frage, ob und in welchem Umfang die Staatsanwaltschaft bei der Beurteilung der „Regelungsbedürftigkeit" einer Wirklichkeit an die höchstrichterliche Rechtsprechung gebunden ist, kann hier nicht weiter nachgegangen werden. Vgl. dazu Kern-Roxin: Strafverfahrensrecht, S. 44 f. m.w.N., und Roxin: Prüfe Dein Wissen, Nr. 30 m.w.N.

(4) Diese Möglichkeiten werden subjektiv bewertet, d.h. die dem Richter vorliegenden Lösungsmöglichkeiten werden einer „Verifikation“[69] zugeführt. Auf dieser Stufe des Entscheidungsfindungsprozesses wird jede vorgestellte Lösungshypothese etwa auf ihre innere Schlüssigkeit und auf ihr – nach subjektivem Empfinden – höheres oder geringeres „Einleuchten“ gegenüber anderen Lösungsversuchen geprüft.

(5) Stellt der Richter fest, daß eine Lösungshypothese (eine „Sicht“ der vergangenen Wirklichkeit) alle anderen nach den unter (4) aufgezeigten Kriterien übertrifft, wird er diese erwählen und seinem Urteil zugrundelegen. Er wird dann entweder verurteilen (wenn er eine tatbestandsrelevante Lösungshypothese optimal bewertet), oder freisprechen (wenn sein Präferenzurteil eine von einem Straftatbestand nicht erfaßte Lösungsalternative trifft[70]).

Unter hermeneutischen Gesichtspunkten wurde dieses starre Phasenschema schon verworfen. Es konnte gezeigt werden, daß die Sachverhaltsbildung nicht abgehoben werden darf von der Beweisaufnahme, daß vielmehr beide Phasen „Hand-in-Hand“ gehen, daß der Richter schon bei der Beweisaufnahme stets seine „Sicht“ des Gesamtgeschehens im Auge hat, eine Sicht, die aber durch die Beweisaufnahme modifiziert, ja völlig umgestaltet werden kann.

Experimentelle Versuche im Bereich von Entscheidungsprozessen auf dem betriebswirtschaftlichen Sektor bestätigen das unter erkenntnistheoretischer Sicht gefundene Ergebnis. Das strenge Phasen-Theorem, nach dem

„– vor dem Entschluß die Bewertung der Alternativen,
– vor der Bewertung der Alternativen die Erarbeitung der Alternativen,
– vor der Erarbeitung der Alternativen die Gewinnung von Informationen,
– vor der Gewinnung von Informationen das Erkennen des Entscheidungsproblems“[71]

steht, wurde durch empirische Untersuchungen falsifiziert. Es konnte vielmehr festgestellt werden, daß die einzelnen Phasen des Entscheidungsprozesses in einem „ständigen Wechsel“[72] einander ablösen, daß insbesondere die These, wonach der Problemlösungsprozeß in *„einem* Final-Entschluß“[73] gipfele, empirisch nicht haltbar ist. Der Problemlösungsprozeß besteht vielmehr aus einer Vielzahl von Vor- und Teilentschlüssen, die ihrerseits aber wiederum durch nachfolgende Informations-Teilphasen modifiziert oder aufgehoben werden

69 Kirsch: Entscheidungstheorie I, S. 74.

70 Der Richter muß – nach dem Grundsatz „in dubio pro reo“ – auch dann freisprechen, wenn seine Verifikationsurteile ein gleiches Maß an Plausibilität für eine tatbestandsrelevante und eine tatbestandsirrelevante Lösungshypothese ergeben.

71 Witte: Phasen-Theorem, S. 631.

72 Witte: a.a.O., S. 644.

73 Witte: a.a.O., These 2 (Hervorhebung vom Verf.).

können. Es wurde auch nachgewiesen, daß die „Operationen der Informationsgewinnung, der Alternativensuche und der Alternativenbewertung" nicht in temporal abgrenzbaren Phasen kumulieren, sondern „sich unregelmäßig in der Zeitspanne zwischen Start und (Final-)Entschluß" verteilen.[74, 75] Das bedeutet für den Prozeß richterlicher Sachverhaltserforschung, daß Informations-, Alternativenschaffungs- und Alternativenbewertungsphase stets „Hand-in-Hand" gehen, genauer, daß jede Information sogleich auf schon geschaffene Alternativen einwirkt und zu ihrer Umwertung führen kann. Ob der Richter seine Informationsbeschaffung einstellt, hängt dann davon ab, ob die vorhandenen Informationen schon die Auswahl einer ihn befriedigenden Alternative erlauben.[76]

2.1.3.3 Die hierarchische Struktur der Entscheidungsprozesse

Die Erkenntnis des ständigen Wechsels zwischen den einzelnen Entscheidungsphasen löst noch nicht die Frage, welche „Kräfte" die richterlichen Informationsgewinnungsversuche steuern. Warum stellt der Richter den „Quellen" gerade *die* konkreten Fragen und nicht irgendwelche anderen. Die Antwort, daß solch spezifisches Interesse von den Tatbestandsmerkmalen des Straftatbestandes ausgelöst werde, ist sicherlich richtig, vermag unter psychologischen Aspekten jedoch nicht zu befriedigen, weil sich gezeigt hat, daß verschiedene Personen zur Lösung eines identischen Problems sehr unterschiedliche Fragen stellen.

Die Ausführungen zur logischen Struktur der Beweisregel und zum Charakter der bei der Sachverhaltserforschung angewandten Theorien zeigten bereits, daß

74 Witte: a.a.O., These 3.

75 Interessant ist die Beobachtung, daß die Maxima der Operationen (der informierenden, der Alternativen erarbeitenden und der Alternativen bewertenden) in die letzte Zeitraster-Einheit unmittelbar vor dem endgültigen Entschluß fallen. Offensichtlich strebt das Entscheidungssubjekt nach einer latenten Spannungsphase „mit allen Mitteln" eine Entscheidung an. Ob man angesichts dieser „Wachheit für Informationen und Kombinationen" dem Strafverteidiger raten sollte, entscheidende Beweismittel erst unmittelbar vor dem richterlichen „Sachverhaltsentschluß" vorzubringen, kann nach dem derzeitigen Stand der psychologischen Diskussion jedoch noch nicht entschieden werden. Die Gefahr, daß der Richter auf solche „Überrumpelungstaktik" negativ reagieren wird, ist nicht ganz von der Hand zu weisen.
Zumindest ist damit jedoch die Wesentlichkeit des „letzten Wortes" des Angeklagten (§ 258 Abs. 2 StPO) dargetan und auch die Unhaltbarkeit von BGHSt 11, 74 ff. erwiesen, wonach die weitverbreitete Praxis, die Urteilsformel schon während der Schlußvorträge niederzuschreiben, nicht mit der Revision gerügt werden kann.

76 In diesem Zusammenhang wird § 240 Abs. 2 StPO relevant, der den Betroffenen die Möglichkeit eröffnet, das „Gefühl des Befriedigt-Seins" beim Richter wieder zu zerstören und ihn zur Sammlung weiterer Informationen zu zwingen. Auch § 244 Abs. 3 StPO – das Recht, Beweisanträge zu stellen – gehört in diesen Bereich. Zum Problem der antizipierten Beweiswürdigung vgl. Wessels: Aufklärungsrüge, S. 7 und Roxin: Prüfe Dein Wissen, Nr. 328.

empirische Theorien die Brücke darstellen zwischen einer gegenwärtigen, unmittelbar erkannten Wirklichkeit und einer nicht gegenwärtigen, in Zukunft oder Vergangenheit liegenden Wirklichkeit. Nehmen wir an, der Richter urteile – aufgrund welcher Einzelerkenntnisse auch immer – nach folgender Theorie:[77] „Wer kein Vermögen besitzt, will eine weggenommene Sache behalten (d.h. sich zueignen)". In einem Strafprozeß sei nun festgestellt, daß der Angeklagte die Uhr weggenommen hat. Der Angeklagte leugnet jedoch, die Absicht des Behaltens gehabt zu haben; er bringt vielmehr vor, er habe den Geschädigten durch den Verlust der Uhr lediglich ärgern, die Uhr nach zwei Tagen aber zurückgeben wollen. Stellt in dieser Prozeßsituation der Richter die Frage nach den Vermögensverhältnissen des Angeklagten, so wendet er die oben beschriebene Theorie regressiv an. Er schließt nicht vom Vorhandensein einer Randbedingung über eine Theorie auf eine tatbestandsrelevante Wirklichkeit, sondern er sucht seine Hypothese über eine tatbestandsrelevante Wirklichkeit zu verifizieren, indem er Informationen über die Randbedingung zu gewinnen sucht. Diese „Vorwirkung der Theorie" leitet den gesamten Prozeß der Sachverhaltserforschung.[78]

Selbstverständlich zeigt nicht jeder Strafprozeß die Einfachheit dieses Beispiels. Bei komplexeren Problemen wird eine Theorie, die im Explanandum-Teil[79] eine Aussage über das Vorliegen einer tatbestandsrelevanten Wirklichkeit enthält, für den Richter nicht vorhanden sein. In diesem Fall zerlegt der Richter sein Gesamtproblem „Findung der tatbestandsrelevanten Wirklichkeit", in Teilprobleme und zwar so lange, bis er auf der Ebene ihm zugänglicher Theorien angelangt ist.[80] Findet er solche Theorien niederer Ordnung nicht, wird er das Gesamt-Problem als unlösbar empfinden; die Komplexheit des Problems übersteigt seine intellektuellen Fähigkeiten. Der Richter kommt an einem Punkt nicht weiter, seine Beweiskette kann nicht geschlossen werden: Er wird freisprechen.

Ein Freispruch wird auch dann erfolgen, wenn der Richter keine Information über die zu einer positiven Theorie[81] passende Randbedingung enhält, oder wenn der Richter eine Negativ-Theorie samt zugehöriger Randbedingung findet.

---

77 Vgl. Opp: Soziologie, S. 383 ff.

78 Vgl. hierzu auch Opp: a.a.O., S. 386 f.

79 Also im „dann"-Teil der Theorie; hierzu S. 34 ff.

80 Kirsch: Entscheidungsprozesse I, S. 75; zur „Aufspaltung" in Basisprobleme und ihrer Zusammensetzung in anderer Verknüpfung als Faktoren des produktiven Denkens auch Erna Hruschka: Beratungsprozeß, S. 27 ff.

81 Mit „positiver Theorie" meinen wir eine Theorie, die allein oder zusammen mit anderen im Explanandum-Teil eine Aussage über das Vorliegen einer tatbestandsbenannten Wirklichkeit enthält. Dagegen soll mit „Negativ-Theorie" gesagt sein, daß sie eine Aussage über das Nichtvorliegen einer tatbestandsrelevanten Wirklichkeit enthält.

Die Richtigkeit der Sachverhaltsfindung setzt daher folgende Faktoren voraus:[82]

(1) Die Richtigkeit der angewandten Positiv- und Negativ-Theorien. Hierüber wird in vielen Fällen[83] als letztes Kriterium nur intersubjektive Evidenz entscheiden können.[84]

(2) Die Anwendung aller in Frage kommenden Theorien. Wie oben gezeigt, spaltet das Entscheidungssubjekt bei komplexen Problemen den Gesamt-Entscheidungsprozeß in unzählige Sub-Entscheidungsprozesse auf. Jeder dieser Teilprozesse wird damit selbst zu einem Problemlösungsprozeß niederer Stufe.[85] Diese Aufspaltung in immer einfachere Probleme findet ihre Grenze „auf jener Ebene von Teilprozessen, für die das Individuum *gewohnheitsmäßige Verhaltensmuster* besitzt".[86] Entscheidend für die Vollständigkeit der zur Anwendung gelangenden Theorien wird das Kriterium der Wahrhaftigkeit. Wenn nämlich der Richter im Prozeß der stetigen Problemvereinfachung (Aufspaltung des Gesamtproblems in Sub-Probleme) auf eine „Blockierung" stößt, die ihm ein gewohnheitsmäßiges Tiefer-Eindringen in den Problemkomplex verwehrt, so kann eine „Reduktion dieser erlebten Dissonanz"[87] auf zweierlei Art erfolgen: Entweder wird „handelnd eingegriffen", etwa in der Form, daß das erkannte oder auch nur erahnte Subproblem der intersubjektiven Erörterung zugeführt wird,[88] oder eigentliches Problemlösen findet gar nicht statt. In diesem Fall wird ein „Problemlösungsbewußtsein" nicht erreicht; das Individuum begnügt sich mit vorschneller und unwahrhaftiger „Vertuschung" oder „Verdrängung" des Problems.[89]

---

82 Das heißt, die empirische Wirklichkeit ist nur bei Vorliegen der folgenden Voraussetzungen erkannt.

83 Über Bestätigungsverfahren der Theorien später noch genauer.

84 Vgl. auch Bollnow: Erkenntnis, S. 150: „Weil sich hier (scil. bei der Aktivierung allein eigener Erfahrung) aber die Bedenken einer zufälligen Subjektivität ergeben können, ergibt sich als zweite Stufe die Möglichkeit einer Überprüfung der eigenen Erfahrungen an den Zeugnissen anderer Menschen, die dasselbe erfahren haben".

85 Vgl. auch Duncker: Produktives Denken, S. 10: Jede Prozeßphase beim Lösen eines Problems hat „nach rückwärts Lösungscharakter, nach vorwärts Problemcharakter". Ähnlich Kurt Müller: Erfahrung, S. 132 f. Damit wird auch klar, daß die erste „Stufe" des Entscheidungsfindungsprozesses – Erkennen des Problems – für den Richter doch relevant wird. Voraussetzung für die Anwendung einer Sub-Theorie ist nämlich, daß dem Richter das Vorliegen eines „Problems" an dieser Stelle überhaupt „aufgeht".

86 Kirsch: Entscheidungsprozesse I, S. 75.

87 Erna Hruschka: Beratungsprozeß, S. 29.

88 In solchem Zusammenhang ist auch die Beratung des Richters durch einen Sachverständigen zu sehen.

89 Erna Hruschka: Beratungsprozeß, S. 29.

In diesem Zusammenhang soll auch auf die Ergebnisse neuerer psychologischer Forschungen hingewiesen werden, die beweisen, daß echtes – im Sinne von bewußtem – Entscheidungsfindungsverhalten relativ selten ist. In der Terminologie der Entscheidungstheorie: gewohnheitsmäßiges Verhalten (habitual behavior) im Entscheidungsprozeß überlagert und verdrängt in den meisten Entscheidungssituationen bewußtes Problemlösen (genuine decision making).[90] Auf dieses Phänomen hat im Grunde schon Aristoteles aufmerksam gemacht, als er die unwillkürliche Erinnerung gegen das absichtliche Sich-Erinnern abhob.[91] Es handelt sich letztlich um ein Problem der Assoziationspsychologie, wenn gesagt wird, daß der Mensch in sehr vielen ihm vertrauten Situationen auf eine Information völlig gewohnheitsmäßig, im eigentlichen Sinne reflexionslos reagiert. Die herkömmlichen Begriffe der Assoziationspsychologie tauchen auf: Bei „Ähnlichkeit" des Problems wird routinemäßig gelöst, aus dem Repertoire erfahrener Reaktionen wird unbewußt die (scheinbar) passende ausgewählt.

In echtes Entscheidungsfindungsverhalten (Problemlösungsverhalten) wird erst dann eingetreten, wenn das Problem bewußt wird, wenn das Individuum einer neuen Situation begegnet, für die es keine ad-hoc passende Reaktion besitzt.[92] Erst dann wird es erforderlich, Alternativen aufzustellen, verschiedene Alternativen auf ihre Vereinbarkeit mit den Informationen zu überprüfen und eine subjektiv befriedigende Alternative auszuwählen.

Solche bewußte Problemlösung ist unangenehm, und manche Individuen werden daher versuchen, unter Zuhilfenahme unwahrhaftiger „Tricks" ein unbekanntes Problem in das Schema einer vertrauten Situation einzupressen. Es sei gestattet, diese Problemverfälschung an einem Beispiel aus dem universitären Bereich aufzuzeigen: Jede juristische Übung beweist, daß Studenten versuchen, einen ihnen zur Bearbeitung gegebenen Sachverhalt zu „quetschen". Es wird mit Hilfe von Unterstellungen einerseits, andererseits durch bewußtes „Übersehen" konkreter Sachverhaltsteile der Versuch gemacht, das Problem so zurechtzubiegen, daß es einem gewußten ähnelt.

Es zeigt sich auch hier im Bereich der Auswahl und der Vollständigkeit der anzuwendenden Theorien, daß ein rationalistisches Modell richterlichen Entscheidungsfindungsverhaltens die reale psychische Situation des Rich-

90 Kirsch: Entscheidungsprozesse I, S. 65.

91 Gefunden bei Hofstätter: Psychologie, S. 24.

92 Kirsch: Entscheidungsprozesse I, S. 66; vgl. auch Süllwold: Problemlösungsverhalten, S. 279.

ters außer Acht läßt. Welche Theorien der Richter anwendet,[93] wie sehr er sich mit der Auffindung neuer Theorien beschäftigt, wie er sich um die Bestätigung seiner Theorien bemüht, all das sind Umstände, die nicht außerhalb der richterlichen Person gesehen werden können. Wir können auch hier, wie schon im erkenntnistheoretischen Teil, die Feststellung treffen, daß das Subjekt maßgeblicher Faktor forensischer Sachverhaltserforschung ist.

(3) Die Vollständigkeit und Richtigkeit der problemrelevanten Informationen, d.h. Randbedingungen. Auch dieses Erfordernis kann – wie später noch gezeigt wird – vom Richter so selbstverständlich nicht erfüllt werden.

93 Ja, welche er nach seinem „Theorienschatz" anzuwenden überhaupt in der Lage ist.

2.2 Indizien und Erfahrung als Faktoren bei der Sachverhaltsbildung

Es wurde bereits darauf hingewiesen, daß der Richter den tatbestandsrelevanten Sachverhalt unter Verwendung von Theorie und Randbedingung nachbildet. Dabei ist die Theorie nichts anderes als ein Ausschnitt aus der Gesamtheit des Erfahrungswissens dieses konkreten Richters; andererseits ist eine Randbedingung, die auf den „Wenn-Teil" einer Theorie paßt, identisch mit dem strafprozessualen Begriff des Indizes.

Das gesamte menschliche Wissen, die gesamte Tatsachenerkenntnis wird in diesem Sinne gewonnen aus „gewissen Tatsächlichkeiten, die als unbezweifelbar angenommen werden, und andererseits aus gewissen Grundsätzen, mit deren Hilfe Schlüsse aus solchen Tatsachen gezogen werden".[1] Allerdings ist gegen diesen Satz insofern ein Vorbehalt anzumelden, als er offenbar von als vorliegend angenommenen Tatsächlichkeiten ausgeht.[2] Dies kann nicht zugegeben werden. Wie aus unseren Überlegungen zum „subjektiven Modell der Umwelt"[3] erhellt, ist auch die Erkenntnis „unmittelbar gegebener" Tatsächlichkeit nicht ohne Dazwischenschalten subjektiver menschlicher Erfahrung möglich. Wenn in einem Prozeß die Farbe einer Fahne[4] streitig wird, so wird der Richter die Farbe nur mit Hilfe seiner Erfahrung als „rot" identifizieren können; die Erfahrung sagt ihm nämlich, daß diese visuelle Erscheinung ähnlich ist vergangenen Sinneseindrücken, die mit „rot" bezeichnet wurden.

Dieses einfache Beispiel läßt sich allgemein auf die Richtigkeitsbewertung von Indizien (Informationen) durch den Richter anwenden. Es zeigt sich dann wiederum – wie im erkenntnistheoretischen Teil der Arbeit bereits betont –, daß der forensische Sachverhaltsbildungsprozeß wesentlich vom Erfahrungswissen des entscheidenden Richters abhängt.[5]

Die Erörterung der Struktur der Erfahrung soll noch aufgeschoben werden. Im nächsten Abschnitt wird zunächst von Rationalitätsbeschränkungen zu handeln sein, die sich in der „Phase"[6] der Informationsgewinnung und Informationsanwendung einer rationalen richterlichen Entscheidung entgegenstellen.

---

1 Russell: Wissen, S. 157.

2 So auch Lorenz: Einsichtiger Mensch, S. 110.

3 Vgl. oben S. 77 ff.

4 OLG Dresden ZStW Bd. 12, S. 571.

5 So ausdrücklich auch Prölss: Beweiserleichterungen, S. 16 ff.; Döhring: Sachverhalt, S. 443. Die Relevanz der Erfahrung für den Überzeugungsbildungsprozeß betont im Anschluß an Müller-Freienfels auch Bohne: Überzeugungsbildung, S. 49.

6 Daß von einer abgrenzbaren Phase im Rahmen des Gesamt-Entscheidungsprozesses nicht gesprochen werden kann, wurde oben schon dargelegt. Vgl. dazu S. 74 f. und S. 80 f.

2.2.1 Die Gewinnung der Randbedingungen

Die StPO hat diesen Tätigkeitsbereich des Richters in den §§ 244 ff. StPO detailliert geregelt. Die folgende Erörterung läßt jedoch weitgehend rechtsdogmatische Fragestellungen außer Betracht; sie beschäftigt sich primär mit den psychischen Unvollkommenheiten menschlicher Entscheidung im Bereich der Indizienfeststellung.

2.2.1.1 Die mangelhafte Informationsbasis

Rationale richterliche Sachverhaltsfindung würde voraussetzen, daß der Richter sämtliche Informationen besitzt, die objektiv irgendeine Relevanz für das zur Entscheidung stehende Verhalten des Angeklagten haben.[7] Dieses Ideal ist aber tatsächlich nie erreichbar. Der Richter hat aufgrund der „begrenzten intellektuellen Fähigkeiten des Menschen“ oftmals nicht die Chance, die Relevanz einer bestimmten Information zu erkennen, ja, er wird in vielen Fällen die Lückenhaftigkeit seiner Informationsbasis nicht einmal bemerken.[8, 9] Entscheidend verschlechtert wird die Informationsbasis noch dadurch, daß auch die Beweismittel – insbesondere Zeuge und Sachverständiger – nur solche Informationen liefern, die sie für tatbestandsrelevant halten. Selbst wenn von Beobachtungsfehlern abgesehen wird, durchläuft der Bericht des Zeugen von seinem Eindruck des Gesamtgeschehens stets sein subjektives Relevanzfilter; schon der unmittelbare Zeuge nimmt also eine Vorauswahl der von ihm für relevant gehaltenen Geschehenskomplexe vor.[10]

Darüber hinaus ist zu berücksichtigen, daß es dem Richter in vielen Fällen verwehrt ist, Informationen zu erlangen bzw. gewußte Informationen zu verwerten. So ist der Richter hinsichtlich Schuld- und Straffrage gehindert, alle möglichen Informationsquellen auszuschöpfen: Er ist auf das Strengbeweisverfahren beschränkt.[11] Des weiteren schließen Beweiserhebungsverbote[12] von

---

7 Kirsch: Entscheidungsprozesse I, S. 64.

8 Eindringlich hierzu Hans Joachim Schneider: Beweisverwertungsverbot, S. 273: „So werden Persönlichkeitsfaktoren bereits im Wahrnehmungsprozeß wirksam“.

9 In diesen Zusammenhang gehört auch der gefürchtete Effekt des „selektiven Hörens“. Der Fragende, also der Richter, nimmt Antworten, die seiner Frageerwartung entsprechen, eher auf und registriert sie verläßlicher als Antworten, die seinen Erwartungshorizont durchkreuzen. Vgl. dazu Noelle: Umfragen, S. 41 f. und Hans Joachim Schneider: Beweisverwertungsverbot, S. 273.

10 Hierzu ausführlich Trankell: Zeugenaussagen, S. 121 ff. Auch in der Person des Zeugen wird die intervenierende Variable des „subjektiven Bildes der Umwelt“ wirksam.

11 Kern-Roxin: Strafverfahrensrecht, S. 105.

12 Zum Begriff und den einzelnen Arten der Beweiserhebungsverbote: Kern-Roxin: Strafverfahrensrecht, S. 109. Terminologie und Systematisierung sind auf diesem

Rechts wegen die Gewinnung einer zureichenden Informationsbasis aus (Informationsbeschaffungsverbot). In anderen Fällen darf eine erlangte Information nicht verwertet werden.[13] Die Informationsbasis ist also tatsächlich breiter, als sie normativ sein darf (Informationsverarbeitungsverbot). Ob die Ausscheidung einer straftatbestandsrelevanten Information aus dem Informationenkatalog psychologisch überhaupt möglich ist, mag dahinstehen.[14] Denn immerhin wird der verantwortungsbewußte, dem Rechtsstaatsgedanken sich verpflichtet fühlende Richter versuchen, die verbotene Information außer Acht zu lassen, womit seine Informationsbasis zumindest einen „Makel“ erleidet.

2.2.1.2 Die beschränkte Informationsverarbeitungskapazität

Im Zusammenhang mit den oben angesprochenen Rationalitätsbeschränkungen durch das subjektive innere Modell der Wirklichkeit und durch die begrenzte Informationsbasis steht das vor allem von Miller[15] empirisch durchleuchtete Phänomen der begrenzten Informationsverarbeitungskapazität des Individuums. Das Individuum – so die empirisch belegte These – unterliegt einer Beschränkung in Aufnahme und Verarbeitung von Informationen. Bei Überschreitung dieser Kapazität reagiert das Individuum unkontrolliert. Es legt sich „Strategien der Informationsverarbeitung“[16] zurecht; die unter diesen Strategien getroffenen Entscheidungen weichen erheblich vom Ideal einer rationalen Entscheidung ab.

2.2.1.2.1 Die Kapazität des Kurzzeitgedächtnisses

Die moderne Psychologie unterscheidet Kurz- und Langzeitgedächtnis nach der Zeit, die zur Aktivierung einer wahrgenommenen Information erforderlich ist. Dabei wird dem Kurzzeitgedächtnis eine relativ kleine Speicherkapazität zugemessen, die Zugriffszeit auf dort gespeicherte Informationen ist jedoch sehr kurz. Das bedeutet, daß aufgenommene Indizien umso eher wieder verfügbar sind und den Prozeß der Sachverhaltsfindung beeinflussen können, je kürzer die Spanne zwischen Aufnahme der Information und Aktivierung im Rahmen einer Theorie ist.[17]

---

noch wenig erforschten Gebiet überaus uneinheitlich. Vgl. insbes. auch Peters: Strafprozeß 2, S. 253 ff. Tiefer in die Problematik einzusteigen, ist hier nicht der Ort.

13 Zu den Beweisverwertungsverboten vgl. Kern-Roxin: Strafverfahrensrecht, S. 109 ff. m.w.Nachw.

14 Hierzu Hans Joachim Schneider: Beweisverwertungsverbot, S. 274 f.

15 Miller: Capacity, S. 107 ff.

16 Kirsch: Entscheidungsprozesse I, S. 83. In der anglo-amerikanischen Psychologie, die auf dem Gebiet der Entscheidungstheorie eine führende Stellung innehat, treten Begriffe wie „modes of attack“ oder „kinds of solution“ auf. Hierzu Süllwold: Problemlösungsverhalten, S. 277.

17 Hofstätter: Psychologie, S. 113, gesteht dem Kurzzeitgedächtnis eine Aktivierungskapazität von „Minuten bis Stunden“ zu.

Dieses experimentalpsychologisch noch wenig erforschte Phänomen läßt sich anhand von Selbstbeobachtungen aus dem forensischen Bereich leicht evidieren. Nehmen wir als Beispiel einen umfangreichen Zivilprozeß mit einer Unmenge von Schriftsätzen, Beweiserhebungen, etc. Wer jemals auf der Grundlage solch umfangreichen, verwirrenden Aktenmaterials den „Tatbestand"[18] eines Zivilurteils zu fertigen verpflichtet war, wird die Erfahrung gemacht haben, daß viele der in den Akten vorhandenen Informationen keinen Eingang in den Tatbestand finden, weil sie im Augenblick seiner Abfassung nicht mehr gegenwärtig, nicht mehr „gehabt" sind.[19] Nicht nur die Informationsbasis ist also unzureichend, auch die Auswertung der gegebenen Informationen entspricht nicht dem Rationalitätsideal richterlicher Sachverhaltsfindung.

2.2.1.2.2 Die Unüberschaubarkeit der möglichen Geschehensabläufe

Döhring hat in seinem primär für den juristischen Praktiker geschriebenen Buch „Die Erforschung des Sachverhalts im Prozeß" auf ein Phänomen hingewiesen, das hier unter psychologischen Gesichtspunkten näher beleuchtet werden soll. Er geht davon aus, daß eine Sachverhaltsbildung nur dann tragfähige Urteilsgrundlage sein kann, wenn der Richter sämtliche „der Erwägung würdigen Eventualitäten . . . erkannt und angemessen berücksichtigt" hat.[20]

Döhring fordert also vom Richter, daß er seine „Vorahnung" von einer bestimmten Sachverhaltsgestaltung kritisch überprüft, daß er keine – auch keine „nicht sonderlich in die Augen fallende" – Möglichkeit außer Betracht läßt, daß er „alle Versionen, mit deren Realisierung gerechnet werden muß, in den Kreis der Betrachtung einbezieht".[21] Diese Aufbereitung und das „In-Erwägung-Ziehen" möglicher Sachverhaltsgestaltungen erfordert vom Richter Phantasie. Fraglich ist nur, ob dieser Forderung Döhrings auf seiten des Richters auch ein „Vermögen" entspricht, ob der Richter psychisch in der Lage ist, eine derart weitgespannte Phantasie zu entwickeln.

Eine rationale Entscheidungsfindung – hierin ist Döhring recht zu geben –

18 § 313 Abs. 1 Nr. 3 ZPO. Dieser zivilprozessuale Begriff deckt sich weitgehend mit dem, was allgemein unter Sachverhalt verstanden wird. Vgl. Thomas-Putzo: Zivilprozeßordnung, § 313 Anm. IV.

19 Die Sachlage wird im Strafprozeß noch dadurch verschärft, daß es vorbereitende Schriftstücke, auf die in mündlicher Verhandlung Bezug genommen wird (vgl. §§ 129, 137 Abs. 3 ZPO), nicht gibt. Der Richter ist im wesentlichen auf das Protokoll, auf seine eigenen Aufzeichnungen und auf sein Gedächtnis angewiesen. Was vom strafprozessualen Protokoll zu halten ist, hat Weyrauch: Juristen, S. 256, eindringlich dargestellt: „Andererseits werden offenkundig wichtige Angelegenheiten, wie der Inhalt einer Aussage, auf die nachlässigste Weise von einem Justizangestellten niedergelegt, der manchmal kurz vor dem Einschlafen ist oder in den Tag träumt".

20 Döhring: Sachverhalt, S. 433.

21 Döhring: Sachverhalt, S. 434.

würde ein Bereitstellen aller der Erwägung würdigen Geschehensmöglichkeiten bedingen. Denn wie oben schon gezeigt, besteht eine Wechselwirkung zwischen Theorie und Randbedingung: eine Information wird nicht um ihretwillen gesucht, sie wird vielmehr spezifisch aufgrund einer vorgewußten Theorie aus der Fülle des Informationsmaterials ausgewählt und auf ihre Richtigkeit überprüft. Der Richter kann jedoch nur dann eine relevante Information erfragen, wenn er eine Vielzahl von Hypothesen (also Theorien) über die Sachverhaltsgestaltung besitzt.

Auch hier stoßen wir wieder auf Rationalitätsbeschränkungen: „Rationalität erfordert eine Wahl zwischen allen möglichen Verhaltensweisen. Tatsächlich werden jedoch jeweils nur sehr wenige aller möglichen Alternativen erwogen“.[22] Das Individuum ist intellektuell nicht in der Lage, alle zur Auswahl stehenden Geschehensmodalitäten zu erfassen und zu durchleuchten. Es sucht nicht die optimale Alternative; dies würde nämlich voraussetzen, daß es die Gesamtheit der möglichen Geschehensabläufe parat hat, sondern es probiert sukzessiv und unkontrolliert verschiedene Sachverhaltsgestaltungen aus, bis es die *es befriedigende* Möglichkeit gefunden hat. Damit sind wir zu zwei wesentlichen Rationalitätsbeschränkungen menschlicher Entscheidung gelangt, die für die kritische Entscheidungstheorie bestimmend wurden: Der Begriff des Anspruchsniveaus und das Bild des „Durchwurstelns“[23] im menschlichen Entscheidungsfindungsprozeß.

2.2.1.2.3 Anspruchsniveau und „Strategie des Durchwurstelns“

Wie schon erwähnt, testet das Individuum mehrere Alternativen sukzessiv auf ihre Tauglichkeit. Diese Zielvariablen sind subjektiv unterschieden in das Individuum befriedigende und unbefriedigende. In der Entscheidungssituation sucht das Individuum also nicht die optimale Lösung des Problems, sondern es akzeptiert die erste, ihn befriedigende Lösung. Andere Lösungsalternativen werden dann nicht mehr erwogen.

Das sukzessive „Durchprobieren“ möglicher Lösungen hat Lindblom[24] angeregt, die deskriptive Entscheidungstheorie als „Wissenschaft des Durchwurstelns“ (science of muddling through) zu bezeichnen. Die grundlegende These Lindbloms geht dahin, daß das Entscheidungssubjekt, um überhaupt entscheiden zu können, zu einer Vereinfachung und Aufspaltung des Problems greifen muß. Er nennt dabei eine Vielzahl von Merkmalen, die diesen Vereinfachungseffekt bewirken. Wir wollen von unserem beschränkten Ansatzpunkt her, der nur die Irrationalität richterlicher Sachverhaltsfindung zum Gegenstand hat, die wesentlichen herausgreifen.[25]

---

22 Simon: Administrative Behavior, S. 81.

23 Der Begriff wurde übernommen von Kirsch: Entscheidungstheorie I, S. 89.

24 Lindblom: Muddling through, S. 61.

25 Vgl. im übrigen Luhmann: Zweckbegriff, S. 214 ff.

Das Individuum ist nicht in der Lage, bei einer Vielzahl von Geschehensmodalitäten ihre Vereinbarkeit mit der Vielzahl von Informationen zu überprüfen. Es wird also versuchen, unter Reduzierung der in Betracht kommenden Geschehensmodalitäten diejenige Möglichkeit auszuwählen, bei der er die Informationen am besten „unterbringt": „In vielen Situationen kommt das Entscheidungssubjekt mit seinen Fähigkeiten und seinen verfügbaren Informationen zu Rande, wenn es von einer Analyse – so komplex, daß das Individuum sie verpfuschen wird – übergeht auf eine einfachere Analyse, die – obgleich unvollständig – innerhalb seiner Beschränkungen durchgeführt werden kann".[25]

Einen weiteren Gesichtspunkt des „Durchwurstelns" hat schon Joachim Hruschka unter erkenntnistheoretischen Gesichtspunkten offengelegt. Er sieht ganz richtig, daß im Prozeß der Sachverhaltsbildung neue Aspekte auftauchen, die vorher noch nicht ins Blickfeld des Richters geraten waren.[27] Der Richter muß also seine Untersuchung ständig neuen Konstellationen anpassen, er muß variabel sein.[28]

Das Phänomen der ständigen Neudefinition des Problems läßt die Entscheidungstheorie von der „Instabilität des Problemlösungsprozesses" sprechen. Dies bedeutet nichts anderes als: Das Entscheidungssubjekt verzichtet darauf, sein Problem endgültig zu definieren und dessen Lösung geradlinig zu verfolgen. Es wird vielmehr, wenn es die Fruchtlosigkeit seiner Bemühungen erkannt hat, auf anderem, indirektem Wege die Lösung versuchen. Dabei besteht infolge ständiger Neu- und Umdefinitionen des Problems die Gefahr, daß das ursprüngliche Ziel des Entscheidungsbemühens aus den Augen verloren wird.

Ein weiteres kommt hinzu: Das Anspruchsniveau ist variabel.[29] Es unterliegt in seiner Dynamik nicht nur sozialen Einflüssen, sondern es findet vom konkreten Entscheidungsproblem her eine Rückkoppelung statt. Kann das Individuum trotz intensiver Suche, trotz ständigen Variierens der Lösungswege keine befriedigende Alternative finden, wird es geneigt sein, sein Anspruchsniveau zu senken.[30] Findet der Richter trotz mehrfach variierter Versuche nicht den „passenden" Sachverhalt, wird er entweder vorschnell freisprechen oder sich mit einer Version zufriedengeben, die ihn „rational" zwar nicht völlig überzeugt[31], die aber seinen allgemeinen „Eindruck" von der Strafbarkeit des Angeklagten befriedigt. Daß

26 Kirsch: Entscheidungsprozesse I, S. 91, unter Berufung auf Lindblom.

27 Joachim Hruschka: Rechtsfall, S. 72.

28 Auf die Frage, wie solche neuen Konstellationen prozessual bewältigt werden (§§ 265, 266 StPO), ist hier nicht näher einzugehen.

29 Kirsch: Entscheidungsprozesse I, S. 107.

30 Kirsch: Entscheidungsprozesse I, S. 108.

31 Zum Beispiel, weil Disharmonien unter den einzelnen Informationen nicht ausgeräumt sind.

eine Entscheidung, getroffen auf Grundlage eines Eindrucks, von rationalem Problemlösen weit entfernt ist, bedarf keiner weiteren Begründung.[32]

Mit den Stichworten „Anspruchsniveau" und „Strategie des Durchwurstelns" wurde der Bereich der Rationalitätsbeschränkungen bei Auffinden der tatbestandsrelevanten Indizien schon teilweise verlassen. Es ist aber nicht zu übersehen, daß bislang nur äußere Hindernisse einer rationalen Sachverhaltsentscheidung aufgezeigt wurden, Hindernisse, die sich dem Richter deshalb in den Weg stellen, weil er die quantitative Menge der Informationen intellektuell nicht zu bewältigen vermag. Das viel dringlichere Problem[33], das in jedem Strafprozeß auftaucht, ist damit noch nicht gelöst: Wir meinen die qualitative Überprüfung der Indizien auf ihren Wahrheitsgehalt. Es konnte bereits gezeigt werden, daß Indizien nur mittelbar etwas über die tatbestandsrelevante Wirklichkeit aussagen; der Schluß von der unmittelbar gegebenen Wirklichkeit des Indizes auf die vergangene tatbestandsrelevante Wirklichkeit geschieht allein aufgrund von Theorien, die in noch zu erörternden Verfahren gewonnen werden. Dabei besteht keine qualitätsmäßige Verschiedenheit zwischen den Theorien, die zur Überprüfung des Wahrheitsgehalts einer Information – sei es eine Zeugen-, Sachverständigen- oder Angeklagtenaussage, sei es eine Urkunde – verwendet werden, und den Theorien, die Schlüsse von Indizien im engeren Sinne[34] auf die tatbestandsrelevante Wirklichkeit erlauben.[35] Damit stellt sich die Frage nach Richtigkeitskriterien für solche Theorien; darüber hinaus ist nach den Methoden der Gewinnung der Theorien zu fragen.

2.2.2 Das Problem der Erfahrungssätze

Die bislang einzige Untersuchung zum Phänomen der „thatsächlichen Obersätze" verdankt die Rechtswissenschaft Friedrich Stein.[36] Er nennt das, was hier aus

32 Treffend Radbruch: Urteilsanmerkung: § 261 StPO fordert „eine aus dem Inbegriff der Verhandlung geschöpfte ‚Überzeugung', nicht bloß einen aus dem Inbegriff der Verhandlung geschöpften ‚Eindruck'". Allerdings wird es dem Richter in der Regel leicht fallen, in den Urteilsgründen den „Eindruck" als „Überzeugung" auszugeben. Zum Ganzen auch Böhme: Überzeugung, S. 20.

33 Äußere Rationalitätsprobleme treten nicht in allen Strafprozessen auf. Viele Prozesse sind mit einem Minimum an Indizien zu bewältigen; bei solchen ist die Gefahr eines „kognitiven Stresses" infolge Informationsüberflusses gering.

34 Ein eindrucksvolles Beispiel hierfür bietet Opp: Soziologie, S. 383 ff.

35 So auch Brüning: Erfahrungssätze, S. 4: „Die Erfahrungssätze spielen insbesondere eine Rolle bei der Prüfung des Beweiswertes eines Beweismittels sowie bei Schlußfolgerungen von indizierenden Tatsachen mittels Erfahrungssätzen auf unmittelbar beweiserhebliche Tatsachen". Vgl. auch Mezger: Sachverständiger, S. 127.

36 Stein: Privates Wissen, insbes. S. 16 ff., 32 ff., 40 ff., 54 ff., 83 ff., 104 ff.; vgl. auch Mezger: Sachverständiger, S. 127 ff., 134 ff., 154 ff., 166 ff., 176 ff. Neuere Unter-

wissenschaftstheoretischer Sicht mit „Theorien" bezeichnet wurde, Erfahrungssätze, um „das Wesen der Entstehung dieser Sätze kenntlich"[37] zu machen. Stein charakterisiert Erfahrungssätze als „allgemeine hypothetische Sätze, welche die unter gewissen Voraussetzungen zu erwartenden Folgen aussprechen"[38], und ist der Meinung, daß sie aufgrund „einer Mehrheit concreter Einzelthatsachen, ... den ‚Beobachtungsfällen'" gebildet werden, wobei er hervorhebt, daß nicht allein eine Vielheit von Beobachtungsfällen den Begriff „Erfahrungssatz" erlaubt, daß vielmehr entscheidend sei eine Denkleistung des einzelnen Individuums, das „diese Fälle als Anwendungen einer Regel" denkt ..., „die dann neben den einzelnen Beobachtungsfällen und über ihnen ein selbständiges Dasein führt und uns zu der Erwartung berechtigt, daß künftige noch nicht beobachtete Fälle mit den beobachteten gleich verlaufen werden ..."[39]

Stein ist völlig zu Recht der Ansicht, daß die Erfahrungssätze von den einzelnen Beobachtungsfällen zu scheiden sind. Sie beruhen zwar mittelbar auf Beobachtungsdaten, abstrahieren aber von ihnen und führen fortan ein Eigenleben.

Den Gewinnungsprozeß der Erfahrungssätze nennt Stein induktivisch.[40] Er schließt damit an Bacon und Mill an, die unter Induktion ein Verfahren verstanden, das von einer Anzahl von Beobachtungen zu einer Theorie führt, unter die diese Einzelbeobachtungen subsumierbar sind. Gegen ein solches Verfahren bestehen jedoch einige Bedenken.

Erstens läßt solche Induktion die subjektive Denkleistung außer Betracht. Sie kann den psychischen Prozeß der Generalisation von Einzelbeobachtungen zu einer Regel nicht erklären; es ist bis heute kein Weg bekannt, der auf logischer

---

suchungen fehlen, wenn man von Schweling: Erfahrung, S. 435 ff. absieht. Dies beklagt auch Gadamer: Wahrheit und Methode, S. 329: „Der Begriff der Erfahrung scheint mir – so paradox es klingt – zu den unaufgeklärtesten Begriffen zu gehören, die wir besitzen".

37 Stein: a.a.O., S. 15.

38 Stein: a.a.O., S. 19; auf die von Stein aufgeworfene Frage, ob auch Definitionen hypothetische Urteile sind, ist hier nicht näher einzugehen. Vgl. dazu Essler: Wissenschaftstheorie I, S. 95 ff.

39 Stein: a.a.O., S. 20 (Hervorhebung vom Verf.); hinsichtlich der Erwartungsstruktur der Erfahrungssätze vgl. auch Mezger: Sachverständiger, S. 43 f.; Pagendarm: Erfahrungssätze, S. 27; Brüning: Erfahrungssätze, S. 8; auch Prölss: Beweiserleichterungen, S. 14 f. Neuerdings Schweling: Erfahrung, S. 436: Erfahrung ist „Vorstellung der Möglichkeit einer über den konkreten Einzelfall (Wahrnehmungstatsache) hinausgehenden allgemeineren Gültigkeit, die sich in einer künftigen, unter gleichen Umständen erfolgenden gleichartigen Wiederholung – dieselbe Folge unter gleichen Bedingungen – erweisen werde (Verallgemeinerungsakt)".

40 Stein: a.a.O., S. 20; ebenso Mezger: Sachverständiger, S. 41 ff. und Hainmüller: Anscheinsbeweis, S. 13 f.

Ebene von Beobachtungen zu erfahrungswissenschaftlichen Theorien führt.[41] Zum anderen – darauf hat insbesondere Popper[42] hingewiesen – führt eine solche Anwendung des Induktionsprinzips, die von Erfahrungsdaten auf Theorien schließt, zu einem „unendlichen Regreß", da das Induktionsprinzip, also die methodische Rechtfertigung induktiver Schlüsse, ebenfalls nur wieder induktiv bewiesen werden kann. Popper kann nachweisen, daß die Wissenschaft tatsächlich nicht von Einzelbeobachtungen zu den Theorien gelangt, sondern daß vielmehr umgekehrt der Entwurf gewisser primitiver Theorien mit Einzelbeobachtungen verglichen wird. Werden die Theorien den wahrgenommenen Tatsachen nicht gerecht, weil die aus ersteren deduktiv abgeleiteten Prognosen den Tatsachen widersprechen, so werden die Theorien „ergänzt und verbessert oder durch neue Hypothesen ersetzt"[43], die man dann wiederum der Einzelbeobachtung aussetzt, usw.

Diese Wissenschaftstheorie sieht sich dem Einwand ausgesetzt, daß sie die Wahrheit einer Theorie nie mit Sicherheit behaupten kann. Jeder neue Vergleich der Theorie mit der Einzeltatsache kann falsifizierend wirken. Dies scheint das gesamte System als für die forensische Sachverhaltserforschung unbrauchbar darzutun. Indessen konnten wir bereits nachweisen, daß forensische Sachverhaltserforschung nicht eine absolute oder Ewigkeitswahrheit zum Ziel haben kann. Demzufolge können Theorien, die bislang jedem Falsifikationsversuch standgehalten haben, vom Richter unbedenklich angewendet werden. Sie besitzen ja, wie dargelegt, bei Heranziehung des empirischen Wirklichkeitsbegriffes den Wahrscheinlichkeitsgrad 1.

Ein stärkeres Bedenken gegen unsere Auffassung läßt sich aus der Tatsache herleiten, daß der Richter tatsächlich Theorien verwendet, die er in einem unkontrollierten Verfahren erlangt hat, Theorien, die strengen Falsifizierungsversuchen nie ausgesetzt wurden. Ehe hierauf aber näher eingegangen wird, soll versucht werden, ein System innerhalb der im Strafprozeß zur Verwendung gelangenden Theorien aufzuzeigen.

2.2.2.1 Arten der Erfahrungssätze

Rechtsprechung und Literatur bemühen sich seit langem, die im Rahmen der freien Beweiswürdigung zu berücksichtigenden Erfahrungssätze zu kategorisieren.

---

41 Essler: Induktive Logik, S. 66, 45: „. . . denn wir könnten ja nur sagen, daß bisher an den Gegenständen derartige Kräfte gewirkt haben; daraus allein kann jedoch nicht gefolgert werden, daß dies auch *künftig* so sein wird". (Hervorhebungen vom Verf.) Vgl. auch Bollnow: Erkenntnis, S. 144: „Sie (scil. die Erfahrung) erfolgt . . . nicht in einem bewußt vorgehenden Aufbau durch Vergleich der einzelnen Erfahrungen und schrittweisen Verallgemeinerung in einem ‚induktiven' Verfahren, sondern sie entwickelt sich wie von selbst, jedenfalls unbewußt und unbeobachtet, in einem fast organisch zu nennenden Wachstumsprozeß, . . ."

42 Popper: Logik, S. 4 f.

43 Essler: Induktive Logik, S. 55.

So unterscheidet Eberhard Schmidt Erfahrungssätze der Wissenschaft, die dadurch ausgezeichnet sind, „daß sie nur demjenigen geläufig oder zugänglich sind, der auf einem bestimmten Wissensgebiet über besondere Sachkunde, insbesondere über ein geschultes Fachwissen verfügt" von allgemeinen Erfahrungssätzen, die sich auf die „Lebenserfahrung" des Menschen stützen.[44] Schmidt erkennt selbst, daß die Grenze zwischen wissenschaftlichen Theorien und Theorien der allgemeinen Lebenserfahrung flüssig ist.

Eine Abgrenzung ist jedoch unabdingbar erforderlich, wenn man – wie Eberhard Schmidt – annimmt, daß die Frage nach der Revisibilität der Erfahrungssätze danach beantwortet werden müsse, ob es sich um einen Erfahrungssatz der Wissenschaft oder um einen solchen des Lebens handle.[45] Die Frage nach der Revisibilität der Erfahrung kann hier nicht vertieft werden.[46] Dennoch ist dem Abgrenzungsproblem eine Relevanz auch im Rahmen unseres Themas nicht abzusprechen. Würden wir etwa zu dem Ergebnis gelangen, daß wissenschaftlichen Erfahrungssätzen eine derartige Stringenz zukommt, die sie der Überprüfung im Rahmen der freien Beweiswürdigung entzieht, so zeigte die Abgrenzungsproblematik nicht erst Auswirkungen im Rahmen der Revision, sondern bereits bei jeder erstinstanziellen Beweiswürdigung.

Die Abgrenzung der herrschenden Meinung vermag nicht zu befriedigen. Dies rührt einesteils her vom Fehlen einer Definition des Begriffs „Wissenschaft", andererseits wird übersehen, daß gewisse naturwissenschaftliche Erfahrungssätze solche Selbstverständlichkeiten ausdrücken, daß sie auch als Erfahrungssätze anzusehen sind.[47]

---

44 Eb. Schmidt: Lehrkommentar II, § 261 RN 22, 23; ähnlich Kleinknecht: StPO, § 261 Anm. 1: „Berücksichtigung der Lebenserfahrung und der Gesetze der Logik und Wissenschaft". Hainmüller: Anscheinsbeweis, S. 26 ff., schlägt vor, die Erfahrungssätze nach der Stärke, „d.h. der Gleichförmigkeit der jeweiligen Regel und damit ihrer Sicherheit vor Durchbrechungen" in drei Gruppen einzuteilen:
1. Einfache, wenig prägnante Erfahrungssätze.
2. Besonders verläßliche Erfahrungssätze, welche „die Abstraktion von Vorgängen darstellen, die sich ‚in aller Regel' gleichartig abspielen".
3. Absolute Erfahrungssätze („Erfahrungsgesetze"), die „eine derartig sichere Regel verkörpern, daß diese nach menschlichem Ermessen einer Durchbrechung nicht zugänglich ist".

45 Eb. Schmidt: Lehrkommentar, § 261 RN 25; ähnlich Kuchinke: Grenzen, S. 179 ff., der vorschlägt, „den Erfahrungssätzen der Wissenschaft solche einer vorwissenschaftlichen Anschauung gegenüberzustellen". Nicht zugestimmt werden kann Hainmüller: Anscheinsbeweis, S. 29, der die Abgrenzung zwischen „Erfahrungsgesetzen" und „besonders verläßlichen Erfahrungssätzen" (zur Terminologie vgl. oben Fußnote 44) für unproblematisch hält. Es ist eben gerade die Frage, unter welchen Voraussetzungen einem Erfahrungssatz solche „Eindeutigkeit" zukommt, daß ihm die Qualifizierung „Erfahrungsgesetz" verliehen werden kann.

46 Vgl. dazu insbesondere Kuchinke: Grenzen, S. 181 ff.; Henke: Tatfrage, S. 90 ff., 126 ff.; neuerdings Schweling: Erfahrung, S. 457 ff.

2.2.2.1.1 Der experimentell bestätigte Erfahrungssatz

Einen Ansatz zur Definition des Begriffs „Erfahrungssatz der Wissenschaft" leistet Kuchinke, wenn er darunter „Erkenntnis einer theoretischen, historischen oder empirischen Wissenschaft"[48] versteht. Wir hatten oben gezeigt, daß als Erfahrungssatz nur solche Phänomene angesprochen werden können, die die logische Struktur einer empirischen Theorie besitzen; d.h. nur solche Erkenntnisse verdienen die Bezeichnung „Erfahrungssatz", die den (mehr oder weniger sicheren) Schluß von einer Wirklichkeit auf eine andere erlauben. Diese Charakterisierung des Erfahrungssatzes schließt historische Erkenntnisse im Sinne Kuchinkes bereits aus – denn jedenfalls historische Erkenntnisse genügen den Anforderungen eines Erfahrungssatzes nicht. Solche Erkenntnisse – etwa das Geburtsdatum Napoleons oder der Inhalt einer verschollenen Schrift – sind Tatsachen; sie waren jedenfalls der sinnlichen Wahrnehmung zugänglich.[49] Gerade die Unmöglichkeit der Wahrnehmung war für uns aber Charakteristikum des Erfahrungssatzes. Was Kuchinke unter Erkenntnissen einer theoretischen Wissenschaft versteht, bleibt dunkel. Sollte er damit eine allgemeine Methodologie im Sinne Poppers oder Carnaps meinen, muß ihm auch hier die Zustimmung versagt bleiben. Denn methodische Regeln entbehren eines Bezugs zur empirischen Wirklichkeit; eine derartige Beziehung zu empirischen Tatsachen charakterisiert jedoch gerade den Erfahrungssatz.[50]

Somit bleiben als Erfahrungssätze der ersten Art allein die gesicherten Erkenntnisse der empirischen Wissenschaften übrig. Die empirischen Wissenschaften sind aber dadurch ausgezeichnet, daß sie ihre Erkenntnisse in einem äußerst strengen, intersubjektiv überprüfbaren Verfahren gewinnen. Gerade in den Naturwissenschaften und in Teilen der Sozialwissenschaften wird das Experiment als einziges hinreichendes Verifizierungskriterium angesehen.[51] Wir können somit als wissenschaftliche Erfahrungssätze solche empirischen Theorien ansprechen, bei denen (vorläufige) Verifizierung oder (endgültige) Falsifizierung in experimenteller Überprüfung möglich und zulässig ist. Damit soll aber nicht der These des Positivismus zugestimmt werden, der bekanntlich sämtliche Forschungszweige, die sich nicht der experimentellen Methode bedienen oder bedienen können[52], in den Bereich der Unwissenschaftlichkeit verweist.[53] Es

---

47 Erinnert sei nur an das Graviationsgesetz, das allgemein – nicht nur in der Physik – anerkannt ist.

48 Kuchinke: Grenzen, S. 176.

49 Die Literatur zum Tatsachenbegriff ist unübersehbar. Wir stützen uns auf Engisch: Studien, S. 39 ff.

50 Zur Natur methodologischer Regeln vgl. auch Ellscheid: Rechtstheorie, S. 5 ff.

51 Hassemer: Tatbestand, S. 129 f.

52 Insbesondere wegen der Komplexheit des zu untersuchenden Gegenstandes. Vgl. dazu Arthur Kaufmann: Schuldprinzip, S. 63 ff.

soll allein die Forderung erhoben werden, daß der Richter bei der Auswahl von Theorien dann einen experimentell bestätigten Erfahrungssatz wählt, wenn ein solcher vorliegt.[54]

2.2.2.1.2 Der Erfahrungssatz des Lebens

Die Komplexheit denkbarer Wirklichkeiten, die nicht allein aus Materie bestehen, verhindert die ausschließliche Anwendung experimenteller Methoden im forensischen Bereich. Der Richter muß sich daher in weiten Gebieten mit selbst gemachten Erfahrungen begnügen, eben den Erfahrungen des Lebens.

Wir haben oben den Prozeß der Sachverhaltsfindung unter Problemlösungskriterien aufgelöst in eine Vielzahl einzelner Problemelemente, die in die Schemata gewohnheitsmäßiger Routinelösungen passen. Wenn die Gesamt-Entscheidungsfindung aufgespalten werden kann in eine unübersehbare – allerdings endliche – Vielzahl von dem Entscheidungssubjekt bekannten Problem- und Lösungssituationen, dann wird klar, daß elementare Erfahrungssätze (also Theorien) die eigentlichen Faktoren des Entscheidungsprozesses, des Prozesses der Überzeugungsbildung darstellen.[55]

Die Rolle der Erfahrung beim menschlichen Problemlösungsverhalten wurde schon häufig experimentell untersucht. Es ist hier nicht der Ort, die psychologische Diskussion in allen Einzelheiten nachzuzeichnen.[56] Die wichtigsten Ergebnisse sollen aber kurz referiert werden. Es hat sich gezeigt, daß eine gemachte Erfahrung unmittelbar auf den Problemlösungsprozeß einwirkt und zwar so, „daß *verschiedene Arten* von Erfahrung das Problemlösungsverhalten inhaltlich auf verschiedene Weise beeinflussen".[57] Für den Problemlösungsprozeß kommt es darauf an, welche Erfahrungen einer gemacht hat, „wie und was einer gelernt hat."[58]

Trotz dieser Erkenntnisse ist es der Psychologie bis heute nicht gelungen, den Begriff der „Erfahrung" eindeutig zu bestimmen. Das mag seinen Grund darin haben, daß „Erfahrung" der konstituierende Begriff der Psychologie überhaupt ist. Alle ihre Forschungsrichtungen – Sozial-, Lern-, Verhaltens-, Tiefenpsychologie – gründen schließlich und endlich in dem Phänomen der Erfahrung.[59]

53 Genannt seien insbesondere Carnap: Logischer Aufbau, passim, insbes. S. 245 ff. und Popper: Historizismus, passim. Gegen Popper auch Wellmer: Methodologie, S. 139 ff.

54 Dies wird später noch genauer zu begründen sein.

55 Maier: Denken, S. 255; Kirsch: Entscheidungsprozesse I, S. 77; Foppa: Lernen, S. 133 ff., insbes. S. 144.

56 Vgl. hierzu die Äußerungen bei Graumann: Denken, S. 213 ff.

57 Birch/Rabinowitz: Erfahrung, S. 269 (Hervorhebung von den Verf.).

58 Birch/Rabinowitz: a.a.O.

59 Das Fehlen einer psychologischen Theorie der Erfahrung beklagt auch Kurt Müller: Erfahrung, S. 135 FN. 8: „Eine exakte . . . Analyse dieses Begriffs ist immer noch ein Desiderat . . .".

Wir wollen die psychologischen Erörterungen zur Erfahrung, deren Inhalt mit den oben erwähnten Erfahrungsmustern gleichgesetzt wird, mit einer Rückbesinnung darauf beginnen, was zum subjektiven Modell der Umwelt gesagt wurde. Dort wurde ausgeführt, daß das innere Modell der Umwelt als intervenierende Variable zwischen Problem und Lösung steht.[60] Sehen wir ungeordnete und ungeprüfte Informationen als äußere Stimuli an, so kann Lebenserfahrung als die Gesamtheit der inneren Stimuli, die den Entscheidungsprozeß bestimmen, betrachtet werden.[61] Ist aber die Lebenserfahrung eines Individuums zum Zeitpunkt t definiert als die Summe der bis zu t durch das Individuum gemachten Einzelerfahrungen, so würde dies nahelegen, „Lebenserfahrung" unter feldtheoretischen Gesichtspunkten zu betrachten.[62] Doch wird auf eine Darstellung der Feldtheorie im folgenden deshalb verzichtet, weil ihr eine Darstellung der Genese der das „Feld" konstituierenden Faktoren nicht gelungen ist. Lerntheoretische Erkenntnisse finden in der Feldtheorie keinen Raum. Eine Theorie richterlichen Verhaltens bei der Sachverhaltsfindung muß sich jedoch mit der Entstehung von Erfahrung und ihrer Modifikation auseinandersetzen.

2.2.2.2 Genese und Überprüfung der Lebenserfahrung

Wir haben gesehen, daß die Entscheidungen des Individuums in erster Linie durch die Lebenserfahrung bestimmt werden. Unter Lebenserfahrung wurde die Summe der von diesem Individuum bis zum Entscheidungszeitpunkt t gemachten Erfahrungen verstanden. Die Komplexheit des Erfahrungsbegriffs hat jedoch bis heute eine tiefergehende Analyse dieses konstituierenden Merkmals der Psychologie verhindert.[63] So ist insbesondere nach wie vor ungeklärt, welcher psychische Prozeß die Umsetzung von Einzelbeobachtung in die Erfahrungsregel bewirkt. Auch ist das Wissen um die Wiederauffindung früher gelernter Erfahrungen noch völlig ungeklärt.[64]

---

60 Vgl. oben S. 77 ff.

61 Die moderne Entscheidungstheorie hat für Lebenserfahrung den Begriff „Image" geprägt. Sie geht davon aus, daß die Entscheidungen des Individuums „in erster Linie durch das Image bestimmt" werden. „Das Image des Individuums zu einem bestimmten Zeitpunkt ist das Ergebnis seiner gesamten Entwicklung und der von ihm gesammelten Erfahrungen". Zitiert nach Kirsch: Entscheidungsprozesse I, S. 77. Dort auch Hinweise auf weiterführende Literatur.

62 Vgl. zur Feldtheorie insbesondere Lewin: Feldtheorie; Sohdi: Urteilsbildung, S. 8 ff. Im Hinblick auf die richterliche Entscheidungstätigkeit wird die Feldtheorie ausführlich dargestellt von Weimar: Psychologische Strukturen, S. 182 ff.

63 Hierzu auch Bollnow: Erkenntnis, S. 18 f. Vgl. im übrigen auch oben FN. 59.

64 Aus gehirnphysiologischer Sicht sucht Rohracher: Arbeitsweise, S. 88 ff., eine Lösung. Er vergleicht einen Außenweltreiz mit einer Luftschwingung. Wie solche Luftschwingung eine ihrer Frequenz entsprechende Saite zum Schwingen bringt, so soll auch ein Außenweltstimulus das ihm entsprechende Erfahrungsmaterial aktivieren: „... zwischen den Merkmalen einer spezifischen Erregungskonstellation und

Der Lernprozeß entzieht sich jeder unmittelbaren Beobachtung. Es wäre daher erforderlich, über experimentelle Untersuchungen einen Einblick in die Erfahrungsproblematik zu gewinnen. Dies ist jedoch in vielen Fällen nicht möglich; potentielle Faktoren der individuellen Entwicklung lassen sich nicht willkürlich verändern, ohne daß gegen grundlegende Normen der Ethik verstoßen wird.[65]

Trotz dieser Schwierigkeiten können im folgenden einige grundlegende Aussagen über die mangelnde Kontrolliertheit menschlicher Erfahrungsgewinnung gemacht werden.

2.2.2.2.1 Erfahrungsgewinnung als Lernprozeß

Die neuere psychologische Lerntheorie versteht „Lernen" als Anpassungsprozeß des Individuums an seine Umwelt. Lernen ist in diesem Sinne ein Phänomen, „das jede menschliche Verhaltensänderung, sofern sie aus der Erfahrung und Übung erwachsen ist, umgreift".[66] Von dieser Ausgangsposition gelangt man dahin, menschliches Verhalten – auch in seinen Unterschieden – als das Ergebnis – auch unterschiedlicher – Lernprozesse zu begreifen,[67] „menschliches Verhalten als erlerntes Verhalten zu analysieren".[68] Unter diesem Aspekt läßt sich die Situation in Kollegialgerichten bei der Urteilsberatung leicht erklären: der eine Richter gewinnt die Überzeugung von der Täterschaft des Angeklagten, wo sein Kollege noch zweifelt, aufgrund verschiedener Erfahrungen, aufgrund einer anderen Entwicklung – letztere verstanden als Lernprozeß.

Grundlegend für die moderne Lerntheorie ist der Begriff des sog. „Konditionierens". Die Methode des Konditionierens wurde von dem russischen Physiologen Pawlow entwickelt und schließt an angeborene Reiz-Reaktionsverbindungen an.[69] Kombiniert man mit diesem verhaltensrelevanten Reiz einen neutralen Reiz, so vermag nach einer gewissen Anpassungszeit allein der verhaltensneutrale Reiz die Reaktion auszulösen[70]: Das dem Versuch unterworfene Individuum hat eine „neue Reiz-Reaktionsverbindung"[71] gelernt.

---

den Zellstrukturen besteht ein Zusammenhang solcher Art, daß die letzteren beim Auftreten des ersteren zur Erregungsproduktion ‚angeregt' werden, also die Aufnahme eines Resonanzprinzips" (S. 101).

65 Foppa: Lernen, S. 14.

66 Oerter: Entwicklungspsychologie, S. 42.

67 Im Gegensatz zur traditionellen Individualpsychologie handelt es sich bei dem sozial-lernpsychologischen Ansatz um die Annahme, daß menschliches Verhalten nicht von Anfang an – etwa nach den Gesetzen der Vererbung – festliegt, sondern erst durch Umwelteinflüsse aller Art geprägt wird.

68 Hilde Kaufmann: Kriminologie I, S. 89.

69 Eingehend zum klassischen Konditionieren die Überblicke bei Foppa: Lernen, S. 15 ff. und Hofstätter: Psychologie, S. 54 ff.

70 Man läßt etwa dem verhaltensrelevanten Reiz Stromschlag, der das Zucken einer Pfote bewirkt, ein Klingelzeichen vorausgehen. Nach einer gewissen Zeit bewirkt allein das Klingelzeichen den Zuck-Effekt.

Neben dem Lerntypus des klassischen Konditionierens steht als weitere Lernmöglichkeit die „instrumentale Konditionierung", das Lernen am Erfolg. Die Lerntheorie ist heute übereinstimmend der Meinung, daß die klassische Theorie des Konditionierens sehr viele, insbesondere reafferente Lernerfolge befriedigend erklären kann, während sie beim Phänomen des produktiven Problemlösens versagt. Es hat sich erwiesen, daß Lernen nicht allein über bedingte Reflexe zustande kommt, sondern daß – vor allem bei höheren Lebewesen – Lernen durch „Trial-and-error-Verhalten" bedingt ist.[72] Tierversuche in Problemkäfigen[73] haben gezeigt, daß der Schlüssel zur Lösung eines unbekannten Problems – unter der Voraussetzung, daß keine verwendbaren Vorerfahrungen beim Versuchstier vorhanden waren[74] – nur zufällig gefunden werden kann. Die erfolgreiche Handlung trat bei der Wiederholung des Experiments immer rascher und sicherer auf, während das erfolglose „Irrtum-Verhalten" eingestellt wurde: die Tiere hatten nach dem „Trial-and-Error-Verfahren" gelernt.

Solches Lernen, solche Gewinnung von Erfahrung[75], hängt von vielerlei Faktoren ab, die in diesem Zusammenhang nicht sämtlich diskutiert werden können. Die Grundsätze müssen genügen.

Entscheidend für den Lernerfolg ist der Begriff der „Bekräftigung". Man nimmt an, daß es zur Aktivität des „Trial-and-Error-Verhaltens" nur dann kommt, „wenn ein Zustand der Aktionsbereitschaft" vorliegt, wenn m.a.W. das Lernindividuum einer Mangelsituation ausgesetzt ist.[76] Ein solcher Mangel kann durchaus verschiedener Art sein, und in seinem Erfolg wird auch die Triebstruktur des in der Triebbefriedigung lernenden Individuums unterschiedlich gestaltet sein. Wird die Problemlösung eines hungernden Tieres dadurch belohnt, daß es Nahrung erhält, so ist das ebenso ein Erfolg, wie wenn ein Mensch einen Mangel an sozialer Achtung verspürt, diesen Trieb durch bestimmtes Verhalten zu reduzieren sucht und schließlich Befriedigung in Form von Ruhm erlangt.

Dabei wird hinsichtlich der Triebreduktion unterschieden zwischen primärer und sekundärer Bekräftigung. Während als primäre Bekräftigung allein die Beseiti-

---

71 Hilde Kaufmann: Kriminologie I, S. 90.

72 Dieser aus der angelsächsischen Psychologie stammende Begriff wird wörtlich mit „Versuch-Irrtum-Verhalten" übersetzt. Auch der Ausdruck „Probierverhalten" wird gebraucht.

73 Genannt sei hier die „Skinner-Box". Eine Abbildung findet sich bei Foppa: Lernen, S. 64.

74 Hofstätter: Psychologie, S. 191.

75 Ausdrücklich identifiziert Foppa: Lernen, S. 13, Erfahrungsgewinnung und Lernen: „Da es (scil. das Individuum) sich merkt, was es gelernt hat, ist es in seinem Verhalten (ohne sich dessen bewußt zu sein) weitgehend von seinen Erfahrungen geprägt". Vgl. auch ders.: S. 145.

76 Foppa: Lernen, S. 46.

gung physiologischer Mangelzustände (Hunger, Durst, Schmerzen) angesehen wird, spricht man von „sekundärer Verstärkung", „wenn die eintretende Verstärkung früher mit einer primären Verstärkung verbunden war, nun aber selbständig auftritt".[77]

Mit der Einführung sekundärer Bekräftigungen scheinen wir dem Problem der Erfahrungsgenese etwas näher gekommen zu sein. Man könnte auf der Grundlage dieser Erkenntnisse versucht sein, die Übernahme von Verhaltensweisen des Elternhauses durch ein Kind zu erklären[78], und daraus schließen, daß die Gewinnung erster Erfahrungen in der erfolgreichen Nachahmung von Verhaltensweisen eines Vorbildes besteht. Es kann allerdings nicht befriedigen, wenn Foppa das Phänomen solchen Lernens damit erklärt, daß „als Bekräftigung hier anscheinend die Tatsache (genügt), daß das, was sie (scil. die Kinder) selbst tun, mit dem, was das Vorbild tut, mehr oder minder gut übereinstimmt".[79] Damit ist nämlich noch nicht erklärt, aufgrund welcher Erfahrung das Kind in seinen Eltern ein Vorbild sieht.

Es ist vielmehr auf die Stufe der primären Bekräftigung zurückzugehen.[80] Wenn ein Kind physiologische Mangelzustände verspürt, wird es sich durch Schreien bemerkbar machen. Die Eltern werden dann die Triebreduktion etwa durch Nahrungszuführung herbeiführen. Hält diese Belohnungswirkung genügend lange an, so wird das Kind folgende Kausalität gelernt haben: „Wenn S_R (Reizcharakteristik der Situation, hier: Hunger) – dann R_i (instrumentaler Akt; hier: Schreien) – dann S_z (Reizcharakteristik des Verhaltenserfolges; hier: Nahrungszuführung)"[81]. Mit der Zeit wird das Kind lernen (klassische Konditionierung!), daß die Triebreduktion stets von den gleichen Wesen herbeigeführt wird. Im Fortgang dieses Prozesses wird für eine Triebreduktion schon das Erscheinen dieser Wesen ausreichen: das Kind hat Vertrauen zu seinen Eltern gefaßt. Es erhält aus der Auseinandersetzung mit diesen Vertrauenspersonen (Vorbilder!) „eine Fülle differenzierter Informationen (Bekräftigungen) über die Angemessenheit seiner Handlungen"[82], ja seines Verhaltens allgemein. Da das Kind in diesem Stadium noch weitgehend passiv sich verhält, läßt sich über das Kriterium der Bekräftigung ein weiterer Unterschied zwischen experimentellen und

77 Hilde Kaufmann: Kriminologie I, S. 92; vgl. auch Foppa: Lernen, S. 86 ff.

78 Unter soziologischen Aspekten hat Kaupen: Hüter, S. 63 ff., soziale Herkunft und Erziehung der deutschen Juristen untersucht. Er geht dabei wie selbstverständlich davon aus, daß menschliches Verhalten „durch das ‚soziale Milieu', das heißt durch die aus Personen, kulturellen und materiellen Objekten bestehende Umgebung" geprägt ist (S. 55).

79 Foppa: Lernen, S. 145.

80 Ähnlich scheint auch Kaupen: Hüter, S. 58, die frühkindlichen Lernerfolge zu erklären.

81 Diese Kausalitätsreihe wurde gefunden bei Hofstätter: Psychologie, S. 192.

82 Foppa: Lernen, S. 315.

Lebens-Erfahrungssätzen erkennen: Im Experiment gehen die Bekräftigungen vom untersuchten Objekt, von der zu erforschenden Wirklichkeit aus, während nichtexperimentelle Erfahrungsgewinnung von Vertrauenspersonen gesteuert wird.[83]

Selbstverständlich sind mit der Erkenntnis, daß Erfahrungsgewinnung ursprünglich aus der Befriedigung physiologischer Mangelzustände herrührt, keinesfalls alle Probleme in diesem Bereich geklärt. So bleibt beispielsweise offen, ob auch die erste Kausalität – „wenn Hunger, dann Schreien" – erlernt werden muß, oder ob diese auf einem angeborenen Reflex beruht.[84]

Wir wollen es jedoch hierbei bewenden lassen[85] und uns der Frage nach der Überprüfung derartiger Erfahrungen zuwenden. Denn mit der Klärung der Erfahrungsgenese ist der wesentliche Unterschied zwischen experimenteller und Lebenserfahrung noch nicht angesprochen: Dieser ist allein in der Methodik der Überprüfung der Erfahrungssätze zu sehen. Denn auch die experimentelle Forschung „kann der Vor-Struktur des Erkennens niemals entrinnen"[86].

Was wir zur experimentellen Überprüfung der „Materie" betreffenden Erfahrungssätze darlegten, betrifft ja nur den Fortgang eines viel früher eingeleiteten Prozesses. Auch beim experimentellen Erfahrungssatz muß dem eigentlichen Bestätigungsprozeß eine Kausalhypothese[87] vorausgehen; diese Hypothese ist aber unmittelbar oder mittelbar auf Lebenserfahrung zurückzuführen, muß also auch zuvor erlernt sein. Allein nach der größeren oder geringeren Sicherheit in

83 Ähnlich Foppa: Lernen, S. 315. Hier wird auch die Bedeutung der Psychoanalyse für die Lerntheorie deutlich: S. Freud weist schon früh in vielen Veröffentlichungen auf die Bedeutung frühkindlicher Erlebnisse für die Persönlichkeitsentwicklung hin.

84 Noch viel grundsätzlicher könnte man fragen, ob etwa auch das „Gefühl eines physiologischen Mangelzustandes" gelernt werden kann.

85 Die Lerntheorie weiß auf diese Fragen (noch) keine Antwort. Demgegenüber tendiert die Erkenntnistheorie zu der Ansicht, daß Lernen nur aufgrund vorverstandener Erfahrung möglich ist, und ordnet solche in die Kategorie eines (allerdings wandelbaren) Apriori ein. Vgl. hierzu insbes. Buck: Lernen, unter Verweis auf Aristoteles, Leibniz, Kant, Bacon, Husserl und Hegel. Kürzer Bollnow: Erkenntnis, S. 17 ff.

86 Bollnow: Erkenntnis, S. 151.

87 Peirce (bei Habermas: Erkenntnis und Interesse, S. 144 ff.) nennt diese Kausalhypothese „Abduktion" und bringt Abduktion, Deduktion und Induktion beim Experiment in diese Beziehung: „Die Abduktion ist der Entstehungsprozeß einer erklärenden Hypothese. Es ist das einzige logische Verfahren, das irgendeine neue Idee einführt; denn die Induktion bestimmt einzig und allein einen Wert, und die Deduktion entwickelt nur die notwendigen Konsequenzen einer reinen Hypothese ... Ihre (scil. der Abduktion) einzige Rechtfertigung besteht darin, daß die Deduktion aus der abduktiven Vermutung eine Vorhersage ableiten kann, die durch die Induktion getestet werden kann, und daß es, sollen wir überhaupt jemals etwas erfahren oder Phänomene verstehen, die Abduktion sein muß, durch die das zustandezubringen ist". Hierzu auch Popper: Logik, S. 6.

der Überprüfung solcher Vorahnungen können wir Lebenserfahrung und experimentelle Erfahrung unterscheiden.

2.2.2.2.2 Die Überprüfung der Lebenserfahrung

Die Wissenschaftstheorie des Positivismus ist der Auffassung, daß eine Aussage nur dann als sinnvoll gelten kann, wenn sie einer empirischen Überprüfung – Verifikation oder Falsifikation – zugänglich ist.[88] Unter Überprüfbarkeit wird dabei „die Möglichkeit einer in jedem Augenblick gleichmäßig möglichen Kontrolle durch die Zurückführung auf beobachtbare Tatbestände"[89] verstanden.

Bereits aus unseren bisherigen Darlegungen geht hervor, daß das empirische Sinnkriterium von der Lebenserfahrung nicht erfüllt werden kann. Lebenserfahrung kann nicht aktiv forschend gewonnen werden, Lebenserfahrung trifft vielmehr ihrerseits gestaltend auf den Menschen.[90] Geht man von dem unbefangenen Sprachgebrauch aus, wonach der Mensch „eine Erfahrung macht", so zeigt sich deutlich, daß Lebenserfahrung in diesem Sinne subjektiv ist. „Erfahrung ist je meine Erfahrung, unbeschadet des Umstandes, daß es typische Erfahrungen gibt, die jeder macht".[91]

Hier wird wesentlich deutlich, warum Lebenserfahrung an den einzelnen Menschen gekoppelt ist. Es ist das Kriterium des „Selbst-Dabeiseins", des „Selbst-Betroffenseins".[92] Lebenserfahrung muß man selbst machen[93], der Mensch muß unmittelbar beteiligt sein. Solche Erfahrungen werden meist als schmerzhaft empfunden: Eine bestimmte Erwartungsintention wird durch die Wirklichkeit selbst enttäuscht; die Wirklichkeit ist nicht so, wie man sie sich

88 Zum empirischen Sinnkriterium insbes. Stegmüller: Hauptströmungen, S. 382, 409, 456.

89 Bollnow: Erkenntnis, S. 148. Vgl. auch Popper: Logik, S. 18 f. Popper fordert für wissenschaftliche Sätze, „daß sie intersubjektiv nachprüfbar sein müssen", und fährt dann fort: „Nur dort, wo gewisse Vorgänge (Experimente) aufgrund von Gesetzmäßigkeiten sich wiederholen, bzw. reproduziert werden können, nur dort können Beobachtungen, die wir gemacht haben, grundsätzlich von jedermann nachgeprüft werden".

90 Bollnow: Erkenntnis, S. 141: Lebenserfahrung ist „Lebensgeschehen, dem der Mensch ausgeliefert ist, über das er nicht von sich aus verfügen kann ..." Vgl. auch Buck: Lernen, S. 15: „Und zwar lernen wir sie (scil. die Welt) primär hinnehmend kennen, wir sind darauf angewiesen, daß uns etwas gegeben wird ..."

91 Buck: Lernen, S. 16.

92 Hierzu Hegel: Encyclopädie, S. 38: „Das Prinzip der Erfahrung enthält die unendlich wichtige Bestimmung, daß für das Annehmen und Fürwahrhalten eines Inhalts der Mensch selbst dabei sein müsse, ... Er muß selbst dabei sein, sei es nur mit seinen äußerlichen Sinnen oder aber mit seinem tieferen Geiste, seinem wesentlichen Selbstbewußtsein".

93 Bollnow: Erkenntnis, S. 143; Buck: Lernen, S. 20.

vorgestellt hat.[94] Daran aber zeigt sich bereits, worauf die oft beklagte Lückenhaftigkeit der Lebenserfahrung beruht. Jedem Menschen ist nur eine begrenzte Anzahl von Erfahrungen zugänglich. Welche Erfahrungen ein Mensch – und damit auch ein Richter – macht, ist wesentlich davon abhängig, mit welcher Wirklichkeit er in Berührung kommt. Hierbei ist dem Zufall Tür und Tor geöffnet; soziale Umwelt[95], zufällige Begegnungen, Ausbildung und Beobachtungs-Aufmerksamkeit vermögen die Bildung der Lebenserfahrung zu beeinflussen.

Die Lückenhaftigkeit und Zufälligkeit der Lebenserfahrung wird – abgesehen von ihrer unmethodischen Gewinnung und Überprüfung – noch dadurch verschärft, daß der Mensch zu einem gegebenen Zeitpunkt gewisse gemachte Erfahrungen nicht mehr gegenwärtig hat.[96] In solchem Fall wird sich unser Kriterium der Wahrhaftigkeit bewähren. Der Richter hat sich zu bemühen, Erfahrungen aus seinem eigenen Leben zu aktivieren; daß dies keine unerfüllbare Forderung ist, hat die moderne Lernpsychologie bewiesen.[97]

Des weiteren muß der Richter versuchen, seinen begrenzten Erfahrungsschatz durch fremde Lebenserfahrung zu ergänzen.[98] Hier steht er jedoch vor dem grundsätzlichen Problem, daß er – im Falle der Übernahme einer fremden Erfahrung – seiner Entscheidung ein Wissen zugrundelegt, das er nicht selbst gemacht hat, von dem er nicht selbst „betroffen" war, das er also auch nicht wie eigene Lebenserfahrung überprüfen kann. Dies kann indessen nicht entscheidend sein. Allein wesentlich im Strafprozeß muß sein, daß der Richter durch die Übernahme fremden Erfahrungswissens die Chance erhält, die für die Wirklichkeitserforschung relevante Erfahrungsbasis zu verbreitern. Darüber hinaus kann der Richter durch Mitteilung fremder Erfahrung dazu offen werden, solche Erfahrung auch selbst zu machen.

Und verfehlt ist auch der Einwand der mangelnden Überprüfbarkeit solcher Erfahrung. Sicher, fremde Erfahrung unterliegt nicht dem Kriterium des „Selbst-Betroffenseins". Doch wird vom Richter nicht verlangt, „blind" fremder

94 Die „Schmerzhaftigkeit" der Erfahrungsgewinnung näher herauszuarbeiten, ist hier nicht der Ort. Vgl. dazu insbes. Buck: Lernen, S. 64 ff. und Bollnow: Erkenntnis, S. 130 ff.

95 Oben wurde aus psychologischer Sicht bereits darauf hingewiesen, daß der Katalog der Erfahrungssätze wesentlich auf Einflüssen der Familie in den Kindheitsjahren beruht. Die Sozialpsychologie nimmt – heute unwidersprochen – an, daß Kultur, Sozialstruktur, Wissensstand, Umwelt, typische Persönlichkeitsmerkmale und Verhaltensweisen in einem engen, wechselseitigen Verhältnis zueinander stehen. Vgl. hierzu Foppa: Lernen, S. 146 und Kaupen: Hüter, S. 16.

96 Bollnow: Erkenntnis, S. 146; Foppa: Lernen, S. 249 ff.

97 Vgl. hierzu Foppa: Lernen, S. 291 ff.

98 Hierzu ausführlich Russell: Wissen, S. 190 ff.

Erfahrung zu folgen. Wenn auch das empiristische Sinnkriterium[99] auf die Lebenserfahrung nicht anwendbar ist, so unterliegt eigene und auch rezipierte fremde Erfahrung doch dem Kriterium der Intersubjektivität in einem weiteren Sinne: Lebenserfahrung ist nicht unkontrollierbar. Es besteht durchaus die Möglichkeit, daß andere eine gleiche oder ähnliche Erfahrung bereits gemacht haben. Nur ist die Erfahrungsgewinnungssituation nicht – wie es das empiristische Sinnkriterium fordert – jederzeit reproduzierbar.[100] Das jedoch ist von einer weit verstandenen Intersubjektivität auch nicht verlangt. Gefordert ist allein Allgemeinzugänglichkeit einer entsprechenden Erfahrung[101].

Nochmals ist darauf hinzuweisen, daß eine Sachverhaltserforschung ohne Beiziehung von Sätzen der Lebenserfahrung unmöglich ist. Die Gründe hierfür wurden oben bereits kurz dargestellt. Nicht vergessen darf werden, daß experimentelle Forschung allein die den Naturwissenschaften angemessene Methode ist.[102]

Wenn auch die kausalgesetzlich verfahrende Methode weite Bereiche der Soziologie, Psychologie und Biologie erobert hat, so bleibt doch ein Großteil der bei der forensischen Sachverhaltsermittlung auftretenden Probleme experimentell unentscheidbar. Dabei soll hier nicht das Ewigkeitsproblem berührt werden, ob es jemals möglich sein wird, den Menschen und sein Verhalten deterministisch zu bestimmen. Es genügt der Hinweis, daß experimentelle Forschung derartige „Erfolge" jedenfalls bis heute nicht vorzuweisen hat.[103] Deshalb wird man sich, so problematisch und unerfreulich dies gerade im forensischen Bereich sein mag, noch weitgehend mit den lückenhaften und in unkontrolliertem Verfahren gewonnenen Theorien der allgemeinen Lebenserfahrung behelfen müssen. Will man die trotz den oben erwähnten Objektivierungsversuchen noch immer bestehenden Zufälligkeiten der Theorien der Lebenserfahrung wenigstens in Teilbereichen überwinden, dann stellt sich unausweichlich die Forderung nach „einer ausdrücklichen, planmäßig angelegten Forschung".[104] Es sind daher im folgenden die Grundsätze einer solchen Forschung – insbesondere die Methode des Experiments – herauszuarbeiten.

---

99 Wie oben erwähnt, fordert es für Erfahrungsüberprüfung die jederzeitige Möglichkeit zu intersubjektiver Verifikation oder Falsifikation.

100 So auch Bollnow: Erkenntnis, S. 149: „Aber diese Überprüfbarkeit steht nicht jederzeit zur Verfügung, man kann sie nicht mit planmäßigen Veranstaltungen absichtlich herbeizwingen, sondern man ist ... darauf angewiesen, wann solche Ereignisse (zufällig! W.K.) im Leben eintreten ..."

101 Ähnlich Arthur Kaufmann: Schuldprinzip, S. 63, für die metaphysische Erkenntnis.

102 Arthur Kaufmann: Schuldprinzip, S. 63 f.

103 Jedenfalls können Fortschritte etwa in der Zeugenpsychologie die Sicherheit der forensischen Sachverhaltsbildungsprozesse verbessern. Hierzu Peters: Strafprozeß, S. 314 ff.

104 Bollnow: Erkenntnis, S. 147.

2.2.2.3 Die Methode des Experiments

Oben konnte bereits aufgezeigt werden, daß sich naturwissenschaftliche Theorie und Theorie der Lebenserfahrung in ihrer ersten Phase der Entstehung nicht unterscheiden. Eine Divergenz entsteht erst in der späteren Bestätigungsphase, wenn die Richtigkeit der „vorerahnten" Hypothese überprüft wird. Dabei war festzustellen, daß die Naturwissenschaften und auch Teile der Sozialwissenschaften „die experimentelle Vorgehensweise zu einer hohen Vollendung geführt und überall zu einem unentbehrlichen Instrument der Forschung gemacht haben".[105] Der Vorteil der experimentellen Methode wird insbesondere darin gesehen, daß sie es gestattet, „die Relationen von Ursache und Wirkung schneller und eindeutiger zu analysieren als . . . andere Methoden. Sie läßt eine Verifizierung durch viele Beobachter zu. Sie hat unbegründete Vorurteile durch ein eindeutiges Beweisverfahren ersetzt, das genügend Sicherheit besitzt, um Prognosen zu rechtfertigen."[106]

Diese Sicherheit wird dadurch erreicht, daß die vorgeahnte Hypothese „Wenn A, dann B" unter Ausschluß aller störenden Faktoren in unterschiedlichen Situationen kontrolliert wird. Wir stehen daher vor dem Problem, einerseits die Methode der Neutralisation der Störfaktoren, andererseits die Formen der Kontrolle aufzuzeigen.

2.2.2.3.1 Stringenz und Grenzen der experimentellen Methode

Die Schwierigkeit des Experiments liegt darin begründet, daß eine Vielzahl von Faktoren in einer Experimentiersituation den Effekt hervorrufen können.[107] Welches nun der eigentlich den Effekt auslösende Faktor ist[108], wird zu Beginn des Experiments nie feststehen. Denn hätte man hierüber sicheres Wissen, wäre das Experiment von vorneherein überflüssig. Das Experiment ist somit die Methode, die auf subtraktivem Wege die eigentliche Ursache für den Effekt

105 Siebel: Logik des Experiments, S. 9.

106 Chapin: Experimental designs, S. 1.

107 Stegmüller: Kausalität, S. 4 f. bringt hierzu ein eindrucksvolles Beispiel: „Angenommen, ein Haus wird dadurch zum Einsturz gebracht, daß im Verlaufe von Bauarbeiten im Keller eine Stütze entfernt wird. Es wird dann gesagt, daß das Haus deshalb zusammenstürzte, weil jene Stütze entfernt worden sei . . . Es ist nun unmittelbar klar, daß jenes Haus trotz der Entfernung der fraglichen Stütze keineswegs eingestürzt wäre, wenn es eine andere Beschaffenheit gehabt hätte. Wenn wir also die Beseitigung jener Stütze als die Ursache für den Einsturz bezeichnen, so ist dies im Grunde eine vollkommen einseitige Beschreibung des Vorganges. Jene Tätigkeit mußte in Wahrheit mit einer großen Anzahl von anderen Faktoren zusammentreffen, um den erwähnten Effekt hervorzurufen, und doch wurden alle diese anderen Faktoren überhaupt nicht erwähnt".

108 Stets wird nämlich erst das Zusammentreffen mehrerer Faktoren effektauslösend wirken.

herausdestilliert. Aus einer Reihe möglicher Faktoren $A_1 - A_n$ wird der allein wirksame Faktor für den Effekt B gewonnen, indem die nicht-wirksamen Faktoren sukzessive erkannt und eliminiert werden.

Deshalb können wir Siebel[109] nicht zustimmen, wenn er im Anschluß an Chapin zwei Stadien innerhalb der experimentellen Methode unterscheidet: Einem „Pionierstadium des empirischen Experimentierens mittels der rohen Methode nach Versuch und Irrtum", folge erst das „exakte Stadium, in dem viele Bedingungen bekannt und kontrolliert sind".

Beide „Phasen" sind untrennbar ineinander verwoben. Angenommen, der Forscher stellt die Hypothese, daß der Faktor A_{19} bedeutsam sein könnte für den Effekt B. Dann wird er zwei Experimentiersituationen schaffen: Die eine Situation wird dem Einfluß von A_{19} ausgesetzt, die andere („Kontrollexperiment") bleibt ohne diese Einwirkung. Zeigt sich beim Kontrollexperiment ein Ausbleiben des Effekts, während sich beim Hauptexperiment der Effekt einstellt, so ist die Hypothese „Wenn A_{19}, dann B" jedenfalls nicht falsifiziert. Das „Versuch und Irrtum-Verfahren" wird also hinsichtlich jeder identifizierten Hypothese angewendet, aber eben nicht in der rohen und zufälligen Form, wie dies beim Lernen der Lebenserfahrung der Fall ist, sondern auf streng methodischem Wege mit Haupt- und Kontrollexperiment.

An dieser Stelle zeigen sich jedoch auch schon die Grenzen der experimentellen Methode. Abhängigkeiten, an die der Experimentator gar nicht denkt[110], bleiben von experimenteller Überprüfung ausgeschlossen. So mußte erst jemand „darauf kommen", daß der Schlaf möglicherweise eine Verlangsamung des Alkoholabbaus bedinge, ehe diese Abhängigkeitshypothese einer experimentellen Prüfung unterzogen wurde.[111] Die Möglichkeit der Übersicht über sämtliche Hypothesen wird der Forscher bei sehr einfachen Phänomenen[112] eher besitzen als bei den komplexeren sozialen Phänomenen.[113] Daher kommt auch das Experiment, so rational und kontrolliert seine Methode auch sein mag, ohne intersubjektive Überprüfung der Ergebnisse nicht aus. Wenn wir an unsere Einteilung des Wirklichen[114] anknüpfen, so wird die Komplexheit und

109 Siebel: Logik des Experiments, S. 23.

110 Hinsichtlich derer er also auch keine Hypothese aufstellt.

111 Die Ergebnisse sind dargestellt bei Lundt/Jahn: Ergänzende Stellungnahme, S. 9.

112 Siebel: Logik des Experiments, S. 15 nennt als Beispiel die Untersuchung des elektrischen Widerstandes eines Metalldrahtes. Zum Problem der Einfachheit vgl. ausführlich Popper: Logik, S. 97 ff., dessen Ansicht, daß „Einfachheit einer Theorie ... mit der Leichtigkeit ihrer Eliminierung" zusammenhängt, wir uns hier anschließen.

113 Vgl. auch Siebel: Logik des Experiments, S. 28: „Weil das soziale Geschehen zu komplex ist, ist es nicht nur möglich, sondern sogar wahrscheinlich, daß bedeutsame Tatsachen der Aufmerksamkeit des Forschers entgehen".

114 Vgl. S. 14 und S. 93 f.

Unüberschaubarkeit des Problems die Anwendung der experimentellen Methode desto eher verhindern, je weiter der Experimentator den Bereich der Materie verläßt und sich den Kategorien der Seele und des Geistes zuwendet.

Ein anderes kommt hinzu: In den letztgenannten Bereichen ist der Mensch in seiner Wesenheit betroffen; dann aber ist das Experimentierobjekt nicht mehr total manipulierbar, wie dies im materialen Bereich der Naturwissenschaften der Fall ist. Ethische Gesichtspunkte verbieten die Herabwürdigung des Menschen zum „Versuchskaninchen".[115] Danach bleibt ein weiter Bereich übrig, in welchem das künstliche Laboratoriumsexperiment, bei dem der Forscher nicht auf den zufälligen Eintritt bestimmter Ergebnisse zu warten braucht, sondern diesen planmäßig herbeiführt[116], gesichertere Erkenntnisse liefert als die unkontrollierte Beobachtung des täglichen Lebens.

2.2.2.3.2 Experiment, Wahrscheinlichkeit und intersubjektive Anerkennung

Bereits bei Klärung des von der Rechtsprechung gebrauchten Begriffs der Wahrscheinlichkeit wurde darauf hingewiesen, daß die objektiven Wahrscheinlichkeitsbegriffe (statistischer und logischer) in der forensischen Praxis deshalb weitgehend untauglich sind, weil für die weitaus meisten der im Prozeß der Sachverhaltsforschung verwendeten Theorien eine experimentell gesicherte Erfahrungsbasis nicht zur Verfügung steht. Es konnte jedoch auch gezeigt werden, daß die Einführung der „empirischen Wirklichkeit" in Verbindung mit Carnaps logischer Wahrscheinlichkeit bei gewissen Grenzbereichen viele Schwierigkeiten auszuräumen in der Lage ist. Wenn eine Theorie – so sagten wir dort[117] – trotz häufiger Falsifikationsversuche sich als zum Zeitpunkt t unwiderlegt erwiesen hat, ihr also der Wahrscheinlichkeitswert 1 zukommt, besteht für den Richter kein Anlaß, an ihrer derzeitigen Richtigkeit zu zweifeln. Kann in einem solchen Fall die Erfahrungsbasis der Theorie angegeben werden (eine Voraussetzung, die nur bei der experimentellen Methode erfüllt sein wird!) und läßt die Erfahrungsbasis bis zur Gegenwart keinen negativen „Ausfall"[118]

---

115 Siebel: Logik des Experiments, S. 31.

116 Das künstliche Laboratoriumsexperiment stellt das Ideal der experimentellen Methode dar und bedeutet im Anschluß an Siebel: Logik des Experiments, S. 19:
„– Herstellung von natürlichen Zuständen,
- Einführung eines Stimulus in die geschaffene Situation durch den Experimentator selbst,
- die strenge Kontrolle aller relevanten Bedingungen,
- den Gebrauch von Instrumenten, um die Wirkung des Stimulus festzustellen,
- und schließlich die unbegrenzte (und jederzeitige, W.K.) Wiederholung der experimentellen Anordnung mit Änderung jeweils eines oder mehrerer Faktoren".

117 Vgl. oben S. 47.

118 Popper: Logik, S. 19 FN. 6. Damit soll gesagt sein, daß sich die Theorie in sämtlichen Falsifikationsversuchen bewährt hat.

erkennen, so wird der Richter von der praktischen (nicht logischen!) Verifiziertheit der Theorie ausgehen müssen.

Damit aber sind, wie bereits angedeutet, die Schwierigkeiten noch nicht zu Ende. Einerseits wird ein negatives Ergebnis im Vorstadium des Theorien-Bestätigungsverfahrens die praktische Verifiziertheit der Theorie sicherlich nicht hindern können, wenn später sämtliche Versuche die Theorie bestätigen. Andererseits wird der erstmalige positive Nachweis eines Effektes noch keine praktische Verifiziertheit begründen, obgleich der Theorienwahrscheinlichkeitswert in diesem Fall 1 beträgt.[119]

Eine Diskussion über die für eine praktische Verifiziertheit einer Theorie notwendige Anzahl positiver Experimente erscheint müßig. Es gibt keine Kriterien, die hierüber eine numerische Aussage zulassen.[120] Aus der Unmöglichkeit einer numerischen Festlegung folgt, daß die quantitative Ebene zugunsten der qualitativen verlassen werden muß.[121] Ähnlich wie für die Bildung von Gewohnheitsrecht ist auch für die praktische Verifiziertheit einer Theorie zusätzlich zu einer langen Reihe positiver Bestätigungen ein personales Moment zu fordern: die intersubjektive Anerkanntheit dieser Theorie.[122]

Damit ist nun aber keineswegs gemeint, daß die personale Basis sich auf die Weltbevölkerung erstrecken muß. Intersubjektive Anerkanntheit ist anders gemeint: Es muß eine Theorie von all denen als richtig angesehen werden, die sich mit ihrer Bestätigung beschäftigt haben.[123] Eine so statistisch und personal bestätigte Theorie erfüllt die Erfordernisse, die § 244 Abs. 2 StPO an die richterliche Sachverhaltsfeststellung stellt. Denn wenn die „beteiligten" Forscher eine Theorie anerkannt haben, ist die derzeitige Erfahrbarkeit der Wirklichkeit erreicht. Der Richter ist in diesem Fall verpflichtet, die Theorie als empirisch richtig seinem Urteil zugrunde zu legen.[124]

---

119 Vgl. dazu Popper: a.a.O.

120 Jede autoritäre Festlegung müßte das Prinzip der Falsifizierbarkeit der Theorie zerstören. Sie würde überdies dem System der „empirischen Wirklichkeit" zuwiderlaufen, da diese ja zukunftsoffen und nur für die Gegenwart gültig konstituiert wurde. Und wie sollen Theorien beurteilt werden, die die festgesetzte Zahl von Bewährungen erreichten, die aber ebenso oft oder öfter falsifiziert wurden? Vgl. dazu auch Popper: a.a.O., S. 213 f. und S. 348 ff.

121 Bei der ähnlich gelagerten Frage nach dem Bestehen von Gewohnheitsrecht wird ebenfalls nicht eine numerisch bestimmte Zahl von Jahren, sondern lediglich unbestimmt ein „für längere Zeit geübter Brauch" (BVerfGE 16, S. 27 ff.) gefordert. Vgl. auch BVerfGE 9, S. 109 ff.; 15, S. 226 ff.; BGHZ 8, S. 169 ff.

122 Vgl. dazu auch Popper: Logik, S. 18 FN. 1.

123 Die Gefahr, daß eine nur von einem Forscher bestätigte Theorie vom Richter übernommen werden muß, wird durch das Erfordernis der langen Reihe positiver Bestätigungen ausgeräumt. Wie die Geschichte der Wissenschaften zeigt, werden neue Forschungsergebnisse sogleich von anderen Forschern einer kritischen Kontrolle unterworfen.

2.2.2.3.3 Kritik der Rechtsprechung

Auf der Basis der oben erarbeiteten Grundsätze sollen nunmehr beispielhaft zwei von der Rechtsprechung als gesichert akzeptierte Theorien untersucht werden: Zum einen der Erfahrungssatz, daß jeder Kraftfahrer bei einer Blutalkoholkonzentration von 1.3‰ fahruntüchtig i.S. der §§ 315 c Abs. 1 Nr. 1a, 316 StGB ist, zum anderen die Theorie von der Vererblichkeit bestimmter Blutfaktoren[125].

Bekanntlich entspricht es nach Ansicht der Rechtsprechung[126] gesicherter naturwissenschaftlicher, für den Richter unbedingt hinzunehmender Erkenntnis, daß kein Mensch bei einer Blutalkoholkonzentration von 1.1‰ „in der Lage ist, das Fahrzeug sicher zu führen". Zu diesem Grundwert wird ein Sicherheitszuschlag von 0.2‰ hinzugerechnet, damit, wegen der Unsicherheit der derzeitigen Blutalkoholbestimmungsverfahren, nur der Kraftfahrer verurteilt wird, der tatsächlich einen Blutalkohol von 1.10‰ aufweist.

Dem beispielhaften Charakter dieses Abschnitts folgend, beschränken wir uns auf die dem Sicherheitszuschlag zugrunde liegende Theorie.[127] Das Gutachten des Bundesgesundheitsamts[128] kommt zu dem Ergebnis, daß „die Wahrscheinlichkeit einer Überschreitung des ‚Sicherheitszuschlages' von 0.15‰ . . . sehr viel geringer als 0.135 vH" ist. Das bedeutet, daß die Theorie von der Sicherheit der Blutalkoholbestimmungsverfahren mit einer Karenz von 0.15‰ nicht den Wahrscheinlichkeitswert 1 besitzt, sondern nur einen solchen von 0.99865, m.a.W., bei einer Reihe von 740 Blutalkoholbestimmungen ist damit zu rechnen, daß eine Bestimmung eine derart große Abweichung aufweist, daß sie durch den Sicherheitszuschlag nicht mehr abgedeckt ist.

Aus diesen und aus anderen „einstweilen noch bestehenden Unzulänglichkeiten in personeller und sachlicher Hinsicht"[129] hält es der BGH für geboten, den

124 Vgl. auch Russell: Wissen, S. 390.

125 Nicht näher untersucht wird die Rechtsprechung zur Geschwindigkeitsmessung durch ein Radargerät (OLG Hamburg NJW 1963, S. 505; OLG Hamm NJW 1963, S. 602) und die Rechtsprechung zum Beweiswert des Fingerabdruckverfahrens (BGH LM § 261 StPO Nr. 9). Vgl. hierzu Schulz: Strafprozeßordnung, Anm. B 1 m.w.N.

126 Vgl. BGHSt 21, 157 ff.

127 Die Theorie des Grundwertes „Wenn 1.1‰, dann Fahruntauglichkeit" läßt sich schwer in unser System der „praktischen Verifiziertheit einer Theorie" einordnen. Der Grund hierfür liegt im stark normativ geprägten Tatbestandsmerkmal des „nicht in der Lage, das Fahrzeug sicher zu führen". Vgl. dazu Arbab-Zadeh: Blutalkoholgrenze, S. 274. Wegen der normativen Vielschichtigkeit dieses Tatbestandsmerkmals gesteht Sarstedt: Beweisregeln, S. 184 f. dem Grundwert materiellrechtlichen Charakter zu. Wieder anders Naucke: Promillegrenze, S. 2323 f., der die gesamte Promillegrenze für einen materiellen Rechtssatz hält. Kritisch hierzu Horn: Blutalkohol, S. 28 ff. und Haffke: Rückwirkungsverbot, S. 12 ff.

128 Lundt/Jahn: Gutachten, S. 27.

129 BGHSt 21, 167.

Sicherheitszuschlag mit 0.2‰ zu bemessen. Einen solchen Karenzzuschlag sieht der BGH als ausreichend an, „um jede nur mögliche Benachteiligung eines Kraftfahrers mit an Sicherheit grenzender Wahrscheinlichkeit auszuschließen".[130] Indessen zeigt eine Durchsicht der Untersuchungsergebnisse,[131] daß in sehr vielen Fällen auch die Karenz von 0.2‰ überschritten wurde.[132] Es kann damit der Theorie „Wenn nach den Verfahren ADH (2mal) und Widmark (3mal) die Blutalkoholkonzentration ermittelt wird, dann beträgt die Abweichung vom wahren Wert höchstens 0.2‰" nicht der Wahrscheinlichkeitswert 1 zugestanden werden. Dann aber kann aus dieser Theorie auch nicht deduziert werden, daß bei der im konkreten Prozeß entscheidenden Blutalkoholbestimmung der Fehler mit Sicherheit höchstens 0.2‰ beträgt. Nach unseren obigen Überlegungen[133] nützt es dem Richter aber wenig, daß mit hoher (statistischer) Wahrscheinlichkeit innerhalb der genannten Fehlergrenze bestimmt wurde. Denn niemand kann entscheiden, ob nicht gerade im konkreten Fall die Karenz überschritten ist. Es muß daher schon aus diesem Grund die Rechtsprechung zur absoluten Fahruntüchtigkeit abgelehnt werden. Sie statuiert die absolute Richtigkeit von Blutalkoholbestimmungsverfahren, wo schon empirische Untersuchungen das Gegenteil erweisen.[134]

Damit soll aber nicht gesagt sein, daß der Richter bei einer ermittelten Blutalkoholkonzentration von 1.3‰ eine Verurteilung nach §§ 315 Abs. 1 Nr. 1a, 316 StGB zu unterlassen habe. Nur kann er sich dann nicht *allein* auf den ermittelten Blutalkoholgehalt stützen.[135]

Der absolute Beweiswert, den die Rechtsprechung bestimmten Blutgruppengutachten zugesteht, beruht auf dem naturwissenschaftlichen Erfahrungssatz, „daß ein Kind nur Blutfaktoren besitzen kann, die auch seine Eltern tragen".[136] Die Frage der Abstammung eines Menschen von einem anderen spielt insbesondere

130 BGH a.a.O.

131 Vgl. Lundt/Jahn: Gutachten, S. 134 ff.

132 Das Gutachten versucht auf S. 117 die Streuung der Analysenergebnisse zu erklären. Eine solche Erklärung ist für die forensische Praxis aber nutzlos. Sie stellt lediglich Vermutungen an, wie solche Fehler zustandekommen, kann aber an der Tatsache, daß solche Fehler unterlaufen, nicht rütteln.

133 Vgl. S. 71.

134 Da wir unseren Ausführungen ein Wahrscheinlichkeitssystem zugrundegelegt haben, das unmittelbaren Bezug zur empirischen Basis hat, brauchen wir uns mit der Gauß'schen Normalverteilungskurve nicht auseinanderzusetzen. Sie beweist mathematisch, was hier empirisch aufgewiesen wurde. Vgl. zum letzteren Haffke: Problematik, S. 448 ff.

135 Der Richter benötigt vielmehr noch zusätzliche Kriterien, die ihm erlauben, die Differenz zwischen Wahrscheinlichkeitswert und empirischer Sicherheit zu überwinden. Hierfür kommen die für die sog. relative Fahruntauglichkeit entwickelten Indizien in Betracht. Vgl. dazu auch Haffke: a.a.O.

136 Prokop: Blutgruppen, S. 529. Vgl. auch Pietrusky: Das Blutgruppengutachten, S. 8.

eine Rolle in Statusprozessen vor Zivilgerichten. In diesem Zusammenhang wird die Feststellung erforderlich, ob die Vaterschaft „offenbar unmöglich" ist.[137] Dabei wird mit den Worten „den Umständen nach offenbar unmöglich" „nicht das Vorliegen eines Sachverhalts gefordert, der die Vaterschaft mit denkgesetzlicher oder mathematischer Notwendigkeit oder mit einer Sicherheit ausschließt, wie sie die Naturwissenschaft . . . allgemein dort anerkennt, wo eine feste kausale Kette keine andere Denkmöglichkeit zuläßt und die Empirie ausnahmslos dem Naturgesetz entspricht."[138]

Für den Zivilprozeß genügt also hohe Wahrscheinlichkeit. Die moderne Serologie hat inzwischen einen Stand erreicht, der durch die Kombination von 19 Bluterbmerkmalen eine Vaterschaftsausschlußwahrscheinlichkeit von 0.985 erreicht.[139] Dieser Wahrscheinlichkeitswert drückt aber nicht die Sicherheit der einzelnen Verfahren (etwa des ABO- oder MN-Verfahrens) aus; vielmehr ist der genannte Wahrscheinlichkeitswert eine Funktion der Vorkommnis der einzelnen Blutgruppen innerhalb der deutschen Bevölkerung.[140] Damit ist gesagt, daß – auf die Übereinstimmung von vielen Blutfaktoren bezogen – im schlechtesten Fall ein Mann als Vater eines Kindes immerhin noch mit einer Wahrscheinlichkeit von 0.985 ausgeschlossen werden kann.[141]

Der Strafrichter darf sich mit einer solchen Wahrscheinlichkeit nicht begnügen. Es wurde jedoch bereits dargelegt, daß diese Wahrscheinlichkeitszahl sogar im ungünstigsten Fall zu erreichen ist. Demgegenüber gibt es serologisch günstiger gelagerte Konstellationen, für die die Blutgruppenwissenschaft in hunderttausenden von Fällen kein widersprechendes Ergebnis erzielt hat.[142] So ist bei der ABO-Konstellation: Mutter: A, Kind: B, Mann: 0 die Vaterschaft dieses Mannes

137 Vgl. § 1591 Abs. 1 Satz 2 BGB: „Das Kind ist nicht ehelich, wenn es den Umständen nach offenbar unmöglich ist, daß die Frau das Kind von dem Manne empfangen hat".

138 BGHZ 7, 120; vgl. auch Palandt-Lauterbach: BGB, § 1591 Anm. 4.

139 Vgl. Speiser: Paternitätsprozeß, S. 9. Er erreicht diese Wahrscheinlichkeit bei Mitverwendung des aufwendigen Lymphozytengruppen (HL-A)-Systems.

140 So leistet z.B. das klassische ABO-Verfahren auf der Grundlage, daß 80% der deutschen Bevölkerung der Gruppe A oder O angehören, nur eine allgemeine Vaterschaftsausschlußwahrscheinlichkeit vom 0.3. Vgl. dazu Gathof: Vaterschaftswahrscheinlichkeit, S. 58. Im einzelnen leisten die verschiedenen Verfahren auf der Basis der Vorkommenswahrscheinlichkeit innerhalb der deutschen Bevölkerung folgende Wahrscheinlichkeiten: Lymphozytengruppen: 0.76; MNSs: 0.32; Rh: 0.29; saure Erythrozytenphosphatasegruppen: 0.25; Gm: 0.20; ABO mit Untergruppen: 0.20; Kidd: 0.19; Duffy: 0.18; etc.

141 Beitzke: Vaterschaftsbeweise, S. 574. Beitzke nimmt in dieser 1967 erschienenen Abhandlung noch eine allgemeine Ausschlußwahrscheinlichkeit von 0.8 an.

142 Weshalb eine feste Zahl bestätigender Experimente nicht angegeben werden kann, wurde bereits dargelegt. Nicht haltbar ist deshalb die Meinung von Beitzke: Vaterschaftsbeweise, S. 575, wonach „mindestens 500 Fälle als unterste Grenze" für den absoluten Beweiswert erforderlich seien. Warum nicht 50, warum nicht 5000?

mit empirischer Sicherheit auszuschließen.[143] Hat also die Mutter im Unterhaltsprozeß des Kindes gegen den Mann beschworen, daß sie während der Empfängniszeit nur mit diesem Manne verkehrt habe, so ist für den nachfolgenden Meineidprozeß die dem Tatbestandsmerkmal „falsch" in § 154 StGB zugrunde liegende Wirklichkeit mit absoluter Sicherheit erwiesen. Der Richter würde gegen den Wahrheitsbegriff des § 244 Abs. 2 StPO verstoßen, wenn er dennoch freispräche, denn das ABO-Verfahren besitzt einerseits die empirische Wahrscheinlichkeit 1 und wird außerdem von keinem Serologen mehr bezweifelt.[144]

Ebenfalls einen absoluten Beweiswert leistet nach dem heutigen Stande der Serologie das Untergruppensystem $A_1 A_2 \ldots$[145], und das MNSs-Verfahren.[146] Auch bei diesen Systemen ist der Wahrscheinlichkeitswert 1 und intersubjektive Anerkennung gegeben.

Demgegenüber kann den übrigen Systemen eine absolute empirische Bestätigung nicht zugestanden werden. Teilweise haben die Versuchsreihen Ausfälle gezeigt[147], teilweise hindert mangelnde intersubjektive Anerkennung die Vergabe des Prädikats „absoluter Beweiswert".

Die praktische Verifiziertheit einer Theorie führt jedoch nicht ohne weiteres zur Zuerkennung des absoluten Beweiswerts für ein auf diese Theorie gestütztes

143 Das gleiche gilt für die folgenden Konstellationen:
a) Mutter: O, Kind: A, Mann: O
b) Mutter: B, Kind: AB, Mann: O
Demgegenüber kann ein Ausschluß aufgrund des ABO-Verfahrens bei folgenden Erscheinungsbildern nicht erfolgen:
a) Mutter: A, Kind: A, Mann: B (AB, O)
b) Mutter: O, Kind: B, Mann: AB.

144 Das ABO-Verfahren sei als Anlaß genommen darzulegen, daß es auf Außenseiteransichten nicht ankommen kann. Der Angriff von Mattil: „Offenbar unmöglich", kann die empirische Sicherheit des ABO-Verfahrens nicht erschüttern. Dazu ist die empirische Basis zu lückenhaft und dilettantisch. So seine Ansicht, „daß Beiwohnungen innerhalb der Empfängniszeit, aber auch später, besonders wenn sie mit persönlicher Leidenschaft verbunden sind, nicht ohne Einfluß auf die Gestalt, auf Ähnlichkeitsmerkmale bleiben, auch wenn schon bei einem früheren Beischlaf mit einem anderen eine Befruchtung eingetreten ist" (S. 90). Außerdem ist der Verfasser außerstande, die Bezeichnung „AB" zu begreifen (S. 27). Bei Fehlen auch der primitivsten Grundlagen ist es aber unmöglich, einem Angriff gegen einen empirisch bestätigten Satz irgendwelche Relevanz zuzuweisen.

145 Vgl. Verschuer bei Pettenkofer: Blutgruppen, S. 3; Beitzke: Vaterschaftsbeweise, S. 578; Prokop: Blutgruppen, S. 530.

146 Vgl. Pettenkofer: Blutgruppen, S. 7 ff.; Prokop: Blutgruppen, S. 531 f. Vgl. auch BGHSt 6, 70; BGHZ 2, 6; 12, 22.

147 So das P-System, wo bei einer Versuchsreihe von 96 Familien mit 280 Kindern die Hypothese in 5 Fällen falsifiziert werden konnte. Vgl. dazu Pettenkofer: Blutgruppen, S. 13.

Gutachten: „Der Beweiswert eines Blutgruppengutachtens hängt ... nicht nur von der Richtigkeit seiner theoretischen, vererbungswissenschaftlichen Grundlagen, sondern auch von der weiteren Voraussetzung ab, daß die Blutgruppen im gegebenen Falle ... eindeutig und zweifelsfrei festgestellt sind".[148] Solche Fehler können insbesondere auf technischen oder personellen Fehlleistungen beruhen, sie können aber auch durch eine Verwechslung von Blutproben bedingt sein.[149] Nun könnte man zwar eine Theorie aufstellen, derzufolge bei der Bestimmung von Blutgruppen niemals Fehler passieren. Eine solche Theorie ist jedoch weit davon entfernt, empirisch verifiziert zu sein. Ein solcher Erfahrungssatz mag zwar bestehen; es handelt sich dabei aber allein um einen Erfahrungssatz des Lebens, da experimentelle oder statistische Untersuchungen nicht vorliegen, und es handelt sich zweifellos auch nicht um einen Allsatz, wie die forensische Praxis beweist. Es muß daher gefragt werden, wie der Richter seine Überzeugung, die ja auf Erfahrungssätzen des Lebens beruht, von der Mangelfreiheit des Blutgruppenbestimmungsverfahrens praktisch objektivieren kann.

2.2.2.4 Die Objektivierung der Sachverhaltsfeststellung

Die zuletzt angesprochene Frage enthält keineswegs die Gesamtproblematik einer „objektiven" Sachverhaltsfeststellung. Nur einem verschwindend geringen Teil der bei der Sachverhaltsfeststellung zur Anwendung gelangenden Theorien konnte ein absoluter Beweiswert zugesprochen werden; nur dieser Teil wurde in einem Verfahren gewonnen, das den Theorien eine solche Stringenz verleiht, daß Sachverhaltsfeststellungen auf ihrer Basis die empirische Wirklichkeit erreichen. Daneben bleibt aber die große Masse der nicht empirisch verifizierten Theorien. Hier muß ein anderer Weg gefunden werden, der es gestattet, auch über solche Theorien die empirische Wirklichkeit zu erreichen.

Die Irrationalität richterlicher Sachverhaltsfeststellung wurde in ihren erkenntnistheoretischen und psychologischen Aspekten untersucht. Dabei stellten sich bereits die zwei wesentlichen Bedingungen für die Überwindung schrankenloser Irrationalität heraus: Die äußere und innere Intersubjektivität der Tatsachenfeststellung[150] einerseits, die „Vollständigkeit der Reflexion und Argumentation"[151] andererseits.

Näher betrachtet sind dies aber nur zwei Seiten derselben Sache. Damit der Richter in die Lage versetzt werden kann, die für und gegen das Geschehen-Sein einer Wirklichkeit sprechenden Umstände kritisch zu würdigen und gegeneinander abzuwägen, müssen diese Umstände in der Strafverhandlung erst einmal

148 BGHZ 12, 37; vgl. auch BGHZ 21, 339.

149 BGHZ 2, 11.

150 Vgl. oben S. 25 ff.

151 Vgl. oben S. 76 und Hassemer: Tatbestand, S. 135.

vorgetragen werden; damit er seine Überzeugung in den Urteilsgründen darlegen kann, muß er sich die Überzeugung erst durch kritische Reflexion erarbeitet haben. Der Richter muß versuchen, seine Lebenserfahrung sich selbst bewußt zu machen, und sie dann einer kritischen interpersonalen Diskussion aussetzen. Allein auf diesem Wege kann auch Sachverhaltsfeststellung auf der Basis von Erfahrungssätzen des Lebens die empirische Wirklichkeit erreichen.

Sicherlich erreicht solches Verfahren nicht den praktischen Verifizierungseffekt der experimentellen Forschung. Immerhin haben wir gesehen, daß auch Ergebnisse der experimentellen Forschung so ohne weiteres nicht für die forensische Sachverhaltserforschung fruchtbar gemacht werden können. Damit einer Theorie absoluter Beweiswert zukommen kann, ist zuzüglich zu einer langen Reihe hypothesenbestätigender Experimente in jedem Fall noch das personale Element der wissenschaftlichen Anerkennung erforderlich. Auch diese wissenschaftliche Diskussion hat der Richter zu reflektieren und in den Urteilsgründen darzulegen.

So gilt für die Richtigkeit der Tatsachenfeststellung das gleiche, was Hassemer[152] für die Richtigkeit der Tatbestandsauslegung gefordert hat: „. . . die Intersubjektivität und Transmissibilität als Wissenschaftserfordernis . . . Damit ist Argumentation gefordert und kritische Diskussion.[153] Wenn sämtliche causae freiliegen und fremder Kritik und Reflexion zugänglich sind, ist Transmissibilität gewährleistet."

Das ist der Satz vom Erkenntnisgrund, wie er seine Ausprägung insbesondere bei Leibniz[154] gefunden hat. Mit der Angabe von Gründen rechtfertigt der Richter die von ihm getroffenen Feststellungen. Erst in der inneren Darlegung der Gründe für das „So" und gegen das „Anders" gelangt der Richter zu einer kritischen Reflexion über seinen „Sachverhalt" und nähert sein subjektives Meinen der Rationalitätsnorm an. Und erst die Mitteilung der Gründe (der Erfahrungssätze) nach außen, ihre Offenbarung gegenüber den Prozeßbeteiligten kann die geforderte breite Erfahrungsbasis schaffen, die ihrerseits empirische Wirklichkeitserkenntnis garantiert. In diesem Sinne wird Transparenz der

---

152 Hassemer: a.a.O., S. 137 f.

153 Ähnlich Arthur Kaufmann: Hermeneutik, S. 102: „Vor allem bedarf es – wegen der Beschränktheit und der Perspektivität des eigenen Standpunktes – der Kommunikation, der Auseinandersetzung und Konfrontierung mit dem Standpunkt der anderen."

154 Leibniz: 5. Schreiben an Clarke, § 125, unterscheidet drei Arten des Grundes:
1. Der Grund des Seins („pour qu'une chose existe")
2. Der Grund des Geschehens („qu'un événement arrive")
3. Der Grund des Erkennens („qu'une vérité ait lieu")
Forensische Sachverhaltserkenntnis fragt allein nach dem „zureichenden Grund" richterlichen Erkennens, nach dem „Warum so und nicht anders" der richterlichen Feststellung.

Beweiswürdigung gefordert: nicht erst in den Gründen des Strafurteils[155], sondern bereits in den Stadien der Hauptverhandlung.

Weitergehende Rationalität richterlicher Sachverhaltserforschung ist nicht erreichbar.

155 Müller-Sax: KMR, § 267, Anm. 5Ba, sprechen in diesem Sinne von einem „Selbstzwang, den sich die Richter durch die Ausführungen über die Beweiswürdigung auferlegen". Dieser „nötigt zur genauen Abwägung und Würdigung der Beweismittel . . ."
Abzulehnen ist BGH NJW 1951, S. 325: „. . . weder § 267 StPO noch § 261 StPO zwingen das Gericht, sich in den Urteilsgründen mit sämtlichen als beweiserheblich in Betracht kommenden Umständen ausdrücklich auseinanderzusetzen." In der Tat ergibt sich aus diesen Vorschriften unmittelbar keine Begründungspflicht; beide sind aber im Lichte des § 244 Abs. 2 StPO zu sehen. Und gerade die richtig verstandene „empirische Wahrheit" verlangt im Bereich der Erfahrungssätze des Lebens Begründung und Offenbarung.

J. Schweitzer Verlag · Berlin

Münchener Universitätsschriften

Juristische Fakultät

Abhandlungen zur rechtswissenschaftlichen Grundlagenforschung

herausgegeben im Auftrag der Juristischen Fakultät
von Sten Gagnér, Arthur Kaufmann, Dieter Nörr

Bisher erschienen:

Böttcher
Das Glaubensbekenntnis im Landrecht Magnus Lagabøters

von Hartmut Böttcher. Groß-Oktav. XXIV, 210 Seiten. 1971. Kartoniert DM 46,–
ISBN 3 8059 0223 9 (Band 1)

Spies
Gutsherr und Untertan in der Mittelmark Brandenburg zu Beginn der Bauernbefreiung

von Klaus Spies. Groß-Oktav. XXIV, 398 Seiten. 1972. Kartoniert DM 78,–
ISBN 3 8059 0178 X (Band 2)

Leutenbauer
Hexerei- und Zaubereidelikt in der Literatur von 1450 bis 1550

Mit Hinweisen auf die Praxis im Herzogtum Bayern. Von Siegfried Leutenbauer. Groß-Oktav. XXVI, 178 Seiten. 1972. Kartoniert DM 36,–
ISBN 3 8059 0226 3 (Band 3)

Nörr
Divisio und Partitio

Bemerkungen zur römischen Rechtsquellenlehre und zur antiken Wissenschaftstheorie. Von Dieter Nörr. Groß-Oktav. VIII, 64 Seiten. 1972. Kartoniert DM 20,–
ISBN 3 8059 0243 3 (Band 4)

Münchener Universitätsschriften

J. Schweitzer Verlag · Berlin

Mößle

Bayern auf den Dresdener Konferenzen 1850/51

Politische, staatsrechtliche und ideologische Aspekte einer gescheiterten Verfassungsrevision. Von Wilhelm Mößle. Groß-Oktav. XXII, 241 Seiten. 1972. Kartoniert DM 56,– ISBN 3 8059 0241 7 (Band 5)

Ernst

Der Verkehr des Strafgefangenen mit der Außenwelt

Von Ludwig Ernst. Mit einem Geleitwort von Professor Dr. Dr. h. c. Arthur Kaufmann, München. Groß-Oktav. XXVI, 198 Seiten. 1972. Kartoniert DM 42,– ISBN 3 8059 0251 4 (Band 6)

Nickel

Die Problematik der unechten Unterlassungsdelikte im Hinblick auf den Grundsatz ‚nullum crimen sine lege' (Art. 103 Abs. 2 GG)

Eine straf- und verfassungsrechtliche Studie. Von Egbert Nickel. Groß-Oktav. XXIV, 194 Seiten. 1972. Kartoniert DM 42,– ISBN 3 8059 0252 2 (Band 7)

Schmidt

Die Lehre von der Sittenwidrigkeit der Rechtsgeschäfte in historischer Sicht

Von Helmut Schmidt. Groß-Oktav. XXVIII, 163 Seiten. 1973. Kartoniert DM 38,– ISBN 3 8059 0275 1 (Band 8)

Streicher

Periculum Dotis

Studien zum dotalrechtlichen Haftungssystem im klassischen römischen Recht. Von Karl Ludwig Streicher. Groß-Oktav. XVIII, 107 Seiten. 1973. Kartoniert DM 38,– ISBN 3 8059 0277 8 (Band 9)

Sjöholm

Rechtsgeschichte als Wissenschaft und Politik

Studien zur germanistischen Theorie des 19. Jahrhunderts. Von Elsa Sjöholm. Groß-Oktav. XVIII, 148 Seiten. 1972. Kartoniert DM 28,– ISBN 3 8059 0292 1 (Band 10)

Münchener Universitätsschriften

J. Schweitzer Verlag · Berlin

Wiegand
Plus Petitio

Von Wolfgang Wiegand. Groß-Oktav. XX, 232 Seiten. 1974. Kartoniert DM 64,–
ISBN 3 8059 0320 0 (Band 11)

Achenbach
Historische und dogmatische Grundlagen der strafrechtssystematischen Schuldlehre

Von Hans Achenbach. Groß-Oktav. XXXV,239 Seiten. 1974.
Kartoniert DM 62,– ISBN 3 8059 0317 0 (Band 12)

Rückert
August Ludwig Reyschers Leben und Rechtstheorie 1802–1880

Von Joachim Rückert. Groß-Oktav. LXVI,413 Seiten. 1974.
Kartoniert DM 118,– ISBN 3 8059 0319 7 (Band 13)

Stolleis
Gemeinwohlformeln im nationalsozialistischen Recht

Von Michael Stolleis. Groß-Oktav. XXVI, 316 Seiten. 1974. Ganzleinen
DM 88,– ISBN 3 8059 0349 9 (Band 15)

Ries
Die Neubabylonischen Bodenpachtformulare

Von Gerhard Rieß. Groß-Oktav. Etwa 240 Seiten. 1974. Kartoniert etwa
DM 62,– ISBN 3 8059 0361 8 (Band 16)

FSC
www.fsc.org
MIX
Papier | Fördert
gute Waldnutzung
FSC® C083411

Kolibri 360 GmbH
Ferdinand-Jühlke-Straße 7
99095 Erfurt, Deutschland
produktsicherheit@kolibri360.de